공부머리 독서법

실현 가능하고 지속 가능한
독서교육의 모든 것

공부머리 독서법

실현 가능하고 지속 가능한
독서교육의 모든 것

최승필 지음

책구루

일러두기 |
이 책에 나오는 학생들의 이름은 모두 가명으로 표기했습니다.

| 머리말 |

독서, 진짜 공부법

햇병아리 강사 시절, 수업에 들어갔더니 평균 90점은 우등생 축에도 끼지 못할 만큼 공부 잘하는 아이들이 수두룩했습니다. 초등학생인데 중학교 수학 문제를 풀고, 높은 레벨의 영어 수업을 듣고, 한국사를 손바닥 들여다보듯 꿰고, 과학 상식도 풍부했지요. 일주일 스케줄을 학원으로 빽빽하게 채웠지만, 아이들은 힘들어하지 않았습니다. 오히려 학원을 좋아했습니다. 원어민 선생님과 레슬링을 하고, 학원 강사와 수다를 떨고, 친구들과 장난을 치며 활기찬 생활을 했지요.

'조기 교육, 사교육의 위력이 정말 대단하구나. 이 아이들을 누가 이길 수 있겠어?'

저는 진심으로 감탄했습니다. 이것이 대한민국 사교육 1번지라는 대치동에 발을 들인 저의 강렬한 첫인상이자 소감이었습니다.

1년이 지났습니다.

제가 가르치던 아이들은 중학생이 되었고, 저 역시 한국사, 세계사 강의를 전담하면서 중등부로 자리를 옮겼습니다. 중학교 첫 시험을 쳤습니다. 저는 또 한번 깜짝 놀랐습니다. 아이들의 성적이 약속이나 한 듯이 떨어졌기 때문입니다. 다섯 명의 아이 중 한 명만 평균 90점을 넘겼을 뿐 나머지 네 명의 성적은 평균 70~80점대, 심지어 평균 60점대를 받은 아이도 있었습니다. 영원히 우등생으로 남을 것 같았던 그 아이들이 말입니다. 저는 너무 놀라서 선배 강사에게 물어보았습니다.

"초등학생 때야 다 잘하죠. 중학생 되면 원래 그래요. 고등학생 되면 더 난리인데요, 뭐."

선배 강사는 당연하다는 듯 말했지만 저는 '아, 그렇구나' 하고 넘어갈 수가 없었습니다. 눈으로 보고도 믿기지 않을 만큼 똑똑한 아이들이었습니다. 이런 아이들조차 형편없이 성적이 떨어질 정도로 어렵다면 중학교 교과서가 잘못돼도 한참 잘못된 거라는 생각밖에 들지 않았습니다. 저는 학원 서가를 뒤져 중학교 교과서를 모조리 끄집어냈습니다. 그리고 영어, 수학, 과학, 사회, 역사 교과서를 한 권씩 꼼꼼히 살펴보기 시작했습니다.

'하, 이게 어떻게 된 거지?'

교과서를 살피면서 저는 더 깊은 미궁으로 빨려 들어가는 기분이었습니다.

그건 그냥 평범한 중학교 1학년 교과서였습니다. 읽으면 술술 이해될 정도로 쉬운, 평범한 교과서 말입니다. 이 똑똑한 아이들이 이 쉬운 교과서를 어려워한다는 게 도무지 이해가 가질 않았습니다. 저는 아이들에게 다시 물어봤습니다.

"정말 어려워요. 중학교는 초등학교랑은 차원이 다르다니까요."

아이들이 혀를 내둘렀습니다. 저는 학교 수업시간에 교과서 말고 다른 프린트물이나 교재로 공부를 하느냐고 물어보았습니다. 어려운 부교재를 사용할 수도 있겠다 싶었기 때문입니다. 아이들은 고개를 저었습니다. 수업도 시험도 교과서로 본다고 했습니다.

저는 교무실로 가서 과학 교과서를 펼쳐 아직 아이들이 배우지 않은 뒷부분 두 페이지를 복사했습니다. 교과서를 복사한 종이를 아이들에게 나눠주고, 내용을 꼼꼼히 파악하며 읽어보라고 했습니다. 그리고 무슨 내용인지 설명해보라고 했습니다.

"아직 안 배웠는데요."

한 아이가 '우리가 어떻게 아느냐'는 표정으로 말했습니다.

"안 배웠지만 읽고 이해할 수는 있잖아. 프린트물을 보고 해도 좋으니까 설명을 한번 해봐."

놀랍게도 정확하게 설명할 수 있는 아이가 한 명도 없었습니다. 몇몇 아이가 이런 뜻인 것 같다고 더듬더듬 설명하긴 했지만, 그나마도 잘못 이해한 부분이 많았습니다.

한 문장 한 문장 함께 읽으며 아이들에게 그 뜻을 캐묻고 나서야 인정할 수 있었습니다. 영어로 대화를 하고, 선행학습으로 몇 학년이나 앞선 수학 문제를 푸는 이 똑똑한 아이들이 정작 자기 학년 교과서를 읽고 이해하는 능력은 터무니없을 정도로 낮다는 사실을 말입니다. 아이들은 교과서를 읽고 이해할 수 없었던 겁니다.

저는 읽기능력과 성적의 상관관계를 따져보기로 마음먹었습니다. 더불어 독서와 읽기능력의 상관관계도 따져봐야겠다고 생각했지요. 그런데 막상 시작하려니 막막했습니다. 당시에는 중학생 대상의 읽기능력 평가도구가 없었기 때문입니다. 그래서 생각해낸 방법이 대학수학능력시험 국어영역을 변형하는 것이었습니다. 수능 국어영역은 입시생을 대상으로 하는 언어능력 평가 시험이니까 문제 유형을 분석해서 지문만 중등 수준으로 낮추면 아쉬운 대로 읽기능력을 측정할 수 있겠다 싶었습니다. 몇 주일 골머리를 앓은 끝에 30문제짜리 중등용 언어능력 평가지를 만들었습니다.

평가 결과가 사뭇 놀라웠습니다. 언어능력 평가점수 순위와 중학생이 되어 성적이 떨어진 순위가 거의 일치했던 겁니다. 언어능력 평가점수가 높은 아이들은 중학생이 되고 나서 성적이 도리어 오르거나, 떨어졌다 하더라도 낙폭이 크지 않았습니다. 반면 언어능력 점수가 낮은 아이들은 낮은 폭만큼 성적의 낙폭이 컸습니다.

물론 한 번 테스트해봤다고 해서 결과를 확신할 수는 없었습니다. 하지만 유력한 가설을 세울 수는 있었죠.

'가설 1. 읽기능력이 높을수록 공부를 잘한다.'

독서가 읽기능력에 어떤 영향을 끼치는지 확인해볼 필요가 있었습니다. 당시 제가 몸담았던 논술학원은 일주일에 책 한 권을 읽어오고, 그 책에 해당하는 교재로 토론하고 글을 쓰는 수업을 했습니다. 그런데 아이들의 독서 상태를 확인할 수 있는 장치가 없었습니다. 모두 읽어왔다는 전제하에 수업을 했기 때문입니다.

저는 '독서충실도 테스트'라고 부르는, 책의 핵심 내용을 묻는 10~15문항짜리 간단한 평가지를 만들었습니다. 책을 이해하면서 읽기만 하면 모두 맞힐 수 있는 아주 쉬운 문제들이었습니다. 결과는 충격적이었습니다. 10문제 중 5문제를 맞히는 아이를 찾기가 힘들었습니다. 그동안 아이들 중 상당수는 책을 제대로 읽지 않은 채 학원에 와서 토론하고 글만 쓰고 돌아갔던 겁니다.

"앞으로 매주 독서충실도 테스트를 할 거니까 책 잘 읽어와."

물론 그런다고 아이들 모두가 책을 잘 읽어온 것은 아닙니다. 충실히 잘 읽어오는 아이도 있었고, 그렇지 않은 아이도 있었습니다. 6개월 후에 다시 언어능력 평가 시험을 보았습니다. 책을 잘 읽어왔던 아이들과 그렇지 않은 아이들의 점수가 눈에 띄게 벌어져 있었습니다. 단번에 20~30점이 오른 아이가 있는가 하면 제자리걸음인 아이도 있었으니까요. 저는 또 다른 가설 하나를 세울 수 있었습니다.

'가설 2. 독서는 읽기능력을 끌어올린다.'

십여 년의 세월이 흘렀습니다. 수많은 아이를 만났습니다. 초등 저학년에서 고등학생에 이르기까지 아이들이 어떤 과정을 거쳐 어떻게 성장하는지 지켜보았습니다. 함께 책을 읽었고, 매번 독서충실도 테스트를 통해 독서 상태를 점검했고, 6개월에 한 번씩 언어능력 평가를 실시했고, 아이들의 성적 변화를 분석했습니다. '읽기능력이 높으면 공부를 잘한다', '독서는 읽기능력을 끌어올린다'라는 두 개의 가설을 끊임없이 검증하는 시간이었습니다.

어리고 예쁜 독서가들은 제게 깊고 소중한 흔적을 남겨주었습니다. 그 흔적은 한 명 한 명의 아이가 어떻게 책을 읽었고, 그래서 언어능력이 얼마나 올랐고, 그에 따라 성적이 어떻게 변했는가 하는 성장의 기록들입니다. 아이들은 어떤 책을 좋아하고 싫어하는지, 책을 어떻게 읽었을 때 크게 성장하고 성장하지 못하는지를 몸소 보여주었습니다.

아이들이 제게 안겨준 궤적을 되짚어보면 저절로 감탄사가 나옵니다. 그 속에는 무수히 많은 교육과 학습의 비밀들이 고스란히 담겨있기 때문입니다.

'중학교, 고등학교로 진학할 때 왜 성적이 떨어질까?'
'몇 권의 책을 어떻게 읽었을 때 성적이 오를까?'
'어떻게 하면 스스로 공부하는 아이로 기를 수 있을까?'
'공부머리 좋은 아이로 기르려면 어떻게 해야 하나?'
'내신 성적에 비해 수능 성적이 낮은 아이들의 해결책은 뭐지?'
'현행 입시제도에서 승자가 되는 방법은 뭘까?'
'책을 좋아하는 아이로 키우려면 어떻게 해야 하나?'

수많은 어린 독서가들의 궤적 속에 이 모든 질문의 답이 고스란히 담겨있었습니다. 그리고 저는 아이들이 제게 준 그 답을 알리기 위해 전국의 학교, 도서관, 교육청을 돌며 학생과 학부모님을 대상으로 독서법이자 곧 공부법인 강연을 해왔습니다.

강연을 하면서 늘 시간 부족에 시달렸습니다. 2시간 남짓한 강연시간 동안 할 수 있는 이야기는 아주 적으니까요. 강연보다 더 길게 이어지는 질문에 다 답변을 해드릴 수 없는 것도 항상 아쉬웠습니다. 그것이 바로 제가 이 책을 쓴 이유죠.

이 책은 '1부, 초보 독서가를 위한 공부머리 독서법'을 통해 기초를 다지고, '2부, 숙련된 독서가로 가는 공부머리 독서법'을 통해 심화할 수 있는 방식으로 구성돼있습니다. 독서 습관이 잡혀있다 하더라도 대부분의 아이가 초보 독서가에 해당합니다. 따라서 책 전체를 통독하시되, 1부의 독서법을 통해 충실히 기초를 다진 후 2부의 독서법으로 넘어가야 합니다.

'1부, 초보 독서가를 위한 공부머리 독서법'은 총 8장으로 구성돼있습니다.

1장〈초등 우등생 90%는 왜 몰락하는가?〉는 교육과정 전체에 걸쳐 아이들의 성적이 어떻게 변하는지 현상적·통계적으로 살펴보고, 그 변화의 이유를 추적해봅니다.

2장〈언어능력이 성적을 결정한다〉에서는 상급학교 진학 시 성적이 갑자기 오른 학생들의 사례를 통해 언어능력이 학습에 끼치는 영향력을 살펴봅니다.

3장〈이야기책은 어떻게 성적을 올리는가?〉에서는 청소년 소설을 2주에 한 권씩 20권을 읽었을 때, 아이의 언어능력이 어떻게 성장하는지 살펴봅니다. 이야기책 독서가 아이의 과목별 내신 성적에 끼치는 영향과 그 원리도 알아봅니다.

4장〈이야기책도 싫다는 우리 아이, 어떻게 할까?〉는 자기 연령에 맞는 이야기책을 읽고 이해하지 못하는 초등 저학년 아이들에 대해 다룹니다. 읽기 열등 상태에 빠지는 이유와 예방법, 극복법도 담았습니다.

5장 〈책과 담쌓은 초등 고학년과 청소년, 돌파구를 찾아라〉는 초등 저학년 읽기 열등 상태와 초등 고학년, 청소년 읽기 열등 상태의 차이점을 살펴보고, 탈출 방법을 알아봅니다.

6장 〈독서형 인재가 되는 첫걸음〉은 독서형 인재의 메커니즘을 살펴보고, 아이를 위한 진정한 교육법이 무엇인지 짚어봅니다.

7장 〈무엇이 우리 아이의 읽기독립을 가로막는가?〉는 초등학생 시기의 독서 지도법과 주의해야 할 점들을 살펴봅니다.

8장 〈툭하면 바뀌는 입시제도, 흔들리지 않는 대처법은?〉에서는 고등학생 시기의 성적 변동 유형 및 현행 입시제도와 독서의 상관관계를 고찰합니다. 이를 통해 내신 성적과 수능 성적을 단기간에 끌어올리는 방법을 제시합니다.

'2부, 숙련된 독서가로 가는 공부머리 독서법'은 총 3장으로 구성돼있습니다.

1장 〈지식은 외우는 것이 아니라 깨닫는 것〉은 지식도서의 본질과 지식도서 독서의 놀라운 효과를 다룹니다.

2장 〈지식도서로 가는 길은 생각보다 가깝다〉는 아이를 지식도서 다독가로 기르는 방법과 지식도서 독서 방법을 다룹니다.

3장 〈단기간에 언어능력을 끌어올리는 방법〉에서는 아이를 영재로 만드는 독서법들의 원리와 실천 방법을 살펴봅니다.

각 장 말미에는 그대로 따라 할 수 있는 연령별, 유형별 독서 지도 방법을 첨부했습니다.

이 책에 담은 내용은 세상에 없던 비법 같은 게 아닙니다. 문명이 생겨난 이래 지금껏 이어져 온, 동서고금의 수많은 사람이 검증을 끝낸 진짜 공부법입니다. 더불어 오늘날의 교육 현장에서도 여전히 강력한 방법임을 제 두 눈으로 확인한 공부법입니다.

도저히 실행할 수 없을 만큼 어려운, 묘기에 가까운 독서 지도 방법 같은 것은 이 책에 없습니다. 아이가 곧바로 시작할 수 있는 독서법을 담았습니다. 저는 아이들에게 직접 논술을 가르치는 독서교육전문가입니다. 최고의 독서교육법은 실행 가능한 독서법이라는 것을 누구보다 잘 알고 있습니다.

이 책에서는 동화, 소설과 같은 순수 창작물은 '이야기책', 지식 전달을 목적으로 하는 책은 '지식도서'로 구분했습니다. 이야기 형식으로 되어있어도 지식 전달 목적이 강한 책은 지식도서로 분류했습니다. 이 책 역시 지식도서입니다.

2부 2장 〈지식도서로 가는 길은 생각보다 가깝다〉 편을 보면 '지식도서는 연필을 들고 읽는 책'이라는 구절이 있습니다. 기억해야 할 부분, 중요한 부분은 밑줄을 그으세요. 준비되셨나요? 연필을 들고 출발해봅시다. 바로 지금.

| 차례 |

머리말 – 독서, 진짜 공부법　　　　　　　　　　　　　　5

1부 ___ 초보 독서가를 위한 공부머리 독서법

01
초등 우등생 90%는 왜 몰락하는가?
공든 탑도 무너진다　　　　　　　　　　　　　　24
왜 중학생만 되면 성적이 떨어질까?　　　　　　　26
교과서가 어려워요　　　　　　　　　　　　　　29
문제는 '듣는 공부'　　　　　　　　　　　　　　35
정보 | 우리 아이 읽기능력 판별법　　　　　　　40
공부머리 독서법 1 | 중학교 진학 시 성적 하락을 막아주는 **초등 고학년 기본 독서법**　　42

02
언어능력이 성적을 결정한다
어느 날 갑자기 성적이 오른다　　　　　　　　　46
기초가 약하면 정말 뒤처질까?　　　　　　　　　50
공부머리 좋은 아이들의 공통점　　　　　　　　　55
공부머리를 키우는 가장 쉬운 방법　　　　　　　61
정보 | 언어능력이란?　　　　　　　　　　　　66
공부머리 독서법 2 | 자기 나이에 맞는 언어능력을 갖게 해주는 **중학생 기본 독서법**　　68

❸
이야기책은 어떻게 성적을 올리는가?

독서교육의 핵심은 '지식'이 아닌 '재미'	72
2주 한 권만 읽어도 충분하다	74
이야기책과 수능 점수의 상관관계	79
이야기책이 수학 성적도 올린다고?	86
책을 좋아하는데 공부를 못해요	93
정보ㅣ재미있는 책 고르는 법	98
공부머리 독서법 3ㅣ언어능력을 단시간에 높이는 **중학생 필사 독서법**	100

❹
이야기책도 싫다는 우리 아이, 어떻게 할까?

정말 어휘력이 약해서 못 읽는 걸까?	104
이야기책 못 읽는 아이는 교과서도 이해 못한다	108
초등 저학년 읽기능력 진단법	112
⅓독서에 답이 있다	115
정보ㅣ우리 아이 독서 습관 체크리스트	120
공부머리 독서법 4ㅣ읽기 열등 상태를 극복하는 **초등 저학년 독서법**	122

책과 담쌓은 초등 고학년과 청소년, 돌파구를 찾아라

책 속에서 길을 잃는 아이들	126
4개월 만에 전교 꼴찌를 탈출한 비법	129
반복독서는 힘이 세다	134
언어능력 평가로 동기 부여하기	138
정보 ǀ 단계별 언어능력 평가 활용법	146
공부머리 독서법 5 ǀ 읽기 열등 상태를 극복하는 **초등 고학년, 청소년 독서법**	148

독서형 인재가 되는 첫걸음

교육 선진국이 꿈꾸는 인재	152
조기 교육이 불법인 핀란드	155
우리 아이의 뇌는 괜찮을까?	157
마음을 헤아리는 15분	162
정보 ǀ 조기 교육이 뇌에 미치는 영향	168
공부머리 독서법 6 ǀ 책과 친해지는 **영유아 독서법**	170

07

무엇이 우리 아이의 읽기독립을 가로막는가?

가장 흔한 독서 지도 실패 사례	174
숙제 같은 전집, 호기심 없애는 학습만화	177
읽기독립 1단계 - 쉬운 책 많이 읽기	183
속독은 왜 나쁜가?	186
읽기독립 2단계 - 스스로 책 고르기	191
읽기독립을 망치는 최악의 적은?	194
정보 ǀ 읽기독립의 적들	200
공부머리 독서법 7 ǀ 읽기독립을 성공시키는 **초등 1, 2학년 독서법**	202

08

툭하면 바뀌는 입시제도, 흔들리지 않는 대처법은?

공부로부터 도망치고픈 고등학교 1학년	206
성적이 떨어지는 아이들의 세 가지 유형	208
내신 성적과 수능 점수는 왜 연동되지 않을까?	218
학생부종합전형의 정체	225
입시를 가장 효과적으로 돌파하는 방법	228
정보 ǀ 현행 입시제도에 독서가 미치는 영향	232
공부머리 독서법 8 ǀ 수능 성적을 끌어올리는 **고등학생 훈련법**	234

2부 ___ 숙련된 독서가로 가는 공부머리 독서법

01
지식은 외우는 것이 아니라 깨닫는 것
모든 것에 '왜?'라고 물을 수 있는 능력	240
《플랜더스의 개》에서 《코스모스》로	245
지식도서 다독가는 강제로 만들 수 없다	256
정보 | 지식을 내면화하는 인터넷 백과사전 활용법	270
공부머리 독서법 9 | 인터넷 백과사전과 함께 읽는 **청소년 지식도서 기본 독서법**	272

02
지식도서로 가는 길은 생각보다 가깝다
그 많던 호기심은 어디로 갔을까?	276
편식해줘서 고마워	282
중학생인데 그림책을 읽으라고요?	287
지식도서 읽을 땐 밑줄이 필수다	292
정보 | 지식도서 읽는 법	296
공부머리 독서법 10 | 3개월 한 권으로 최상위 성적을 거두는	298

청소년 지식도서 강화 독서법

03

단기간에 언어능력을 끌어올리는 방법

부작용을 방지하는 몇 가지 조언	302
슬로리딩 : 샅샅이 살펴보고 끊임없이 질문하라	304
공부머리 독서법 11 ǀ 1년 한 권 **슬로리딩 훈련법**	310
반복독서 : 위인들의 독서법	312
공부머리 독서법 12 ǀ 한 권을 세 번씩 읽는 **반복독서법**	316
필사 : 눈보다 손이 더 깊게 읽는다	318
공부머리 독서법 13 ǀ 1년에 책 한 권을 베껴 적는 **필사 강화 독서법**	324
초록 : 나만의 지식 지도 그리기	326
공부머리 독서법 14 ǀ 개념화 능력을 기르는 **초록 독서법**	330
정보 ǀ 우리 아이에게 맞는 공부머리 독서법 찾기	332
정보 ǀ 우리 아이 독서 계획 세우기	333

맺음말 – 독서가 '공부'가 아닐 때 공부머리는 자란다	334
참고자료	338
본문에서 소개한 책	
	342

1부

초보 독서가를 위한 공부머리 독서법

자기 연령대의 이야기책을 읽는 것은
가장 초보적인 단계의 독서입니다.
이 초보적인 책 읽기를
일주일에 2~3시간씩만 해도
언어능력을 금세 끌어올릴 수 있습니다.
독서의 질이 높으면
비약적인 성장을 이룰 것이고,
독서의 질이 기본만 되어도
자기 연령 적정치의 언어능력을
갖추는 정도는 해낼 수 있습니다.
그런데 문제는
이 초보적인 독서조차 못하는 아이가
많다는 점입니다.

01

초등 우등생 90%는
왜 몰락하는가?

· 공든 탑도 무너진다
· 왜 중학생만 되면 성적이 떨어질까?
· 교과서가 어려워요
· 문제는 '듣는 공부'

정보 | 우리 아이 읽기능력 판별법
공부머리 독서법 1 | 중학교 진학 시 성적 하락을 막아주는 초등 고학년 기본 독서법

공든 탑도
무너진다

병호는 모든 면에서 뛰어난 아이였습니다. 학교 성적은 평균 95점 이상에, 운동을 좋아하고, 매 학년 학급 임원 자리를 놓친 적이 없으며, 6학년 때는 전교 회장도 지냈습니다. 사교육을 꾸준히 받은 덕분에 영어, 수학의 기초도 탄탄했습니다. 공부, 운동, 리더십을 다 갖춘, 말 그대로 '엄친아'였죠. 당연히 부모님의 기대도 아주 컸습니다.

"특목고 진학을 생각하고 있거든요. 특목고 가려면 성적도 성적이지만 교내 수상 내역도 중요하잖아요."

저를 찾아온 것도 특목고 진학에 필요한 글짓기상이 목적이었습니다. 저는 병호와 짧은 면담을 했습니다. 병호는 책을 즐겨 읽는 편이 아니지만, 국어 성적은 늘 90점 이상이었습니다. 가장 낮은 성적은 5학년 2학기 때 받은 평균 88점이었는데, 6학년이 되고 나서는 다시 96점으로 성적이 올랐다고 하더군요. 주말을 제외하고는 매일 학원에 다녔습니다.

면담을 끝낸 후 병호에게 기초언어능력 평가지를 주었습니다. 기초언어능력 평가지는 글을 읽고 이해하는 능력을 측정하는 시험으로, 대학수학능력시험 국어영역을 초등 5학년~중등 3학년이 볼 수 있도록 수준을 낮춘 평가지입니다. 결과는 58점. 초등 5학년 수준이 나왔습니다.

"초등 5학년이요? 병호가요?"

병호 어머니는 당혹한 빛을 감추지 못하셨습니다. 뛰어난 아이니까 언어능력도 또래 평균보다 당연히 높을 것으로 생각하셨던 겁니다. 사실 병호 어머니만 그런 것은 아닙니다. 부모님의 기대를 한 몸에 받는 초등 우등생 중에는 자기 연령 적정치보다 낮은 언어능력을 가진 아이가 많습니다.

저는 병호 어머니께 중학교 진학 후 병호의 성적이 떨어질 가능성이 크다고 말씀드렸습니다. 아이의 언어능력이 적정치 이하라는 점, 사교육 의존도가 높다는 점 등을 이유로 들었습니다.

3개월 후 병호는 중학교 1학년 1학기 중간고사를 봤습니다. 평균 72점. 영어, 수학만 간신히 80점을 넘겼고 나머지 과목은 모두 60~70점대였습니다. 그리고 중학교를 졸업할 때까지 그 성적에서 벗어나지 못했습니다. 모든 면에서 뛰어났던 병호가 평범한 성적의 중학생이 된 겁니다.

초등 우등생 10명 중 7~8명이 병호처럼 성적이 떨어집니다. 특정 시기가 되면 회귀하는 연어 떼처럼, 때가 되면 찾아오는 장마철처럼 매년 반복되는 집단적인 현상이죠. 지금 초등 우등생인 우리 아이가 중학교에 가서도 성적을 유지할 확률은 20~30%에 불과한 셈입니다.

대부분의 초등 우등생 부모님은 우리 아이는 다를 거라고 생각합니다. 옆집 누구, 친척 누구는 중학생이 되면서 성적이 떨어졌지만, 우리 아이는 그렇지 않을 거라고 믿습니다. 그동안 최고 수준의 성적을 거둬왔고, 지금도 최선의 노력을 다하고 있으니까요. 지필시험 성적을 관리하고, 영어학원에서 높은 레벨의 수업을 듣고, 더 많은 선행학습을 하고, 좋다는 학원은 모조리 찾아다닙니다. 말 그대로 만반의 준비를 다합니다. 이 아이의 성적이 떨어진다면 도대체 누가 좋은 성적을 유지할 수 있을까 하는 생각마저 듭니다.

그런데도 결과는 여지없습니다. 그런 믿음을 받는 초등 우등생 10명 중 7~8명은 성적이 떨어집니다. 병호 어머니도 병호의 성적이 떨어질 거라고는 꿈에도 생각해본 적이 없었습니다. 최선을 다했음에도 불구하고 성적이 떨어집니다. 속절없이.

왜 중학생만 되면 성적이 떨어질까?

우리는 흔히 공부를 잘하는 아이가 계속 잘할 거라 생각합니다. 초등 4학년 때 우등생이었던 우리 아이는 초등 6학년인 지금도 우등생이고, 중등 1학년 때 우등생이었던 옆집 아이는 중등 3학년이 되어서도 우등생인 경우가 많으니까요. 실제로 초등 우등생은 초등 시절 내내 우등생이고, 중등 우등생은 중등 시절 내내 우등생인 경우가 많습니다. 그래서 아이들의 성적은 늘 그 자리에 안정적으로 머물러있는 것처럼 보입니다. 어쩌다 한 번 시험을 망칠 수는 있지만, 그 하락 폭이 크지 않을뿐더러 이내 자기 성적을 회복합니다.

그런데 관찰의 폭을 교육과정 전체로 넓히면 이야기가 완전히 달라집니다. 아이들의 성적 변화는 대부분 상급학교로 진학할 때 일어나며, 한 번 바뀌면 제자리를 찾아가지 못합니다. 바뀐 그 성적이 자기 성적이 되는 거죠.

초등학교 내내 공부를 잘했던 아이가 중학교에 진학하면서 갑자기 성적이 떨어지는 일이 부지기수입니다. 고등학교에 진학할 때도 똑같은 일이 벌어집니다. 반대로 성적이 갑자기 오르는 일도 이 두 시기에 일어납니다. 이런 현상이 얼마나 일반적으로 일어나는지 '초등 성적은 엄마 성적, 중등 성적은 학원 성적, 고등 성적은 학생 성적'이라는 말이 있을 정도죠.

물론 교육과정 내내 우수한 성적을 유지하는 아이도 있지만, 그 숫자는 매우 적습니다. 대부분의 아이가 이 두 번의 시기에 큰 폭의 성적 변화를 겪습니다. 변화의 폭과 규모는 생각보다 커서 매년 겪는 일인데도 볼 때마다 어안이 벙벙할 정도입니다.

도대체 이 두 번의 시기에 어떤 일이 일어나는 걸까요? 설명의 편의상 성적이 바뀌는 중학교 1학년(자유학년제 시행 후에는 중학교 2학년)을 1차 급변동 구간, 고등학교 1학년을 2차 급변동 구간이라고 부르겠습니다.

1, 2차 급변동 구간은 성적이 급격히 변한다는 공통점이 있지만, 그 성격은 조금 다릅니다. 먼저 중학교 진학과 함께 찾아오는 1차 급변동 구간의 특징은 '초등 우등생의 대거 이탈 현상'이라고 할 수 있습니다. 초등 우등생 중 70~80%에 이르는 아이들이 이 시기에 평범한 성적으로 주저앉습니다. 80점 초반 정도로 낙폭이 적

은 경우도 있지만 병호처럼 20~30점씩 폭락하는 아이도 꽤 많습니다. 심지어 60점대까지 곤두박질치는 경우도 있죠.

이런 대세 하락의 와중에 엄청난 폭으로 성적을 끌어올리는 아이도 나옵니다. 초등학교 때는 공부를 못하는 편이었는데 중학생이 되면서 갑자기 평균 90점 이상을 거두는 우등생이 되는 겁니다. 공부를 잘했던 아이가 못하게 되고, 공부를 못했던 아이가 잘하게 되는 기현상이 여기저기서 속출합니다.

1차 급변동 구간이 끝나면 아이들의 성적은 다시 잠잠해집니다. 예를 들어 초등학교 때 평균 95점 이상이었던 아이가 중학교 1학년 때 평균 70점대로 떨어졌다면 그 성적이 중학교를 졸업할 때까지 유지된다는 거죠. 성적이 오른 아이 역시 오른 상태를 유지합니다.

1차 급변동 구간이 대세 하락의 성격을 띤다면 고등학교 1학년 때 찾아오는 2차 급변동 구간은 대혼돈의 성격을 띱니다. 조금 과장해서 말하자면 아이들의 성적을 통에 넣고 마구 뒤흔들어놓은 것 같습니다. 30명 남짓한 아이들이 앉아있는 교실 안에서 별의별 경우의 수가 다 튀어나옵니다. 초등 우등생 출신에 중학교에서도 전교 20등 밖으로 밀려난 적이 없던 아이가 갑자기 전교 70~80등으로 뚝 떨어지는가 하면 전교 100등 언저리를 맴돌던 아이가 고등학생이 되면서 단번에 전교 20등 안으로 진입하기도 합니다. 중학교 때는 평균 70점대였던 아이가 80점대로 올라서고, 평균 80점대였던 아이가 평균 60점대로 주저앉기도 합니다. 물론 변함없이 우등생 자리를 지키는 아이, 낮은 성적을 계속 유지하는 아이도 있습니다. 온갖 경우의 수로 아이들의 성적이 마구 출렁입니다.

1차 급변동 구간 후에는 성적 자체가 유지된다면 2차 급변동 구간 후에는 성적의 추세가 유지되는 경향이 있습니다. 상승세를 탄 아이는 꾸준히 성적이 오르고, 하락세를 탄 아이는 계속 떨어지죠. 지지부진한 답보 상태에 빠진 아이는 답보 상태가 유지됩니다.

초등학생 자녀를 두신 부모님들은 지금의 성적을 입시 경쟁의 잣대처럼 생각하는 경향이 있습니다. 하지만 1, 2차 급변동 구간 이후, 고등학교 2학년 교실에 들어가 보면 초등 우등생의 흔적은 찾아보기 힘듭니다. 초등 우등생이 입시 성공에 유리하다는 그 어떤 유의미한 증거도 발견할 수 없습니다. 이것이 실제 교육 현장에서 일어나는 일입니다. 초등학교 때의 탄탄한 성적이 중학교 성적을 떠받치고, 중학교 때의 우수한 성적이 고등학교 성적을 떠받칠 거라는 믿음은 손쉽게 배신당합니다. 아이들의 성적은 1, 2차 급변동 구간에서 요동칩니다. 몇몇 예외적인 경우를 제외한다면 이것은 법칙에 가깝습니다.

교과서가 어려워요

1, 2차 급변동 구간이 생기는 이유는 무엇일까요? 상급학교로 진학하면서 성적이 떨어진 아이들에게 그 이유를 물어보면 돌아오는 대답은 한결같습니다.

"공부할 게 너무 많아요."

"교과서가 너무 어려워요."

아이들은 교과서가 두껍고 어려워서 공부하기 힘들다고 합니다. 학년이 올라갈수록 교과서는 어려워지는데 그중에서도 중등 1학년, 고등 1학년 교과서의 난이도 차이를 유난히 크게 느끼죠.

결국 1, 2차 급변동 구간은 아이들이 갑자기 어려워진 교과서의 난이도를 감당하지 못해서 생기는 현상이라는 뜻이 됩니다. 학교 공부가 '교과서라는 책을 읽고 이해하는 행위'라는 점을 생각하면 자연스러운 현상 같습니다.

그런데 교과서를 자세히 살펴보면 고개를 갸웃하게 됩니다. 과연 중학교 1학년 교과서, 고등학교 1학년 교과서가 그렇게까지 어려운가 하는 의문이 들기 때문입니다. 초등 6학년 교과서보다 중등 1학년 교과서가 어려운 것은 사실이지만 그 격차가 초등 2학년 교과서보다 초등 3학년 교과서가 어려운 것 이상이라고 보기 힘듭니다. 초등 6학년 교과서를 잘 이해하며 공부한 아이라면 중등 1학년 교과서도 잘 이해할 수 있는 정도의 격차라는 거죠. 고등학교 1학년 교과서 역시 중등 3학년 교과서를 잘 이해한 아이라면 충분히 공부할 수 있는 정도의 차이입니다. 그럼에도 중등 교과서와 고등 교과서를 정도 이상으로 어려워하는 아이들이 많고, 그 결과 1, 2차 급변동 구간이 만들어집니다. 실제로 중학생들이 공부하는 모습을 옆에서 지켜보면 충격적일 정도로 교과서를 어려워합니다. 전체 중학생 중 최소 70% 이상은 중등 교과서를 읽고 이해하는 능력이 현저히 떨어진다고 봐도 무방할 정도입니다.

중학교 1학년 1학기, 첫 시험을 본 후였습니다. 상담실로 들어오는 주희의 표정이 밝았습니다. 열심히 공부한 걸 알고 있었기 때문에 시험을 잘 봤나 보다 했죠. 그런데 성적표가 좀 이상했습니다. 영어 100점, 수학 96점, 국어 82점, 과학 52점, 사회 64점…… 평균이 82점이었습니다. 주희의 초등학교 성적을 생각하면 기뻐할 만한 점수는 아니었습니다. 그런데 뜻밖에도 주희는 만족하는 듯했습니다.

"긴장 많이 했는데 생각보다는 어렵지 않더라고요."

"영어, 수학은 잘했네. 그런데 나머지 과목은 어떻게 된 거야?"

"영어, 수학 공부하느라 많이 못 해서 그렇죠, 뭐. 다음엔 나머지 과목들도 신경 좀 쓰려고요."

주희는 성적이 떨어졌다고 생각하지 않았습니다. 주희 어머니도 마찬가지셨습니다.

"일단 영어, 수학은 잘 나왔으니까 그나마 다행이죠. 다른 과목들도 잘해야 하는데……. 선생님께서 신경 좀 써주세요."

중학생이 되어 성적이 떨어지는 아이 중에는 병호처럼 전 과목이 떨어지는 아이만 있는 게 아닙니다. 주희처럼 영어, 수학만큼은 상위권을 유지하는 아이도 상당히 많습니다. 이런 아이들은 준우등생 대우를 받습니다. 자신의 성적에 대해서도 낙관적입니다. 영어, 수학의 중요성을 워낙 강조하다 보니 다른 과목의 낮은 성적은 그다지 심각하게 생각하지 않습니다. 부모님 역시 영어, 수학의 기초가 탄탄하니까 다른 과목은 뒤에 얼마든지 따라잡을 수 있다고 여깁니다.

주희는 기말고사 기간에 사회와 과학 교과서를 들고 저를 찾아왔습니다. 교과서가 이해가 잘 안 되니 저에게 물어보면서 공부하겠다고요. 주희는 첫 단원 첫 장부터 막혔습니다.

국가의 영역은 그 나라의 주권이 미치는 지리적 범위, 즉 국민이 그 나라 주인으로서의 권리를 행사할 수 있는 범위를 뜻한다.

국가의 영역에는 영토, 영해, 영공이 있다. 이 중 영토는 그 나라가 다스리고 있는 땅으로, 국가의 영역 중에서 가장 중요한 부분이다. 영토가 없으면 영해와 영공도 있을 수 없기 때문이다. 영토는 간척 사업을 통해 넓어지기도 한다.

영해는 영토에 인접한 해역으로, 최저조위선으로부터 12해리까지가 그 나라의 영해에 속한다. 최근 영해는 해양 진출의 통로이자 수산자원과 지하자원의 보고로서 그 중요성이 더욱 커지고 있다.

영공은 영토와 영해의 상공으로, 그 범위가 보통 대기권 내로 한정된다. 다른 나라의 항공기는 그 국가의 허가 없이 영공으로 들어올 수 없다.

최저조위선 : 조수 간만의 차로 바닷물의 수위가 가장 낮아지는 썰물 때의 해안선을 뜻하며 최저간조선이라고도 한다.

해리 : 항해·항공용 거리를 나타내는 단위로, 1해리는 약 1,852m이다.

《중학교 사회 2》 중에서

정상적인 읽기능력을 갖고 있다면 이 페이지에서 막힐 부분은 '최저조위선' 정도입니다. 그런데 그마저도 친절하게 주석을 달아놓았습니다. 그러니 이 페이지를 공부하는 데 걸리는 시간은 최대 3분을 넘지 않습니다. 중요한 부분에 밑줄을 긋고 다음 페이지로 넘어가면 됩니다. 시험 치기 전에 밑줄 그은 부분만 다시 외우면 시험공부가 끝나야 정상입니다. 그런데 읽기능력이 부족한 아이들은 이 짧고 단순한 글을 이해하지 못합니다.

주희의 첫 질문은 "주권이 뭐예요?"였습니다. '그 나라 주인으로서의 권리'라고 뒤에 친절히 적혀있는데도 잘 이해하지 못했습니다. '너희 집에 다른 사람이 허락 없이 들어올 수 없는 것처럼 다른 나라가 우리나라 영역으로 허락 없이 들어올 수 없는 것'이라는 식으로 장황하게 설명을 하고 나서야 고개를 끄덕였습니다. 주희는 '주권'을 스스로 이해하지 못한 것과 같이 '영해', '영공', '해리'를 이해하지 못했습니다. 특히 '최저조위선'과 '영해는 해양 진출의 통로이자 수산 자원과 지하자원의 보고'라는 표현을 이해하는 데 한참 애를 먹었습니다. 최저조위선을 설명하기 위해서 먼저 '조수 간만의 차'를 설명해야 했고, '바닷물의 수위가 가장 낮아지는 썰물 때'가 어떤 때인지 이해시켜야 했습니다. 이 간단한 내용을 파악하는데 무려 30분이 걸렸습니다. 시험범위가 100쪽가량 되는데 1쪽에 30분이 걸리면 사회 과목을 공부하는 데만 3,000분, 무려 50시간이 걸린다는 계산이 나옵니다. 하루에 5시간을 사회만 붙잡고 있어도 10일을 공부해야 하는 셈입니다. 그것도 누군가 옆에 붙어서 설명을 해줘야 합니다. 이래서는 도저히 공부를 할 수가 없습니다.

이것은 비단 주희만의 문제가 아닙니다. 영어, 수학만 잘하는 준우등생의 경우 개별로 정도의 차이가 있을 뿐 대체로 비슷한 어려움을 겪습니다. 심지어 우등생 중에도 이런 문제점을 안고 있는 아이가 많습니다. 아이들이 과학이나 사회, 역사 같은 과목 공부를 너무 못하니까 몇몇 중학교에서는 시험에 나올 부분을 미리 찍어주기도 합니다. 찍어준 부분만 완벽하게 달달 외우면 90점, 100점을 맞을 수 있습니다. 읽기능력은 형편없는데 족집게 공부를 요령껏 잘하는 성실한 아이들이 중등 우등생 중에 상당수 포함돼있습니다. 하지만 이런 요령이 통하는 것도 중학생 때까지입니다. 고등학교 교과서는 중학교 교과서보다 더 어렵습니다.

아이들이 중학생이 되어 성적이 떨어지는 게 이상한 일이 아닙니다. 오히려 교과서를 읽고 이해하는 능력이 이렇게 떨어지는데 어떻게 초등학교 시절에 우등생일 수 있었는지, 영어, 수학은 어떻게 잘할 수 있는지가 희한한 일이죠. 다시 말해 성적이 낮은 게 당연할 정도로 읽기능력이 떨어지는 아이들이 그동안 다른 이유로 성적이 높았던 겁니다. 결국 1, 2차 급변동 구간은 그 이유가 걷히고 본 실력이 드러나는 시기에 불과합니다.

아이들의 성적이 읽기능력에 맞는 제자리를 찾아가는 것이죠.

문제는 '듣는 공부'

'할아버지의 재력, 아빠의 무관심, 엄마의 정보력.'

세간에 떠도는 우등생의 세 가지 조건입니다. 한마디로 우수한 사교육이 우등생을 만든다는 뜻입니다. 사교육의 위력을 방증하는 사례는 무수히 많습니다. 강남 3구의 높은 명문대 진학률, 가정 배경과 학력의 상관관계에 관한 연구 결과, 개천에서 용 나는 시대는 끝났다는 체념 어린 통념……. 무엇보다 아이들 자체가 사교육 효과의 가장 확실한 증거입니다. 수학학원을 보냈더니 50~60점이던 수학 성적이 80~90점으로 오르고, 영어학원을 보냈더니 알파벳도 겨우 외우던 아이가 파닉스를 하기 시작합니다. 이웃의 누구는 잘 가르친다는 보습학원에 다니면서 전 과목 성적이 부쩍 올랐다고 하고, 전교 1등인 누구는 고액 과외가 비결이라는 소문이 들려옵니다. 이렇게 사교육의 놀라운 효과는 도처에서 직간접적으로 확인할 수 있습니다. 그러니 사교육에 목을 매지 않을 재간이 없습니다. 사교육이 곧 성적이기 때문입니다.

부모님이 사교육의 위력을 처음으로 실감하는 시점은 한글 교육을 시작하는 영유아기입니다. 방문 형태로 이뤄지는 한글 사교육의 효과는 실로 마법 같습니다. 글자에 대한 개념조차 없던 아이가 더듬더듬 글자를 읽기 시작합니다. 아직 아기 티를 채 벗지 않은 솜

털 보송보송한 얼굴로 가게 간판을 읽고, 책 표지에서 아는 글자를 찾아내는 걸 보면 경이로운 기분마저 듭니다. '가르치면 알게 된다'는 사실을 일찌감치 경험으로 실감하게 됩니다. 그리고 더 가르쳐야겠다는 의욕이 솟구칩니다. 있는 집들은 고가의 영어 유치원을, 그렇지 못한 집들은 영어 프랜차이즈학원을 찾습니다. 이번에도 효과는 여지없습니다. 영어라고는 들어본 적도 없던 아이가 영단어를 읽고 영어 문장을 읊기 시작합니다. 공부는 컴퓨터에 프로그램을 깔듯 아이에게 한글 기능, 영어 기능을 추가하는 거라는 생각이 듭니다. 이쯤 되면 사교육에서 빠져나올 방법이 없습니다. '가르치면 알게 되고, 가르치지 않으면 알 수 없다'는 사교육의 기본 프레임을 이미 마음 깊이 받아들였기 때문입니다. 초등학교 진학 후에는 전 과목을 커버할 수 있는 보습학원이나 공부방, 수학학원과 음악학원, 태권도, 논술학원 등이 추가됩니다. 투자한 만큼 효과도 나옵니다. 아이는 지필시험에서 매번 우수한 성적을 거두고, 또래 대비 높은 영어 레벨을 유지하고, 학교 진도보다 빠른 수학 과정을 공부합니다. 가르치면 알게 된다는 사교육의 프레임이 완벽하게 현실로 구현됩니다. 그런데 아시다시피 이 프레임은 중학교 진학과 동시에 깨지고 맙니다.

　이상한 일입니다. 중학생이 되었다고 해서 사교육을 덜 하는 게 아닙니다. 오히려 더 많은 시간을 들여, 더 많은 학원에 다닙니다. 그런데 전체적인 성적은 오히려 폭락에 가깝게 떨어집니다. 초등학생 때까지 위력을 발휘하던 사교육이 갑자기 힘을 잃는 것입니다.

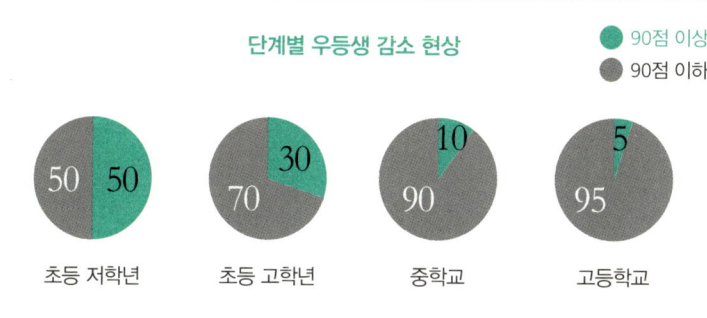

평균 90점 이상 우등생 비율 추정치

한국개발연구원(KDI) 김희삼 연구원의 〈왜 사교육보다 자기주도학습이 중요한가?〉라는 연구 보고서도 이런 사실을 뒷받침합니다. 실제 사교육과 성적의 상관관계에 관한 연구 결과를 담은 이 보고서에 따르면 사교육의 효과는 초등 저학년 때 가장 크고, 학년이 올라갈수록 줄어들다가 중등 3학년 시기가 되면 사실상 사라지는 것으로 나타났습니다.

사교육의 효과는 왜 초등학생 때만 제한적으로 나타나는 걸까요? '교과의 내용을 일일이 설명해주는 서비스'라는 사교육의 본질적 특성을 생각해보면 그 답을 쉽게 짐작할 수 있습니다.

사교육을 받으면 읽고 이해할 필요가 현저히 줄어듭니다. 강사의 설명을 듣고, 문제를 풀고, 틀린 문제에 대한 설명을 듣고, 다시 풀면 되죠. 읽고 이해하는 공부가 아니라 듣고 이해하는 공부를 하는 겁니다. 그런데 듣고 이해하는 방식에는 두 가지 근본적인 결함이 있습니다. 일단 시간이 너무 많이 듭니다. 글은 정교한 논리적 체계를 갖추고 있기 때문에 읽고 이해하는 공부는 필요한 지식을 향해 직선 주로를 달리는 것과 같습니다. 읽고 이해할 능력만 있다면 일직선으로 달려가 필요한 지식을 습득할 수 있습니다. 하지만 설명은 다릅니다. 장황하고 세세합니다. 교과서를 읽고 이해하면 10분이면 끝날 공부도 강사의 설명을 들으면 1시간이 걸립니다. 쉬운 대신 시간이 오래 걸리는 공부법인 셈입니다.

초등 저학년 때는 학습해야 할 교과 지식의 양이 적기 때문에 이런 비효율적 측면이 큰 문제가 되지 않습니다. 교과 지식이 단편적이고 간단할수록 설명하기도 수월하기 때문입니다. 학습량이 적기 때문에 교과 내용을 처음부터 끝까지 거듭해서 설명해줄 시간적 여유도 충분합니다. 그런데 학년이 올라갈수록 이렇게 하기가 힘들어집니다. 교과서의 숫자가 늘어나고, 두꺼워지고, 어려워지니까요. 초등 고학년이 되면 전 과목을 완벽하게 설명해주는 게 버거워지기 시작합니다. 그 결과 초등 저학년 우등생 중 상당수가 고학년이 되면서 성적이 떨어집니다. 하지만 이것은 전조 현상에 불과합니다. 사교육의 일일이 설명해주는 방식은 중학생이 되면 사실상 불가능해지기 때문입니다. 주요 과목의 교과 내용을 일일이 설명해주려면 주말도 없이 사교육을 받아야 할 만큼 시간이 많이 드는데다, 그렇게 한다고 해서 초등 시절과 같은 학습 효과를 기대하기도 힘듭니다.

사교육의 두 번째 근본적인 결함은 '읽고 이해하는 경험'을 극단적으로 줄인다는 점입니다. 사교육을 많이 받는 초등 고학년 아이들은 책을 가까이하지 않는 경향이 있습니다. 일단 책을 읽을 시간이 부족합니다. 일주일 내내 학원에 가기 때문에 남는 시간은 놀아야 합니다. 그 놀이에 당연히 책은 포함되지 않습니다. 사교육을 많이 시키는 부모님들 역시 책을 많이 읽으면 좋다는 건 알지만 우선순위에 둘 정도는 아닙니다. 학원에 밀리고, 숙제에 밀리고, 스마트폰에 밀려 독서는 결국 늘 뒷전입니다. 이렇게 터무니없이 독서량이 부족한데 공부마저 '듣고 이해하는 방식'으로 합니다. 읽기능력을 훈련할 기회가 턱없이 부족할 수밖에 없습니다. 그 결과 아이들은 교과서를 읽고 이해하지 못하는 중학생이 됩니다. 수업을 들으면 뭔가 알 것 같은데 교과서를 펼치면 무슨 소리인지 알 수 없는 이상한 상태에 빠지는 거죠. 이것이 바로 초등 우등생 70~80%가 중학생이 되면서 성적이 떨어지는 이유입니다.

우리 아이 읽기능력 판별법

아이의 읽기능력을 판별하는 가장 확실한 방법은 언어능력 평가도구를 이용해 측정해보는 것이지만, 아이의 상태를 관찰하는 것만으로도 아이의 읽기 열등 상태를 어느 정도 짐작해볼 수 있습니다. 아래 아홉 가지 사항 중 네 가지 이상에 해당하는 경우 읽기 열등 상태를 의심해봐야 합니다.

☐ 국어를 싫어한다
국어는 읽기능력을 엿볼 수 있는 척도입니다. 국어를 싫어하는 아이는 읽기능력이 낮은 경우가 많습니다.

☐ 다른 과목에 비해 국어 성적이 낮다
중요한 것은 상대 점수입니다. 다른 과목의 성적은 90~100점인데 국어만 80~90점인 아이는 읽기능력이 낮을 가능성이 큽니다. 이 아이의 국어 성적은 읽기능력이 아니라 강사의 설명이나 문제 풀이를 통해 학습된 결과로 봐야 합니다. 열심히 공부했는데도 80~90점을 받는 것이니까요. 반면 다른 과목의 성적이 60~70점인데 국어만 80~90점인 아이는 읽기능력이 높을 가능성이 큽니다. 학습량이 부족한 상태에서 자신의 읽기능력만으로 획득한 점수이기 때문입니다. 이런 아이들은 조금만 공부하면 100점을 받을 수 있습니다.

☐ 월평균 두 권 이하의 책을 읽는다
극소수의 예외가 있긴 하지만 독서량은 읽기능력과 불가분의 관계입니다. 적게 읽는 아이는 읽기능력이 낮고, 많이 읽는 아이는 읽기능력이 높습니다.

☐ 독서 속도가 빠르거나 학습만화를 주로 읽는다
읽기능력은 '읽고 이해하는 과정'에서 성장합니다. 눈으로 훑듯이 읽는 속독을 하면 아무리 많은 책을 읽어도 읽기능력이 성장하지 않습니다. 그림 기반의 책인 만화 역시 읽기능력과 무관합니다.

□ 사교육 의존도가 높다

사교육은 '듣고 이해하는 공부'입니다. 성적이 아무리 잘 나와도 읽기능력과 무관합니다. 사교육은 기본적인 읽기 과정조차 생략·축소함으로써 읽기능력의 성장을 가로막습니다.

□ 이치에 맞지 않는 질문이나 말을 많이 한다

아이가 또래 아이들보다 더 자주, 더 심각하게 앞뒤가 맞지 않는 말을 한다면 읽기능력이 낮을 가능성이 큽니다. 논리적으로 생각하는 방법을 모른다는 뜻이니까요.

□ 초등 고학년이 되면서 성적이 80점대로 떨어진 적이 있다

평균 95점대를 유지하던 성적이 초등 5, 6학년 시기에 갑자기 80점대로 떨어졌다가 회복한 경험이 있다면 읽기능력을 의심해봐야 합니다. 아이가 초등 고학년 교과서를 어려워한다는 징후이기 때문입니다.

□ 컴퓨터 게임이나 스마트폰 게임에 대한 집착이 강하다

과도한 컴퓨터 게임과 스마트폰은 그 자체로 뇌에 치명적입니다.

□ 일기나 독후감을 쓸 때 쓸 내용이 없다는 말을 자주 한다

글을 읽고 이해할 능력이 없는 아이는 글을 쓸 능력도 없습니다. 아이가 서너 줄을 써넣고 더 쓸 내용이 없다는 말을 자주 한다면 읽기능력이 낮을 가능성이 큽니다. 읽기능력이 낮은 아이들은 자기 안에서 글감을 찾아내지 못하는 경우가 많습니다.

공부머리 독서법 1 – 중학교 진학 시 성적 하락을 막아주는
초등 고학년 기본 독서법

독서 습관이 잡히지 않은 초등 고학년에게 적합한 방법으로, 장편 동화를 일주일에 한 권씩, 연간 52권 정도를 제대로 읽습니다. 여기서 '제대로'란 줄거리를 충분히 파악할 정도로 읽는 것을 의미합니다. 아이가 목차를 보면서 줄거리를 술술 말할 수 있으면 제대로 읽었다고 판단해도 좋습니다. 주의해야 할 점은 독서 속도가 소리 내서 읽는 속도보다 빠르면 안 된다는 것, 학습만화 같은 그림 기반의 책은 효과가 없다는 것입니다. 지식도서도 선택 사항이 될 수 있지만 읽기 훈련이 돼있지 않으면 지식도서는 읽어도 이해하지 못할 가능성이 큽니다. 아이가 스스로 지식도서에 푹 빠지지 않는 한 장편 동화를 읽는 것이 가장 효과적입니다.

일주일 독서 계획표

1일	책 구하기	일주일에 한 번 아이와 함께 도서관이나 서점에 들러 읽을 책 한 권을 고릅니다.
5일	독서시간을 정해 책 읽기	일주일에 3~5회 정도의 독서시간을 정합니다. 회당 독서시간은 최소 40분 이상으로 합니다.
	독서 후 대화하기	아이에게 책에 대해 말해달라고 합니다. 아이의 설명에 의문이 들 때는 질문을 던지며 간략한 대화를 이어갑니다.
1일	상 주기	작은 상은 독서 의욕을 고취시킵니다. 아이가 잘했다고 판단되면 용돈을 주거나 아이가 좋아하는 음식을 사줍니다.

표준 독서량	표준 독서 속도
•	•
장편 동화 일주일 한 권 독서 연간 52권	소리 내서 읽는 속도와 같거나 더 느리게
— (150쪽 이상 장편 동화 기준)	— (한 권당 2시간 이상)

⬇ ⬇

일주일에 한 권보다 많이 읽어도 되지만 독서량을 강조하다 보면 독서의 질이 떨어질 가능성이 큽니다. 읽기능력은 얼마나 많은 책을 읽었는가가 아니라 얼마나 제대로 읽었는가에 의해 좌우됩니다. 일주일에 한 권을 재미있게, 줄거리를 기억할 수 있을 정도로 1년가량 읽으면 중등 적정치의 읽기능력을 갖출 수 있습니다.

독서의 질은 독서 속도에 반비례합니다. 속도가 빠를수록 독서의 질이 떨어지고, 언어능력 상승효과도 낮아집니다. 소리 내서 읽는 속도보다 빨라서는 안 됩니다. 아이가 적절한 속도로 책을 읽을 수 있도록 관심을 가져주세요.

02

언어능력이
성적을 결정한다

- 어느 날 갑자기 성적이 오른다
- 기초가 약하면 정말 뒤처질까?
- 공부머리 좋은 아이들의 공통점
- 공부머리를 키우는 가장 쉬운 방법

정보 | 언어능력이란?
공부머리 독서법 2 | 자기 나이에 맞는 언어능력을 갖게 해주는 중학생 기본 독서법

어느 날 갑자기
성적이 오른다

준우가 저를 찾아온 것은 초등 4학년 때였습니다. 학교 성적은 평균 50~60점을 오갔고, 한 학기에 한두 번은 어머니께서 학교로 불려 갈 정도로 말썽꾼이었습니다. 논술학원에 보내는 이유도 '책이라도 읽으면 좀 차분해지지 않을까 싶어서'였습니다. 준우는 수업 첫날부터 책을 읽어오지 않았습니다. 책을 안 읽으려고 발버둥 치는 아이들을 많이 만나봤지만 수업 첫날부터 읽어오지 않은 아이는 준우가 처음이었습니다.

"준우야. 이 수업은 책을 읽어와야 할 수 있는 수업이야. 오늘은 첫날이니 넘어가지만 다음부터는 꼭 읽어와야 한다."

"네. 꼭 읽어올게요."

대답은 시원시원하게 잘하더군요. 하지만 다음 수업 때도 마찬가지였습니다. 준우는 또 책을 읽어오지 않았습니다. 저는 준우를 강의실 밖으로 쫓아냈습니다. 상담 선생님 옆자리에서 책을 읽게 했죠. 책을 읽지 않으려는 준우와 책을 읽히려는 저의 지난한 전쟁은 그렇게 시작되었습니다. 책을 읽히기 위해 쓸 수 있는 방법은 다 썼습니다. 구슬려도 보고, 혼도 내보고, 벌칙도 줘보고, 따로 불러내서 책을 읽혀도 보고, 재밌어할 만한 책만 골라 수업 도서 목록을 바꿔도 보고……. 제가 그 난리를 치는데도 한 달에 네 권의 책을 수업하면 한 권을 읽어올까 말까 했습니다. 어찌나 장난이 심하고 시끄러운지 강의실 밖에서 소리만 들어도 왔는지 안 왔는지 알 수 있을 정도였습니다. 물론 수업시간에도 가만 앉아있는 법이 없었고, 글도 늘 아무렇게나 대충 썼습니다. 그때만 해도 강사 경험이 많지 않았던 때라 정말 요령부득이었죠.

그렇게 1년이 지나고 나니 제가 준우를 계속 지도하는 게 맞나 하는 생각이 들었습니다. 6개월에 한 번씩 수업 진행에 대한 보고서를 부모님께 보내드리는데, 준우의 보고서는 온통 책을 제대로 안 읽는다는 내용뿐이었습니다. 언어능력 평가 결과도 바닥이었고요. 상황이 이쯤 되면 부모님께서 '효과 없다', '못 가르친다' 하시며 학원을 끊는 게 보통입니다. 그런데 준우 어머니께서는 '더 신경 쓰겠다', '너무 스트레스 받지 마시라'라며 오히려 저를 다독이시는 게 아니겠습니까. 난감했습니다. 준우가 나아질 거라는 생각이 들지 않았거든요. 3~4년을 가르쳤는데도 제자리면 저는 영락없는 사기꾼이 되고 마는 거니까요.

그랬던 준우가 중학교 진학을 앞둔 겨울방학 무렵 갑자기 바뀌었습니다. 강의실이 하도 조용해서 '아직 안 왔나?' 하고 문을 열어 봤는데, 준우가 가만히 앉아 책을 읽고 있었습니다. 지난주까지만 해도 책상 위를 날아다니면서 장난을 치던 아이가 말이죠. 장난기 심한 남자아이를 둔 부모님은 너무 걱정하지 않으셔도 됩니다. '저게 사람이 맞나?' 싶을 정도로 장난이 심하고 요란한 아이도 대부분 때가 되면 언제 그랬나 싶게 조용해집니다. 보통은 중등 2, 3학년쯤에 그 시기가 찾아오는데 준우는 조금 이른 초등 6학년 겨울방학 무렵에 찾아온 거죠. 그리고 준우 인생에 없던 일들이 벌어지기 시작했습니다. 준우가 한 주도 빼놓지 않고 책을 읽어오기 시작한 겁니다. 《방관자》(제임스 프렐러 지음, 미래인)를 시작으로 《오이대왕》(크리스티네 뇌스틀링거 지음, 사계절), 《완득이》(김려령 지음, 창비), 《돼지가 한 마리도 죽지 않던 날》(로버트 뉴튼 펙 지음, 사계절)……. 단 한 권도 빼놓지 않고 다 읽어오는데 이 준우가 내가 아는 그 준우가 맞나 싶었죠. 하도 반갑고 신통해서 어떻게 된 일이냐고 물어봤습니다.

"요즘 주시는 책들은 재밌더라고요. 그전 책들은 재미없었는데."

물론 그전 책들도 재미있었습니다. 저는 책은 일단 재미있고 봐야 한다는 주의여서 아이들이 재미없어하는 책은 커리큘럼에서 무조건 빼기 때문입니다. 후에 깨달은 것이지만 준우가 청소년 소설을 유독 재미있게 읽을 수 있었던 이유는 따로 있었습니다. 바로 준우의 읽기능력이죠.

처음 학원을 찾았을 때 준우는 초등 4학년 수준의 책을 읽지 못할 정도로 읽기능력이 형편없었습니다. 자신의 읽기능력에 비해 언어 수준이 높은 책을 읽으니 당연히 이해도 안 되고, 재미도 느낄 수 없었을 겁니다. 이해를 못하는데 책을 읽을 수 있는 아이는 세상에 존재하지 않습니다. 책 읽기, 특히 이야기책 읽기를 좋아하느냐 싫어하느냐는 취향의 문제라기보다는 능력의 문제인 경우가 많습니다. 이야기를 아무리 좋아해도 이해가 안 되면 죽었다 깨도 책을 읽을 수 없습니다. 반대로 이야기를 좋아하지 않아도 읽는 족족 이해가 되면 재미까지는 아니더라도 읽을 만은 합니다. 이것이 바로 준우가 첫 수업부터 책을 읽지 못한 이유이자 초등 시절 내내 독서 상태가 나빴던 이유입니다. 말썽꾼이고 게을러서 책을 안 읽었다기보다는 이해할 능력이 없어서 못 읽었던 거죠.

그런 상태에서 준우는 제 압박 때문에 울며 겨자 먹기로 책을 읽었습니다. 그리고 한 달에 한 권 꼴로 책을 끝까지 읽어냈습니다. 무려 3년 동안이나 말입니다. 그 과정에서 준우는 서서히 성장했습니다. 읽기능력이 조금씩 좋아졌고, 엉덩이를 붙이고 앉아 책을 읽을 수 있는 자세를 몸에 익혀나갔습니다. 그 느린 성장이 임계점을 돌파한 때가 바로 초등 6학년 겨울방학 무렵이었습니다. 준우는 갑자기 차분해졌고, 책을 잘 읽는 학생이 되었습니다.

중학교 1학년 2학기 끝 무렵 상담을 하면서 저는 준우의 성적이 크게 오를 것을 짐작할 수 있었습니다. 제가 그렇게 생각한 첫 번째 이유는 몰라보게 좋아진 준우의 언어능력 때문이었습니다. 중학교 1학년을 보낸 그 1년 사이, 또래 평균 수준에도 한참 못 미쳤던 준우의 언어능력은 어느덧 중등 3학년 고급 수준까지 올라가 있었습니다. 아주 높다고 할 수는 없지만, 중등 2학년 교과서를 읽고 이해하는 데는 문제없는 수준이었습니다.

두 번째 이유는 목표의식이었습니다. 정기상담 때 어느 대학에 가고 싶으냐고 물었더니 대뜸 고려대학교 체육교육과에 가고 싶다고 하더군요. '까짓것' 하는 눈빛으로 말이죠. 보통 초등 시절에 성적이 나쁘면 자존감이 떨어져서 잘 회복하지 못한다고들 합니다. 하지만 꼭 그런 건 아닙니다. 하룻강아지 범 무서운 줄 모른다고 준우의 경우 초등 시절에 공부에 매달려본 적이 없었기 때문에 오히려 자신만만했습니다. '그동안 성적이 나빴던 건 공부를 안 했기 때문이다. 이제부터 하면 오른다'라는 자신감이 있었습니다. 거기다가 나름의 절박함도 있었습니다.

"수업을 듣는데 아무것도 못 알아듣겠어요. 이러다가 인문계 고등학교도 못 가면 어떡해요. 이제부터 공부 열심히 하려고요."

세 번째 이유는 준우의 달라진 몸가짐이었습니다. 공부를 하려면 일단 차분하게 책상에 앉아있을 수 있어야 하는데, 준우는 6학년 겨울방학을 기점으로 쉬는 시간에도 조용히 앉아있는 아이가 돼있었습니다. 유일한 위험 요소는 공부를 해본 적이 없어서 공부하는 방법, 공부 요령을 모를 수 있다는 정도였습니다. 그래도 평균 80점대까지는 나오지 않을까 내심 기대를 했습니다.

중학교 2학년 1학기 중간고사에서 준우가 받아온 성적은 평균 93점이었습니다. 나머지 과목은 대부분 100점, 과학만 65점이었습니다. 공부라고는 해본 적이 없던 아이가, 국·영·수 모두 100점을 받은 겁니다.

초등 우등생이 추풍낙엽처럼 우수수 떨어지는 1차 급변동 구간에 도리어 성적이 오르는 학생. 준우가 바로 그런 학생이었던 거죠.

기초가 약하면 정말 뒤처질까?

초등학생들이 달리기 경기장 출발선 앞에 서있습니다. 신호탄이 울리자 아이들이 달리기 시작합니다. 트랙 위에는 선이 그어져 있습니다. 초등 1학년, 2학년, 3학년……. 초등 4학년 지점을 지나는 순간 남자아이 하나가 그만 넘어지고 맙니다. 그새 다른 아이들은 저만치 앞서 달려갑니다. 남자아이는 절망적인 표정으로 앞서가는 친구들을 바라봅니다. 그리고 이런 문구가 떠오릅니다.

"초등 4학년, 기초가 중요한 때입니다."

오래전에 있었던 학습지 TV 광고의 한 장면입니다. 초등학생 때부터 기초를 탄탄히 쌓지 않으면 따라잡을 수 없다는 협박 아닌 협박이 담긴 광고였습니다. 이것은 공부를 바라보는 우리 사회의 보편적인 시각입니다. 기초가 튼튼하지 못하면 뒤처지게 된다. 저는 이것을 '공부기초 이론'이라고 부릅니다.

공부기초 이론은 저학년 기초가 약하면 고학년 공부를 제대로 할 수 없다는 이론입니다. 더하기 빼기를 완벽하게 할 수 없는 아이는 곱하기 나누기를 제대로 배울 수 없고, 곱하기 나누기가 서툰 학생은 인수분해를 손도 못 댄다는 논리입니다. 논리적으로 흠잡을 데가 없습니다. 아래 벽돌을 튼튼하게 쌓지 않고 무슨 수로 제대로 된 집을 지을 수 있겠습니까.

너무나 당연한 이 논리가 우리 사회의 무수한 교육 풍경을 만듭니다. 초등 저학년 자녀를 두신 부모님 중 올백 점에 연연하는 분이 많은 것도 그중 하나입니다. '지금도 올백 점을 못 맞으면 고학년이 되었을 때 성적이 얼마나 많이 떨어질까?' 하고 불안해하시는 거죠. 완벽한 기초를 쌓아 고학년 때 성적이 떨어지는 것을 막겠다는 전략입니다. 그런데 현실은 뜻대로 되지 않습니다. 앞서 살펴보았듯 기초를 튼튼히 쌓았음에도 성적이 떨어지는 아이는 셀 수 없이 많습니다. 반대로 기초는 형편없는데 고학년이 되어 성적이 오르는 준우 같은 아이도 상당히 많습니다. 이런 일이 가능한 이유는 무엇일까요? 기초를 극복하는 것이 생각만큼 어렵지 않기 때문입니다. 언어능력이 높고 의지만 굳건하다면 교과 공부에 필요한 기초 지식은 짧은 시간 안에 얼마든지 극복할 수 있습니다.

수학을 예로 들어보겠습니다. 초등 1학년은 1년 내내 더하기 빼기를 배웁니다. 더하기 빼기라는 연산 논리를 이해하고 습득하는 데 그만큼의 시간이 걸리는 것입니다. 1학년 아이의 평균 사고력, 그러니까 언어능력이 그 정도 수준이기 때문입니다. 그런데 만약 어떤 고등학교 1학년 아이가 알 수 없는 이유로 수학에 관한 지식만 모두 잊어버려서 더하기 빼기부터 다시 배워야 한다면 어떨까요. 이 학생이 더하기 빼기를 완벽하게 배우는 데 걸리는 시간은 10분도 채 안 될 겁니다. 고등학교 1학년의 언어 수준에서 더하기 빼기는 쉬워도 너무 쉬운 연산이기 때문입니다. 초등 1학년에게는 1년간 갈고 닦아야 하는 교과 학습량이 고등 1학년에게는 10분이면 습득할 수 있는 단편적인 지식에 불과합니다.

더군다나 모든 과목이 이런 식의 기초를 필요로 하는 것도 아닙니다. 초등 6학년 과학 지식이 없다고 해서 중등 1학년 과학 공부를 못하는 건 아니라는 거죠. 수학 외의 과목들은 기초가 부족해도 교과서만 충실히 이해하면 얼마든지 만점을 받을 수 있습니다. 준우 같은 아이들이 이런 사실을 증명합니다. 중학교 교과서를 읽고 이해할 수 있는 정도의 언어능력만 갖추어도 얼마든지 부족한 기초를 따라잡을 수 있습니다. 그러니까 진짜 중요한 기초는 아이의 머릿속에 들어있는 지식이 아니라 지식을 습득하는 능력, 글을 읽고 이해하는 언어능력입니다.

> 뛰어난 독서가이지만 독서에 너무 많은 시간을 허비한다. 학교 공부에 의욕이 없고, 목적을 세우는 데 어려움을 겪고 있다. 때로는 규율에 어긋나는 행동을 한다.

스티브 잡스의 초등학교 성적표에 적힌 평가입니다. 잡스는 초등 3학년 때까지 상습적으로 학교를 빼먹는 문제아였습니다. 당연히 성적도 나빴죠. 교과 지식의 관점에서 보자면 잡스는 형편없는 학생이었습니다.

그런 잡스가 달라진 것은 초등 4학년 때였습니다. 담임이었던 힐 선생님의 배려와 관심이 잡스의 마음을 움직인 덕분입니다. 잡스는 힐 선생님을 기쁘게 해드리고 싶었고, 그렇게 생각하자마자 우등생으로 변신했습니다. 잡스의 학습능력에 깜짝 놀란 힐 선생님은 잡스에게 '수학능력(학문을 수행할 수 있는 능력) 평가'를 받게 했습니다. 잡스의 수학능력은 고등 2학년 수준인 것으로 드러났습니다. 초등 4학년이었던 잡스는 고등 2학년 교과서를 읽고 이해할 수 있는 언어능력을 가졌던 겁니다. 고등 2학년 학생이 초등 4학년 교실에 앉아있었던 셈이니 다른 아이들 입장에서 보면 잡스는 '사기 캐릭터'였던 거죠. 잡스가 이런 수준의 언어능력을 갖게 된 이유는 두말할 것도 없이 '독서에 너무 많은 시간을 허비'한 덕분입니다. 독서만큼 언어능력을 확실하게 끌어올려 주는 방법은 없습니다.

여기서 한 가지 근본적인 의문이 드실 겁니다. '책 한 권 제대로 읽지 않고 명문대에 입학하는 아이들은 무엇인가?' 하는 의문 말입니다. 언어능력 평가를 해보면 그런 아이들은 독서 여부와 상관없이 백이면 백 언어능력이 높습니다. 평생 가야 책 한 권 읽지 않았다는 중등 2학년 학생이 수능 국어영역 80점을 넘긴 일도 있었습니다. 이렇게 책을 읽지 않았음에도 언어능력이 높은 것은 지능보다는 기질적인 요인이 큽니다. 이해가 되지 않는 것을 대충 넘어가지 못하는 집요한 성격, '왜 그럴까?' 하고 의문을 품는 사고 패턴 덕분에 일상생활이나 학교 공부를 하는 것만으로도 언어능력이 저절로 성장합니다. 한마디로 평소에 생각을 많이 하는 아이, 세상을 읽을 줄 아는 아이죠. 이런 아이가 책을 읽지 않고 명문대에 들어갔다는 것은 자랑할 일이 아니라 통탄할 일입니다. 이런 기질의 아이는 독서 효과도 매우 크게 나타납니다. 엄청난 인재로 성장할 수 있는 아이의 잠재력이 독서를 하지 않음으로써 묻혀버린 셈입니다.

초등학교 때 몇 점을 받느냐는 큰 의미가 없습니다. 그보다는 '아이가 또래 연령 대비 어느 정도의 언어능력을 갖추었느냐'가 더 중요합니다. 언어능력이 높아도 성적이 떨어지는 아이는 간혹 있을 수 있습니다. 하지만 언어능력이 낮은데 우수한 성적을 유지하는 아이는 없습니다. 언어능력이 낮은 아이는 1차 급변동 구간에서 무조건 성적이 떨어집니다. 논술 강사 생활 12년 동안 단 한 번의 예외도 본 적이 없습니다. 언어능력이 바로 학습능력입니다.

공부머리 좋은
아이들의 공통점

공부를 별로 안 하는 것 같은데 성적이 좋은 아이들이 있습니다. 이런 아이들을 흔히 '공부머리가 좋다'고 합니다. 제가 직접 만나본 아이 중에 이 방면으로 가장 뛰어난 아이는 헌주였습니다. 헌주는 독실한 기독교인으로 고등학교 3학년인데도 공부보다 교회 활동이 우선인 아이였죠. 주말에 교회에서 살다시피 하는 것은 기본이고, 평일에도 성경이나 기독교 서적을 읽는 데 많은 시간을 보냈습니다. 저러고 공부는 언제 하나 싶은데 희한하게도 성적은 늘 최상위권이었습니다. 제가 가장 놀랐던 것은 헌주가 고등학교 3학년 여름방학 동안 단기 선교 활동을 다녀온 일이었습니다. 남들은 다 입시에 열을 올리는 그 시기에 단기 선교 활동을 다녀온 후 유유히 명문대에 합격했습니다. 많이 알려지지 않았지만 이런 경우는 종종 있습니다. 아나운서 출신 여행 작가인 손미나 씨도 방송을 통해 고등학교 3학년 여름방학 동안 아버지와 함께 유럽 여행을 다녀온 일을 털어놓은 적이 있습니다. 그 여행 덕분에 나머지 3개월을 집중해서 공부할 수 있었다고 하더군요.

한쪽에서는 3당4락(3시간 자면 합격하고, 4시간 자면 떨어진다)이라는 말이 있을 정도로 처절하게 공부합니다. 그런데 다른 한쪽에서는 딴 세계 사람인 것처럼 할 것 다 하고 가뿐하게 입시에 성공합니다. 이런 차이는 왜 생기는 걸까요?

우리는 고등학생들이 공부를 많이 한다고 생각합니다. 시간 투자의 관점에서 보면 의심의 여지없는 사실입니다. 고등학생들은 공부에 관한 일을 하는 데 하루 대부분을 보냅니다. 학교 수업이 끝나면 학원 수업을 듣습니다. 집에 돌아오면 빨라야 9시입니다. 불굴의 의지를 가진 아이라면 새벽 1시까지 공부를 하고 잠을 청할 것이고, 그렇지 않은 아이라면 스마트폰을 하거나 게임을 잠깐 할 겁니다. 드라마를 감상하는 아이도 있겠죠. 이렇게 놀아도 죄책감은 들지 않습니다. 하루 종일 공부를 했으니까요. 그 와중에 시간을 쪼개 수행평가를 준비했고, 학원 숙제를 했고, EBS 강의도 들었습니다. 정말 공부뿐인 나날을 보내는 셈입니다. 시험기간에는 새벽 늦게까지 시험공부를 합니다.

문제는 이렇게 온 삶을 공부로 가득 채우는데도 성적이 늘 제자리라는 점입니다. 그래서 나온 말이 3당4락입니다. 공부를 이렇게 많이 해도 성적이 안 나오니 더 많은 시간을 공부에 투자할 수밖에 없다는 결론이 나온 것입니다. 3당4락이라니, 노벨상 수상자들도 그렇게까지 공부하지는 않습니다.

문제는 실질 학습시간이 얼마 안 된다는 데 있습니다. 사실 아이들은 공부뿐인 나날을 보내는 것이지 공부하는 나날을 보내는 게 아닙니다. 쓰는 시간에 비해 실제 학습량은 형편없는 경우가 많습니다. 첫 번째 문제는 공부의 주요 방식이 듣는 것이라는 데 있습니다. 아이들은 학교에서, 학원에서 또는 인터넷으로 강의를 들으며 대부분의 시간을 보냅니다.

이혜정 교육과 혁신 연구소 소장의 저서 《서울대에서는 누가

A+를 받는가》(다산에듀)에는 듣기 방식의 공부법이 얼마나 비효율적인지 잘 소개돼있습니다. 이 책에는 에릭 마주르 하버드대학교 교수의 강의 내용이 실려있는데, 강의 내용 중 MIT 미디어랩에서 실험한 흥미로운 연구 결과가 나옵니다. 한 대학생에게 교감신경을 측정할 수 있는 기기를 부착한 후 교감신경이 활성화될 때와 불활성화될 때가 언제인지 추적했습니다. 교감신경계가 가장 불활성화될 때는 TV 시청시간과 수업시간이었습니다. 한마디로 이 두 행위를 할 때 사람의 뇌는 잠을 잘 때보다 더 멍한 상태에 빠져든다는 거죠. 이 연구 결과가 정확하다면 우리 아이들은 공부시간 대부분을 멍한 상태로 보내고 있는 셈입니다.

물론 공부를 잘하는 아이들도 사교육의 도움을 받습니다. EBS 다큐멘터리 〈학교란 무엇인가〉 제작팀은 이와 관련한 대규모 설문조사를 실시한 적이 있습니다. 상위 0.1% 학생 중 사교육을 받은 적이 있는 아이는 60.8%, 일반 학생들은 71.2%로 10.4%의 차이가 났습니다. 그런데 실제 차이는 드러난 수치보다 훨씬 더 컸습니다. 0.1% 아이들은 사교육을 받아본 적이 있다 뿐이지 지속적으로 받은 것은 아니었기 때문입니다. 약한 부분이 있으면 그 부분을 보충하기 위해 사교육을 받고 목적을 이루고 나면 그만두었습니다. 반면 일반 아이들은 꾸준히 사교육을 받는 경우가 대부분이었습니다.

0.1%의 아이들이 사교육을 지속적으로 받지 않는 이유는 비효율적이기 때문입니다. 사교육은 사교육대로의 진도가 있어서 내가 아는 것과 모르는 것을 구별하지 않고 전체에 대한 설명을 들어야 합니다. 게다가 설명만 들어서는 완전히 자기 지식이 되지 않기 때

문에 복습도 따로 해야 합니다. 시간이 이중 삼중으로 낭비되는 셈입니다.

결국 공부는 스스로 할 때 확실한 자기 것이 됩니다. 사교육 활용 패턴에서 알 수 있듯 공부를 잘하는 아이들은 스스로 공부를 하고, 부족한 부분만 사교육의 도움을 받습니다. 공부를 못하는 아이들은 사교육으로 공부하고, 숙제할 때 정도만 스스로 공부합니다. 스스로 복습을 하는 경우는 거의 없기 때문에 실질적인 학습량은 지극히 미미할 수밖에 없습니다. 엄청난 시간과 돈을 투자하고, 공부에 대한 피로감도 느끼지만 실제로는 공부를 별로 하지 않는 이상한 상태에 빠지고 마는 거죠.

그렇다고 지금 당장 사교육을 모두 끊고 스스로 공부를 시작하면 아이가 성적을 올릴 수 있을까요? 그렇지 않을 가능성이 농후합니다. 장기간 사교육에 노출된 아이는 스스로 공부할 수 있는 능력이 현저히 떨어지기 때문입니다. 실제로 사교육 의존도가 높은 아이들이 휴일에 자율학습 하는 것을 옆에서 지켜보면 산만하기 이를 데 없습니다. 1시간을 진득이 앉아있지 못합니다. '화장실 갔다 온다', '물 마신다' 하며 끊임없이 들락거립니다. 점심시간에 밥 먹으러 나가면 1~2시간은 기본이고, 조용해서 공부하나 싶어 들여다보면 책상에 코를 박고 잠들어있기 일쑤입니다. 이러니 하루 12시간을 앉아있어도 실제로 공부한 양은 터무니없이 적습니다.

흔히 이런 아이를 보고 의지가 부족하다, 공부할 마음이 없다고들 합니다. 하지만 실상은 의지나 마음의 문제가 아닙니다. 이 아이들이 이렇게 집중하지 못하는 건 교과서나 참고서가 어려워서 읽어도 이해를 못하기 때문입니다. 공부하는 족족 진도가 쭉쭉 나가야 재미도 있고 집중도 할 수 있는데, 봐도 잘 모르겠으니 진득하게 앉아있기가 힘듭니다. 그러니 다시 학원으로 발길을 돌릴 수밖에 없습니다. 적어도 학원에서 설명을 들을 때만큼은 무슨 소리인지 알 것 같고, 공부를 열심히 하고 있다는 느낌이 들어 안심이 되기 때문입니다. 학습량의 차원에서 보면 형편없이 비효율적이지만요.

헌주 같은 경우는 정반대의 구조를 갖고 있습니다. 뛰어난 언어능력을 기반으로 공부에 할애된 시간 동안 스스로 진짜 공부를 합니다. 과학 한 단원을 공부하면 머릿속에 그 단원의 지식이 완벽하게 정리된 상태로 저장이 됩니다. 한 단원을 공부하는 데 오랜 시간이 걸리지 않기 때문에 적은 시간을 해도 많은 양의 공부를 할 수 있습니다. 공부가 재미있고, 적게 공부해도 성적이 잘 나오니 자신감도 붙습니다. 그러니 자기가 하고 싶은 것에 눈을 돌리는 욕심도 부릴 수 있습니다. 이걸 하고도 나는 잘 해낼 수 있다는 믿음이 있기 때문입니다. 그리고 실제로 잘 해냅니다.

뛰어난 언어능력의 배후에는 여지없이 독서가 있습니다. 헌주는 어려서부터 성경을 끼고 살았다고 합니다. 성경은 읽기 까다로운 책입니다. 일단 고어체인데다 어려운 어휘가 많고 시대나 배경도 생소합니다. 또 그냥 한번 읽어서는 정확한 뜻을 파악하기도 어렵습니다. 읽고 묵상하고, 읽고 묵상해야 하죠. 그런데 헌주는 이 어려운 책을 수십 번 완독했고, 대화 중에 자유자재로 인용할 만큼 암송할 수 있는 구절도 많았습니다. 무신론자인 저와 깊이 있는 토론을 할 수 있을 정도로 교리에 대한 이해의 수준이 높았던 것은 두

말할 필요도 없죠. 성경으로 시작된 헌주의 독서 이력은 종교 서적을 거쳐 문학으로 확대되었습니다. 다른 아이들이 듣는 공부를 하고 있을 때 헌주는 이렇게 자신만의 독서 이력을 쌓았고, 그 결과 남들과는 비교도 되지 않는 언어능력을 갖출 수 있었습니다.

성경과 종교 서적, 두껍고 난해한 세계 명작을 읽고 이해할 수 있는 아이에게 고등학교 교과서는 한 번 읽으면 간단하게 이해되는 쉬운 책에 불과합니다. 이 정도 수준이 되면 공부는 더 이상 고민의 영역이 아닙니다. 가까운 예로 동갑내기 글로벌 리더였던 빌 게이츠와 스티브 잡스는 입시 공부를 해야 할 고등학교 3학년 시절에 사업을 했습니다. 빌 게이츠는 폴 앨런과 함께 '트래프 오 데이터'라는 소프트웨어 개발 회사를 만들었고, 스티브 잡스는 동네 형인 스티브 워즈니악과 전화 회선을 해킹해 시외통화를 공짜로 할 수 있는 '블루박스'라는 불법기기를 만들어 팔았죠.

공부머리는 그 아이가 거쳐온 독서 이력에 의해 결정됩니다. 헌주는 다른 아이들보다 책을 훨씬 더 많이, 깊이 읽었습니다. 딱 그 양과 질의 차이만큼 공부머리도 뛰어났습니다. 빌 게이츠와 스티브 잡스는 헌주보다 더 많은 책을 깊이 읽었습니다. 딱 그 양과 질의 차이만큼 공부머리도 더 뛰어났습니다. 성공을 이룬 명사 중에는 책 읽기의 중요성을 강조하는 이들이 많습니다.

독서는 공부를 잘하는 아이가 되는 가장 확실한 방법입니다.

공부머리를 키우는
가장 쉬운 방법

독서를 통해 공부머리를 끌어올린다는 것은 눈에 보이지 않는 관념적인 변화가 아닙니다. 컴퓨터의 부품을 업그레이드하듯 아이의 뇌가 구조적·물리적으로 전혀 다른 뇌로 변신함을 뜻합니다.

인간의 뇌는 1000억 개의 신경세포(뉴런)로 이루어져 있는데, 이 1000억 개의 신경세포들은 시냅스라는 틈으로 서로 연결돼있습니다. 이 틈이 얼마나 조밀하고 원활하게 연결되어있느냐가 그 사람의 지적, 정신적 능력을 결정합니다. 재미있는 것은 사람이 뇌를 어떻게 쓰느냐에 따라 이 연결 방식이 계속해서 달라진다는 점입니다. 뇌 과학에서는 이것을 '뇌의 신경가소성'이라고 합니다.

뇌를 많이 쓰면 시냅스의 연결 방식이 개선·강화되고 많이 쓰지 않으면 연결이 퇴보하거나 끊어집니다. 예를 들어 어떤 아이가 수학 공부를 많이 하면 수학 문제를 풀 때 쓰이는 시냅스의 연결이 조밀해지고 더 나아가 자동화됩니다. 처음 덧셈 뺄셈을 배울 때는 한참을 고민해야 합니다. 관련 시냅스의 연결이 아직 이루어지지 않았기 때문입니다. 일단 덧셈 뺄셈을 익히고 나면 숫자가 달라져도 쉽게 문제를 풀 수 있습니다. 관련 시냅스의 연결이 완성되어 뇌 속에 덧셈 뺄셈이라는 도로가 하나 뚫린 셈입니다. 이 상태에서 계속 반복해서 문제를 풀면 덧셈 뺄셈에 관한 시냅스 연결 조합이 자동화(마이엘린화)됩니다. 덧셈 뺄셈 문제를 보자마자 조건반사적으로,

순식간에 풀 수 있게 되죠.

반대의 현상도 일어납니다. 영어를 완벽하게 구사했던 어떤 사람이 10년 넘게 영어를 쓰지 않으면 관련 시냅스 조합의 연결이 끊어집니다. 영어를 할 수 없게 되는 겁니다. 시냅스의 연결이 이어지고 끊어지는 것은 특정 지식의 영역에만 국한되지 않습니다. 사고력, 언어능력의 수준에서도 이런 일이 벌어집니다.

2014년 OECD는 22개 회원국의 국민 15만 명을 대상으로 실질 문맹률 조사를 실시했습니다. 실질 문맹이란 글자를 소리로 읽을 줄은 알지만 뜻을 파악하는 능력이 현저히 떨어지는 경우를 말하는데, 그 조사 결과가 자못 충격적입니다. 우리나라 중장년층의 실질 문맹률이 22개국 중 3위를 기록한 것입니다. 우리나라 중장년층 중 상당수는 전자제품 설명서나 약 사용법 같은 간단한 글조차 제대로 이해할 수 없는 수준이라고 합니다. 우리나라 중장년층의 언어능력이 이렇게 낮은 것은 세계 최저 수준의 독서율과 깊은 관련이 있습니다. 평소 길고 어려운 글을 읽는 훈련을 거의 하지 않으니 글을 읽고 이해하는 시냅스 연결이 죄다 풀려버린 것이지요.

말은 누가 가르쳐주지 않아도 자연스럽게 배울 수 있습니다. 우리 뇌에는 말을 관장하는 전문 영역인 베르니케 영역과 브로카 영역이 있기 때문입니다. 말은 우리 유전자 속에 프로그래밍된, 타고난 능력인 셈입니다. 반면 글 읽기는 타고난 능력이 아닙니다. 글은 인위적으로 배워야만 익힐 수 있습니다. 당연한 일입니다. 현생 인류가 등장한 것이 20만 년 전인데 문자가 만들어진 것은 기껏해야

6천 년 전의 일이니까요.

우리 뇌에는 읽기를 관장하는 영역이 따로 없기 때문에 글을 읽으려면 뇌의 여러 부위가 축구 경기를 하듯 팀플레이를 펼쳐야 합니다. 후두엽은 눈으로 받아들인 시각 정보를 측두엽에게 패스합니다. 측두엽은 시각 정보를 재빨리 표음 해독합니다. '사람'이라는 글자를 사람이라고 읽고, '손가락'이라는 글자를 손가락이라고 읽는 식으로 말입니다. 측두엽으로부터 해독한 글자를 넘겨받은 전두엽은 그 글자의 의미를 추론합니다. '사람'이라는 글자와 실제 사람을 연결짓고, '손가락'이라는 글자와 실제 손가락을 연결짓습니다. 다음은 이렇게 해독한 단어들을 연결합니다. 비로소 '그 사람의 손가락에는 영문을 알 수 없는 큰 상처가 있었다'라는 문장을 이해하게 됩니다. 뒤이어 감정을 관장하는 변연계가 '아프겠다', '안됐다'는 식의 감상을 내놓습니다.

이렇듯 문장 하나를 해석하려면 뇌의 거의 모든 부분이 총동원되어야 합니다. 숙련된 독서가라면 여기서 그치지 않고 '왜 상처를 입었을까?', '무슨 일이 있었던 걸까?', '남자일까? 여자일까?'와 같은 의문도 떠올리게 됩니다. 이런 의문들은 글을 보다 깊고 긴밀하게 이해하도록 만듭니다.

책을 읽을 때 뇌가 전방위적으로 활성화된다는 것은 수많은 연구를 통해 이미 확인되었습니다. 일본 도후쿠대학교 의학부의 가와시마 류타 교수도 그런 연구를 진행한 사람 중의 한 명입니다. 자기공명영상을 이용해 뇌 활동을 촬영했는데, 다른 활동을 할 때와 비교가 되지 않을 정도로 책을 읽을 때 뇌 활동이 활발했습니다.

머리는 쓰면 쓸수록 좋아집니다. 책 읽기는 머리를 활발하게 쓰는 활동입니다. 독서야말로 두뇌를 업그레이드하는 가장 쉽고 훌륭한 방법입니다.

이제 막 초등 6학년이 된 학생 둘이 있다고 해보겠습니다. 한 아이는 숙련된 독서가이고, 다른 한 아이는 독서 경험이 없는 초보 독서가입니다. 두 아이에게 뇌 활동을 측정할 수 있는 장치를 부착한 후 초등 6학년 사회 교과서를 읽게 합니다. 두 아이의 뇌 활동에는 어떤 차이가 있을까요?

터프츠대학교에서 인지신경학과 아동 발달을 연구하는 매리언 울프 교수는 자신의 저서 《책 읽는 뇌》(살림)를 통해 초보 독서가와 숙련된 독서가의 차이를 설명한 바 있습니다. 그녀의 연구 결과에 따르면 책을 읽는 동안 초보 독서가의 뇌는 뇌 전체가 활발하게 활동합니다. 반면 숙련된 독서가의 뇌는 뇌의 일부만 활발해집니다. 이는 초보 독서가는 초등 6학년 사회 교과서를 이해하기 위해 뇌를 풀가동해야 하는 반면 숙련된 독서가는 뇌를 조금만 써도 된다는 것을 뜻합니다.

앞서, 특정한 지적 활동을 반복하면 관련 시냅스 조합의 연결이 자동화된다고 했습니다. 책 읽기 역시 마찬가지입니다. 초보 독서가는 글을 읽고 이해하는 과정이 익숙하지 않기 때문에 단어 뜻을 파악하고 이해하기 위해서 전력을 다해야 합니다. 문장 하나를 이해하기 위해 우뇌와 좌뇌를 모두 활용해야 하는 거죠. 매리언 울프 교수는 이것을 '배측 경로를 이용한다'라고 표현합니다. 반면 숙련된 독서가는 독서 과정 중 상당 부분이 자동화돼있습니다. 글자의 모양을 파악하고, 뜻을 연결하고, 그렇게 파악한 어휘들을 조합해 문장의 뜻을 이해하는 복잡한 과정이 쭉 뻗은 고속도로처럼 하나의 세트로 간결하게 구조화돼있는 겁니다. 그래서 숙련된 독서가는 좌뇌만으로 글을 읽는 효율적인 방식을 쓰는데, 이것을 '복측 경로 혹은 하측 경로를 이용한다'라고 합니다.

공부를 요리에 비유하자면 배측 경로를 사용하는 초보 독서가는 요리를 처음 해보는 자취생과 같습니다. 이 자취생이 요리를 하려면 먼저 인터넷으로 레시피부터 찾은 후 필요한 재료가 무엇인지 알아보고, 마트에 가서 요리 재료를 사서 돌아온 후에야 어설프게나마 요리를 시작할 수 있습니다. 반면 복측 경로를 사용하는 숙련된 독서가는 유능한 팀원이 10명쯤 딸린 특급 음식점의 주방장과 같습니다. 필요한 재료는 이미 냉장고 안에 완벽하게 준비돼있고, 레시피는 머릿속에 빈틈없이 정리돼있습니다. 일단 요리가 시작되면 재료 손질과 같은 기초 조리 과정은 팀원들이 알아서 대령합니다. 주방장은 오로지 요리 자체에만 집중하면 되죠. 빠른 시간 안에, 큰 힘 들이지 않고, 훌륭한 결과물을 만들어냅니다.

자취생과 특급 음식점 주방장이 요리 경연대회에 나가면 누가 이길까요? 뚜껑을 열어보지 않아도 결과는 자명합니다.

1, 2차 급변동 구간을 어떻게 통과하느냐가 아이의 성적을 결정합니다. 그 운명을 결정하는 것은 기초가 아니라 언어능력입니다. 언어능력을 끌어올리는 가장 확실한 방법은 책을 읽는 것입니다. 책을 읽을 이유가 더 필요한가요? 책 속에 답이 있습니다.

언어능력이란?

사전적 의미에서 언어능력은 '말과 글을 바르게 이해하고 정보나 자신의 의사를 말과 글을 이용하여 정확하게 표현할 수 있는 능력'을 말합니다. 이 책에서는 보다 좁은 의미로 학문을 수행하는 능력으로서의 언어능력, 글을 읽고 이해하는 읽기능력과 이치에 맞게 생각할 수 있는 사고력을 아우르는 개념으로 사용합니다.

> 언어능력 = 읽기능력 + 사고력 = 수학능력

· **읽기능력**
글을 읽고 의미를 이해하는 능력을 가리키는 것으로 공부머리의 핵심이라고 할 수 있습니다. 학년별 교과서는 해당 연령대에 알맞은 언어 수준을 갖고 있는데, 해당 연령 수준보다 읽기능력이 높을수록 공부머리가 좋고, 해당 연령 수준보다 읽기능력이 낮을수록 공부머리가 나쁩니다.

· **사고력**
인간은 언어를 이용해 생각합니다. 언어의 수준이 복잡하고 예리할수록 사고력이 높고, 단순하고 둔할수록 사고력이 낮습니다. 언어능력이 높으면 보다 논리적이고 정확한 사고를 할 수 있고, 이치에 맞는 것과 맞지 않는 것을 잘 구별할 수 있습니다.

· **수학능력**(修學能力)
언어는 학문을 수행하는 핵심 도구입니다. 언어를 통해 지식을 이해하고, 언어를 통해 내가 아는 지식을 설명할 수 있기 때문입니다. 수학능력은 복잡한 논리의 글을 이해할 수 있는 읽기능력과 지식을 이용해 입체적으로 생각할 수 있는 사고력을 아우르는 개념으로, 이 책에서 말하는 언어능력은 곧 수학능력을 뜻합니다.

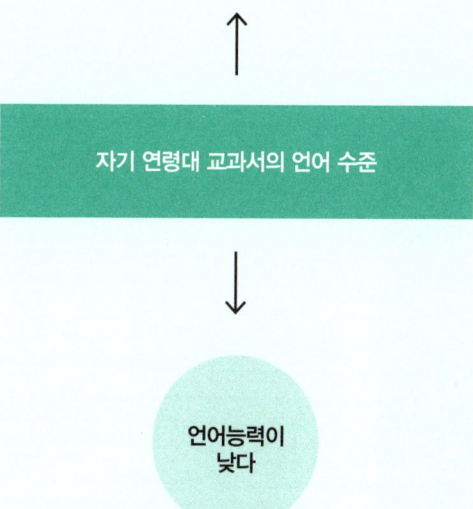

· 사용 환경에 비해 컴퓨터의 사양이 높은 것과 같습니다.
· 정보 처리 속도가 빠르고 정확합니다.

· 사용 환경에 비해 컴퓨터의 사양이 낮은 것과 같습니다.
· 정보 처리 속도가 느리고 부정확합니다.

공부머리 독서법 2 – 자기 나이에 맞는 언어능력을 갖게 해주는
중학생 기본 독서법

독서 습관이 잡히지 않은 중학생에게 적합한 방법으로, 청소년 소설을 2주일에 한 권씩, 연간 26권을 읽는 독서법입니다. 전체 줄거리를 기억할 정도로 읽으면서 2~3년간 이 독서법을 유지하면 대학수학능력시험 국어영역 70점(고등 2학년 적정 수준) 정도의 언어능력을 갖출 수 있습니다. 국어 내신 성적에서 좋은 점수를 기록하고, 사회, 과학 교과서를 혼자서 읽고 이해할 수 있습니다.

2주 독서 계획표

첫 번째 주	책 구하기	아이에게 2주에 한 번, 도서관이나 서점에 가서 읽을 책 한 권을 고르게 합니다.
	책의 절반 읽기	독서시간은 아이와 상의해서 정합니다. 만약 아이가 알아서 읽겠다고 하면 따로 시간을 정하지 않아도 좋습니다.
	대화하기	아이와 책의 주제와 관련한 대화를 나눕니다. 궁금한 점은 물어봅니다.
두 번째 주	나머지 절반 읽기	책을 다 읽고 나서 다시 대화합니다.
	대화하기	

표준 독서량	표준 독서 속도
• 2주 한 권 독서 연간 26권 — (250쪽 이상 청소년 소설 기준)	• 소리 내서 읽는 속도와 같거나 더 느리게 — (한 권당 4시간 이상)

↓

<u>초보 독서가인 아이에게 이보다 많은 독서량을 요구하면 독서를 거부할 가능성이 있습니다.</u> 청소년 소설은 장편 동화에 비해 언어의 수준이 높습니다. 부담이 적고 재미있는 책을 찾아 읽는 게 무엇보다 중요합니다.

↓

청소년 소설을 읽어서 얼마나 언어능력이 늘까 싶지만, 실제는 그렇지 않습니다. 중학교 시절 내내 청소년 소설만 읽어서 대학수학능력시험 국어영역 87점(고등 3학년 수준의 언어능력)을 기록한 중등 3학년 학생도 있습니다. <u>중요한 것은 독서의 질입니다. 천천히 깊이 생각하면서 읽을수록 언어능력의 상승 정도도 커집니다.</u>

03

이야기책은
어떻게 성적을 올리는가?

· 독서교육의 핵심은 '지식'이 아닌 '재미'
· 2주 한 권만 읽어도 충분하다
· 이야기책과 수능 점수의 상관관계
· 이야기책이 수학 성적도 올린다고?
· 책을 좋아하는데 공부를 못해요

정보 | 재미있는 책 고르는 법
공부머리 독서법 3 | 언어능력을 단시간에 높이는
중학생 필사 독서법

독서교육의 핵심은 '지식'이 아닌 '재미'

아이의 성적은 언제든 곤두박질칠 수 있습니다. 언어능력이 낮다면 폭포를 향해 떠내려가는 조각배나 다름없죠. 지금 제아무리 공부를 잘해도 때가 되면 떨어집니다. 이 재앙을 막는 가장 확실한 방법은 책을 읽어서 언어능력을 끌어올리는 것입니다. 그런데 이것이 생각만큼 간단하지가 않습니다. 지금껏 책과 담을 쌓고 지냈던 아이가 어느 날 갑자기 매일처럼 책을 읽는 독서가가 되기는 힘듭니다. 이미 어느 정도 성장해 중학생, 고등학생이 되었다면 더더욱 그렇겠죠. 스키를 신고 설 줄도 모르는 사람이 활강부터 배우려고 덤비면 다치기 마련입니다. 욕심을 내려놓고 차근차근 단계를 밟아가는 자세가 필요합니다.

첫 번째 목표는 담을 허무는 것입니다. 책은 '지루하고, 골치 아프고, 따분한 것'이라는 생각을 무너뜨려 거부감 없이 책을 읽을 수 있도록 만들어주어야 합니다. 아이 스스로 '어, 생각보다 재미있네!' 하고 느끼게 만드는 게 핵심입니다. 사실 이건 선택 사항이 아닙니다. 아이가 책 읽기의 재미를 느끼지 못하면 책상 앞에 앉혀놓을 수는 있을지언정 책을 읽게 만들 수는 없습니다. 그러니까 독서교육의 핵심은 '지식'이 아니라 '재미'입니다. 이 목표를 가장 쉽고 빠르게 이루도록 해주는 책이 바로 동화나 소설 같은 이야기책입니다.

독서가 몸에 좋은 약이라면 이야기책은 달콤한 캡슐을 입힌, 먹기 좋은 약입니다. 책 읽기 훈련이 안 된 아이들은 글을 읽을 때 고통을 느낍니다. 배측 경로를 이용하는 초보 독서가는 책을 읽을 때 뇌를 풀가동해야 합니다. 일상용어로 바꿔 말하면 책을 읽을 때 '골치 아프다'고 느끼는 것이죠. 그런데 재미있는 이야기책은 이 '골치 아픔'을 흥미진진한 스토리로 상쇄하는 마법을 부립니다. 노파심에 말씀드리는데 '과학 스토리텔링'이라든가 '사회 스토리텔링'이라든가 하는 교과연계형 스토리텔링 책은 주지 마세요. 그랬다가는 이도 저도 안 될 가능성이 큽니다. 말 그대로 순수한 이야기책이어야 합니다. 다시 한번 말씀드리지만 제1 목표는 아이가 책을 '재미있다'고 느끼게 만드는 것입니다.

"선생님, 이야기책을 읽는 게 공부에 무슨 도움이 되나요?"

부모님들께서 종종 하시는 말씀입니다. 그때마다 저는 이렇게 되묻고 싶은 마음이 듭니다.

"그럼 지식도서는 공부에 무슨 도움이 되나요?"

지식도서가 나쁜 책이라는 뜻이 아닙니다. 지식도서는 독서 효과가 어마어마하게 좋은 책입니다. 문제는 초보 독서가들이 지식도서를 읽을 능력이 없다는 점입니다. 읽어도 이해가 안 되기 때문에 대부분 책을 펼친 지 20분 안에 나가떨어지게 돼있습니다. 설사 초인적인 인내심으로 끝까지 읽어낸다고 해도 사정은 마찬가지입니다. 내용을 거의 이해하지 못할 테니까요. 글을 읽고 이해하는 게 아니라 글자만 읽게 되고, 이렇게 읽으면 당연히 독서 효과도 생기지 않습니다. 중요한 것은 글을 읽고 이해하는 행위 자체입니다.

흔히 이야기책은 공부와 직접적인 상관이 없다고 생각합니다. 인성이나 감성, 예절 같은 것에 영향을 끼칠지는 몰라도 학습과는 상관없다고 여기는 거죠. 그래서 아이가 동화나 소설을 읽고 있으면 왜 이런 쓸데없는 책을 읽느냐고 빼앗아버리는 부모님도 계십니다. 물론 이야기책은 지식을 다루지 않습니다. 그런데 막상 수업을 해보면 이야기책만큼 위력적인 책도 없습니다. 읽는 족족 언어능력이 올라갑니다. 6개월을 제대로 읽으면 성적표가 달라지고, 1년을 제대로 읽으면 대학수학능력시험 점수가 달라질 정도죠.

2주 한 권만 읽어도 충분하다

수민이를 처음 만난 것은 중등 3학년이 시작되는 신학기였습니다. 수민이는 영어, 수학 90점대, 나머지 과목 60~70점대의 중상위권 학생이었습니다. 대부분의 아이가 그렇듯 수민이도 책을 읽어본 경험이 거의 없었습니다. 간단한 상담을 마친 후 수민이에게 언어능력 평가지를 주었습니다. 그리고 몇 가지 원칙을 알려주었죠.

"제한시간은 없어. 최선을 다해서 끝까지 풀기만 하면 돼. 미리 얘기해두는데 몇 문제 풀고 나면 머리가 아플 거야. 만만한 테스트지가 아니거든. 포기하지 않고 끝까지 푸는 게 가장 중요해."

제가 수민이에게 준 평가지는 2014학년도 대학수학능력시험 국어영역 시험지였습니다. 전체 45문항 중, 고등 교과에서 배워야만 풀 수 있는 고전 시, 고전 소설, 문법 문제 15문항을 뺀 편집본이었죠. 제가 처음 학원에 온 중학생의 언어능력을 테스트할 때 주로 쓰는 평가지입니다. 중학생에게 수능 국어영역 시험지를 주는 데는 몇 가지 이유가 있습니다.

일단은 수능 국어영역이 훌륭한 언어능력 평가도구이기 때문입니다. 수능 국어영역은 다양한 형식의 지문을 다룹니다. 대화문, 발표문, 소설, 시, 설명문, 논술문 등 거의 모든 종류의 지문이 나옵니다. 국어영역이니까 국어 관련 지문만 나올 것 같지만 그렇지 않습니다. 과학, 기술, 역사, 정치, 철학 등 다양한 분야의 지문이 출제됩니다. 이렇게 다양한 형식, 다양한 종류의 지문에 최고의 전문가들이 출제한 믿을 수 있는 문제까지 딸려있습니다. 게다가 이 지문들은 고등학교 교과서에서 발췌한 것이 아닙니다. '고등학교 3학년이면 이 정도 수준의 글을 읽고 해독할 수 있어야 한다'고 판단되는 지문들을 무작위로 발췌한 것입니다. (수능 연계 교재가 있긴 합니다만) 고등학생이나 중학생이나 대부분 처음 보는 지문이기는 매한가지인 겁니다. 덕분에 동등한 입장에서 고등학교 3학년 대비 자신의 언어능력을 가늠해볼 수 있습니다. 제 입장에서는 7년 가까이 수능 국어영역으로 테스트를 해왔기 때문에 이 아이가 또래 평균 대비 어느 정도 언어능력을 갖고 있는지 판단할 수 있다는 것도 장점입니다.

또 수능 국어영역으로 테스트해보면 아이의 내신 성적 대비 수능 성적을 예측해볼 수 있습니다. 내신 성적과 수능 성적은 서로 연동되지 않는 경향이 있습니다. 내신 성적은 높은데 수능 성적이 낮은 경우도 있고, 내신 성적은 낮은데 수능 성적은 높은 경우도 있습니다. 내신과 수능의 등급 격차가 2~3등급씩 나는 일은 발에 챌 정도로 흔합니다. 내신은 1등급인데 수능은 3등급이 나오거나, 내신은 3등급인데 수능은 1등급이 나오는 경우가 비일비재하죠. 또래 중학생에 비해 상대적으로 수능 국어영역 점수가 높으면 내신 성적보다 수능 성적이 높을 가능성이 크고, 낮으면 내신 성적보다 수능 성적이 낮을 가능성이 큽니다. 고등학교 3학년과 비교해도 손색이 없을 정도로 점수가 높다면 두말할 필요도 없겠죠. 그런 아이는 중학생임에도 고등학교 3학년 수준의 언어능력을 갖고 있기 때문에 2차 급변동 구간에서 우수한 성적을 유지하거나 치솟을 가능성이 매우 큽니다.

중등 3학년 평균은 40~45점 정도인데, 수민이의 평가점수는 42점, 시험시간은 1시간 30분 정도 걸렸습니다. 썩 훌륭하다고 할 수는 없지만 청소년도서를 읽고 이해하는 데는 큰 어려움이 없는 상태였습니다. 수업을 바로 시작했습니다.

책 읽기 방식은 단순합니다. 책 한 권을 1주 차에 절반 읽어오고, 2주 차에 나머지 절반을 읽어옵니다. 2주에 한 권을 읽는 것이죠. 제가 이런 방식을 선택한 이유는 아이들의 평균적인 독서 수준 때문입니다. 정독으로 제대로 읽었을 때 수업 도서의 독서시간은 3~5시간가량 걸립니다. 일주일에 3~5시간을 독서에 투자하는 것이니 결코 길다고 할 수 없지만 이조차도 버거워하는 아이가 많습니다. 책을 읽는 훈련이 안 돼있는 데다 사교육 스케줄이 빡빡하기 때문입니다. 실제로 1주 한 권 독서를 진행해보면 대부분의 아이가

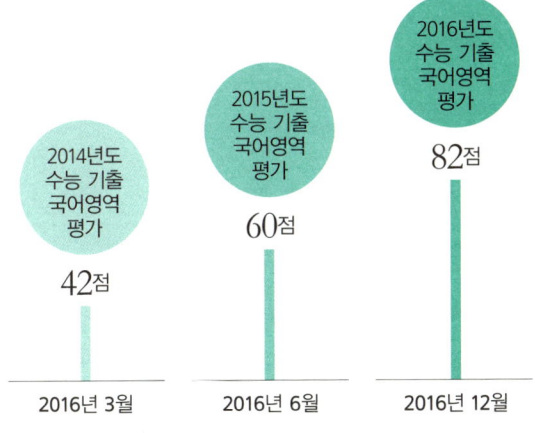

책을 끝까지 읽어오지 못합니다. 책을 제대로 읽어오지 못하니 수업이 엉망진창이 될 수밖에 없죠. 그래서 울며 겨자 먹기로 선택한 것이 2주 한 권 독서였습니다. 일주일에 2~3시간가량을 투자하면 읽을 수 있도록 독서량을 조정한 겁니다.

일주일에 고작 2~3시간을 읽어서 무슨 효과를 볼 수 있을까 싶겠지만 실상은 그렇지 않습니다. 이 정도의 투자만으로도 깜짝 놀랄 정도의 효과를 거둘 수 있습니다. 수업 시작 10개월 후 수민이의 대학수학능력시험 편집본 점수가 얼마나 올랐는지 보겠습니다.

수민이는 10개월간 총 20여 권의 책을 읽었습니다. 독서를 시작한 지 3개월 후 평가에서 60점(18점 향상)을 기록했고, 10개월 후에는 82점(22점 향상)을 기록했습니다. 10개월 전과 비교하면 무려 40점이 올랐습니다. 솔직히 말씀드리면 저도 좀 놀랐습니다. 책의 줄거리가 전부 파악되게 정독으로 성실하게 읽으면 6개월 평균 5~10점 정도가 오르는 게 일반적이거든요. 그런데 수민이는 그보다 두 배나 높은 상승세를 보인 겁니다. 유달리 독서 효과가 좋은 아이였던 거죠.

정독으로 성실하게 읽었을 때 대학수학능력시험 국어영역 점수가 6개월마다 5~10점이 오르는 독서, 수민이의 경우 20점이 오른 독서. 이런 독서를 이끌어낸 책들은 사실 대단히 지적이거나 어려운 책이 아닙니다. 수민이가 읽었던 책 중에 지식도서는 단 한 권도 없었습니다. 구병모의 《위저드 베이커리》(창비), 김려령의 《완득이》(창비), 미하엘 엔데의 《끝없는 이야기》(비룡소), 창신강의 《나는 개입니까》(사계절), 제임스 프렐러의 《방관자》(미래인), 루이스 새커의 《구덩이》(창비)……. 누구나 재미있게 읽을 수 있는 청소년 소설들이었습니다.

이런 책을 속독하지 않고, 정독으로 줄거리를 파악하면서 재미있게 읽으면 됩니다. 그러면 1년 만에 깜짝 놀랄 정도로 언어능력이 오릅니다. 책을 오랫동안 읽은 중등 3학년 아이들 중에는 15문항을 제거하지 않은 수능 원본 시험지로 80~85점, 2~3등급을 기록하는 아이도 심심찮게 볼 수 있습니다. 중등 3학년인데 고등 3학년 고급 언어능력을 갖춘 셈입니다. 고등 교과를 배우지 않은 핸디캡까지 계산에 넣는다면 사실상 만점에 가까운 언어능력을 갖추었다고 볼 수 있습니다.

언어능력이 오르면 내신 성적도 덩달아 달라집니다. 수민이의 경우 2학기 들어 60~70점대였던 국어, 사회, 과학 계열 과목의 점수가 모두 90점대로 올라섰습니다. 이렇게 성적이 오르면 아이들은 좋아하면서도 영문을 몰라 어리둥절해 합니다. 예전보다 딱히 더 힘들게 공부한 것 같지도 않은데 성적이 올랐기 때문이죠. 자신이 읽은 소설이 성적에 영향을 끼쳤다는 사실을 선뜻 믿지 못합니다. 그냥 재미있게 읽었을 뿐이니까요. 이렇게 손쉽게, 아무렇지도 않게 학습능력이 올라간다는 게 신기하기만 한 거죠.

이 결과는 한 가지 중요한 사실을 말해줍니다. 제대로만 책을 읽으면 언어능력을 끌어올리는 것이 의외로 쉽다는 점입니다. 중등 3학년 수준에서 고등 3학년 수준까지 올리는 데 10개월이면 됩니다. 그것도 주당 2~3시간, 2주에 한 권을 읽는 정도의 투자로 말입니다. 이 정도만 해도 2차 급변동 구간에서 성적이 급락하는 일을 막을 수 있습니다. 본인이 마음만 먹는다면 얼마든지 성적을 끌어올릴 수도 있지요. 일주일에 2~3시간, 2주에 한 권 독서. 이 정도면 투자해볼 만하지 않습니까?

이야기책과 수능 점수의 상관관계

우리는 흔히 영어, 수학이 내신 성적을 좌우한다고 생각합니다. 아이들 전체를 놓고 보면 맞는 말입니다. 그런데 중상위권 이상 아이들로 국한시켜 보면 이야기가 달라집니다. 중상위권 아이들은 대부분 영어, 수학 성적이 높습니다. 90점은 기본입니다. 상위권과 중위권의 성적을 판가름하는 과목은 영어, 수학이 아니라 '국어'입니다.

국어는 참 희한한 과목입니다. 공부를 열심히 한다고 해서 점수가 확 오르지도 않고, 공부를 하지 않는다고 해서 확 내려가지도 않습니다. 국어 때문에 힘들어하는 아이가 있는가 하면, 국어는 기본 100점이라며 룰루랄라하는 아이도 있습니다.

국어는 기본적으로 지식을 가르치는 과목이 아닙니다. 교과서에 있는 지식을 알면 되는 다른 과목들과 달리 국어는 글을 읽고 해석하는 능력을 요구하기 때문입니다. 지식을 묻는 다른 과목들은 낼 수 있는 문제의 경우의 수가 정해져 있기 때문에 공부를 열심히 하면 100점을 맞을 수 있습니다. 하지만 국어는 지문 하나로 천문학적인 경우의 수로 문제를 낼 수 있습니다. 지식이 아니라 해석능력을 묻기 때문입니다. 국어는 공부를 제아무리 열심히 해도 기본적인 언어능력이 높지 않으면 100점을 맞을 수 없는 과목입니다.

국어시험 문제의 가장 큰 특징은 '가장 거리가 먼 것은?', '가장 알맞은 것은?'처럼 '가장'이라는 수식어가 자주 붙는다는 점입니다. 수학이나 영어, 사회, 과학 같은 과목은 딱 떨어지는 사실을 묻기 때문에 이런 표현이 잘 등장하지 않습니다. '1+1의 답으로 가장 가까운 것은?'이라든가 '다음 중 지진대에 대한 설명으로 가장 알맞은 것은?'이라고 묻지 않는다는 거죠. 하지만 국어에서는 딱 떨어지는 사실을 묻는 경우가 거의 없습니다. 국어 문제는 대부분 2~3개의 답을 갖고 있습니다. 예를 들어 '주인공 A가 할 행동으로 가장 알맞은 것은?'이라는 문제의 선택지 5개 중에는 적어도 2~3개의 '알맞은 행동'이 있습니다. 핵심은 이 알맞은 행동들 중에 '어느 것이 더 알맞은가'를 판별해내는 것입니다. 이걸 잘하려면 고도의 공감능력과 추론능력이 필요한데, 이야기책 독서는 이 두 가지 능력을 끌어올리는 최고의 방법입니다. 제임스 프렐러의 청소년 소설 《방관자》의 도입부를 통해 그 원리를 간단하게 살펴보겠습니다.

> 에릭 헤이스가 처음 그를 봤을 때, 데이비드 할렌백은 뛰고 있었다. 뛴다고 했지만, 제대로 뛰는 건 아니고 짧은 다리로 비틀거리며 뒤뚱거리고 있었다고 해야 맞을 것 같다. 그렇게 뒤뚱거리며 달려오다 두려운 듯 뒤를 돌아보는 순간 발이 겹질려 앞으로 넘어질 뻔했다. 할렌백은 잠시 숨을 고르다가 비틀거리며 다시 달리기 시작했다.
> 할렌백은 어떤 곳을 향해 달려가는 게 아니라, 어떤 곳에서 벗어나려는 중이었다. 정확히 말하자면 도망치고 있었다.
>
> 《방관자》(제임스 프렐러 지음. 미래인) 중에서

보시다시피 《방관자》의 도입부는 '상황'입니다. 데이비드 할렌백이 도망치고 있고, 에릭 헤이스가 그걸 바라보고 있는 상황이죠. 하지만 아이의 머릿속에서는 그 이상의 생각과 감정들이 순간적으로 일어납니다. '에릭 헤이스가'라는 문장의 첫머리를 읽는 순간 아이는 에릭 헤이스의 시선으로 이 상황을 바라보게 됩니다. 형식적으로 굉장히 파격적인 작품이 아니라면 아이는 아마도 이야기가 끝날 때까지 에릭의 시선으로 이야기를 따라가게 될 겁니다. 이야기의 시작과 함께 등장한 에릭은 주인공이거나 적어도 사건의 주요 관찰자일 가능성이 높으니까요.

아이가 에릭 헤이스의 시선을 통해 가장 먼저 바라보는 대상은 데이비드 할렌백입니다. 그런데 뛰고 있군요. 아이는 할렌백의 감정을 느낍니다. '겁에 질려있어!', '다급하게 도망치고 있어!' 아이의 마음이 할렌백의 두려움과 다급함에 공명을 일으킵니다. 할렌백의 두려움을 깊이 공감하면 할수록 책을 읽는 아이의 긴장감은 더 높아집니다. 당연히 이야기도 더 재미있게 느껴지겠죠. 주의를 기울여 보실 점은 이 짧은 글 속에 감정을 표현한 단어가 '두려운 듯'이라는 단어 하나뿐이라는 점입니다. 아이는 직접적인 표현이 아니라 상황을 통해 등장인물의 감정을 느낍니다. 일종의 '정서 추론'이 일어나는 거죠. 이렇게 상황을 통해 정서를 전달하는 것은 이야기의 기본 문법 중 하나입니다.

연이어 다양한 생각이 교차합니다. '할렌백을 쫓는 누군가가 있는 게 틀림없어. 도대체 누굴까?'라는 의문이 들고, '저렇게 다급하게 도망치는 걸로 봐서는 추적자가 곧 나타나겠는걸'이라는 생각이 스쳐지나가고, '그들이 위험한 존재라면 에릭 헤이스도 해치려 들지 않을까? 무슨 일이 벌어질 것만 같아'라는 불안감도 들게 됩니다. 물론 초보 독서가인 아이가 이런 생각들을 구체적인 언어로 명징하게 떠올리는 것은 아닙니다. 소설의 활자를 부지런히 읽어내려가면서 자기도 모르게 '생각과 감정의 덩어리'로 이런 것들을 느끼게 됩니다. 질문이 던져졌을 때 비로소 아이는 자기가 느낀 생각과 감정의 덩어리를 구체적인 언어로 떠올리게 되죠.

1. 다음 중 이 장면 다음에 일어날 일로 가장 알맞은 것은?

① 에릭 헤이스는 농구를 계속했다.
② 에릭 헤이스는 집으로 돌아갔다.
③ 데이비드 할렌백이 에릭 헤이스에게 물을 달라고 했다.
④ 할렌백이 떠난 직후, 한 무리의 아이들이 나타나 에릭 헤이스에게 할렌백을 보았느냐고 물었다.

②, ③, ④번은 모두 있을 법한 일입니다. 할렌백을 보고 불안감을 느낀 에릭이 집으로 돌아갔을 수도 있고, 헐레벌떡 달린 할렌백이 물을 달라고 했을 수도 있습니다. 하지만 그중에 가장 있을 법한 일은 ④번입니다. 할렌백은 겁에 질린 채 도망치고 있었습니다. 물을 달라는 여유를 부리기는 힘들겠죠. 또 다급하게 도망치고 있다는 것은 두려움의 대상이 바로 뒤에서 쫓아오고 있을 가능성을 암시합니다. 할렌백이 지나가고 연이어 추격자가 나타났을 테니까 에릭이 집으로 돌아갈 시간적 여유가 부족했을 거라고 추론해볼 수 있습니다. 또 그 정도 일로 도망칠 만큼 에릭이 겁쟁이라는 단서도 없고요.

이야기책을 읽는 동안 발생하는 생각과 감정의 덩어리는 아이의 추론능력과 공감능력을 향상시킵니다. 그리고 이 능력들은 국어시험뿐 아니라 대학수학능력시험에서도 큰 힘을 발휘합니다. 그 효과는 몹시 커서 10개월에 20권만 정독으로 읽어도 수능 국어영역 편집본 평가점수가 평균 10~20점 정도 오릅니다. 수능 국어영역에서 수험생들이 가장 많이 틀리는 문제는 어려운 과학 관련 설명문이나 철학 논술문이 아닙니다. 지문은 쉽지만 문제가 어려운 현대 소설 문제들이지요.

책을 읽을 때 발생하는 생각과 감정의 덩어리는 아이마다 차이가 있습니다. 어떤 아이는 이 덩어리가 크고 두텁고, 어떤 아이는 작고 얇습니다. 《방관자》의 도입부를 보고 긴장감과 불안함, 궁금증을 느끼는 아이가 있는 반면 '도망가고 있구나' 하고 건조하게 받아들이는 아이도 있다는 거죠. 초보 독서가보다 숙련된 독서가가, 속독을 하는 아이보다 정독을 하는 아이가, 억지로 읽는 아이보다 재미있게 읽는 아이가 더 크고 두터운 생각과 감정의 덩어리를 만들어냅니다. 그리고 이 크기와 두께의 차이가 독서 효과의 차이를 결정합니다. 중3 수민이의 언어능력 평가점수가 큰 폭으로 오를 수 있었던 것도 생각과 감정의 덩어리가 다른 초보 독서가들에 비해 더 크고 두터웠기 때문입니다. 한마디로 같은 분량의 책을 읽는 동안 더 많은 것을 생각하고 느낄 수 있었던 겁니다.

예를 들어 수민이 같은 아이들은 '이 이야기는 앞으로 에릭과 할렌백, 할렌백을 쫓는 존재 사이의 사건을 다루게 되겠구나'라는 사실을 짐작할 수 있습니다. '에릭 헤이스가 처음 그를 봤을 때'라는 첫 구절이 그 뒤로 할렌백을 다시 보게 된다는 것을 암시하니까요. 에릭이 할렌백을 다시 본다면 당연히 할렌백을 괴롭히는 존재와도 맞닥뜨릴 가능성이 크겠죠. 숙련된 독서가라면 여기서 한발 더 나아갈 수 있습니다. 이 책의 제목은 《방관자》입니다. 그리고 도입부에서 에릭은 헐레벌떡 도망가는 할렌백을 멀리서 관찰하고 있습니

구분	수능 언어-표준점수		수능 수리-표준점수		수능 외국어-표준점수	
	학생수	평균	학생수	평균	학생수	평균
0권	240명	83.08점	214명	90.21점	242명	86.10점
1~5권	998명	90.25점	893명	92.88점	1,000명	90.11점
6~10권	381명	95.43점	338명	92.95점	381명	93.09점
11권 이상	566명	102.53점	508명	98.84점	568명	98.83점
전체	2,185명	93.55점	1,953명	93.92점	2,191명	92.45점

문학서적 독서량과 수능 성적
2015년 11월 26일 한국직업능력개발원, 〈패널브리프 : 독서·신문읽기와 학업성취도, 그리고 취업〉
고등학교 3학년 4,000명을 전국적으로 대표성 있게 표집하여 매년 추적 조사한 자료임

다. 방관자처럼 말이죠. 이런 단서들을 통해 제목에서 말하는 방관자가 에릭일 가능성이 농후하다는 걸 눈치챕니다.

여기서 또 한발 더 들어갈 수도 있습니다. 이야기 뒤에 숨어있는 작가의 의도까지 생각하는 거죠. '작가는 어째서 주인공 에릭을 방관자로 설정했을까?'라는 질문을 던지고, '작가는 독자를 방관자의 입장에 서게 만들고 있어. 독자는 에릭의 입장에서 사건을 바라볼 수밖에 없으니까. 작가는 이 책을 읽는 독자 자신이 방관자가 될 수 있다는 말을 하고 싶었던 게 아닐까?' 하는 식으로 생각을 이어갈 수 있습니다. 생각과 감정의 덩어리가 초보 독서가와는 비교도 되지 않을 만큼 크고 두텁습니다.

물론 초보 독서가에게 처음부터 이런 수준의 독서를 요구할 수는 없습니다. 처음에는 그냥 재미있게 읽으면 됩니다. 재미있게 정독으로 읽기만 해도 기본적인 정서적, 상황적, 논리적 추론을 할 수

있습니다. 그것만으로도 언어능력이 비약적으로 발전하고, 그런 경험이 계속 쌓이면 독서의 수준도 높아지죠. 공감능력과 추론능력이 계속해서 성장하게 됩니다. 이야기책을 좋아하고, 재미있게 읽는 아이들이 국어 성적이 높은 것도 바로 이런 원리 때문입니다.

이야기책이 수학 성적도 올린다고?

이야기책이 국어 성적을 끌어올리는 것은 어찌 보면 자연스럽습니다. 국어 교과서에 동화와 소설이 실려있는 것만 봐도 이야기책과 국어 교과의 직접적인 연관 관계를 알 수 있으니까요. 그런데 이야기책 읽기가 다른 과목, 그러니까 과학이나 사회, 역사 심지어 수학 과목의 성적을 끌어올리는 이유는 퍼뜩 이해가 가지 않습니다. '이야기책이 왜?' 하는 생각이 들죠.

과학, 사회, 역사 같은 과목의 시험공부는 '교과서 독서 → 노트 정리 → 암기'의 형태로 이뤄집니다. 내용을 이해하고(교과서 독서), 자기 방식대로 개념화해서(노트 정리), 완전히 머릿속에 집어넣습니다(암기). 이 과정을 완벽히 수행하면 아무리 어려운 문제가 나와도 만점을 받을 수 있습니다.

아이는 교과서를 읽을 때 연필로 중요한 개념이나 단어에 줄을 긋거나 별표를 합니다. 어렵거나 뜻을 정확히 알지 못하는 단어도 모두 표시하고요. 이렇게 한 번 읽고 나면 아이의 머릿속에 집이 한 채 지어져야 합니다. 지식의 체계 하나가 생겨나는 거죠. 예를 들어 중등 사회 교과서의 〈에너지 자원의 종류와 문제점〉이라는 소단원 네 쪽을 읽는다면 '에너지 자원은 에너지를 얻을 수 있는 자원이다 → 에너지 자원에는 석유, 석탄, 천연가스, 원자력, 신·재생에너지 등이 있는데 각각의 특성은 이러저러하다 → 이 중에 석유, 석탄, 천연가스는 고갈될 위험이 있고 환경을 파괴한다는 문제점이 있다 → 이 문제를 해결하려면 에너지 자원 사용량을 줄이는 한편 에너지 기술을 발전시키고, 신·재생에너지를 개발해야 한다'라는 지식 체계가 머릿속에 일목요연하게 정리되어야 합니다. 이야기책을 잘 읽는 아이는 이게 저절로 됩니다. 교과서를 읽으면 자기도 모르는 새 머릿속 한쪽으로 지식들이 분류·정리되기 때문입니다. 왜냐고요? 이야기책을 읽을 때도 똑같은 메커니즘이 작동되기 때문이죠.

아이는 이야기책을 읽는 동안 읽고 있는 부분의 상황에 집중합니다. 읽다 말고 지나간 일을 굳이 되돌아보거나 머릿속으로 따로 정리하는 경우는 별로 없습니다. 그냥 재미있게 읽는 거죠. 그런데 다 읽고 나면 주요 장면과 줄거리, 인물들의 관계 같은 정보들이 하나의 집처럼 머릿속에 구축됩니다. 이건 드라마나 영화 같은 영상 매체를 보고 줄거리나 인물 관계를 기억하는 것과 본질적으로 다른 활동입니다. 활자 매체인 이야기책은 영상 매체와 내용의 입력 경로 자체가 다르기 때문입니다. 실제로 초보 독서가들은 자기가 읽은 책의 줄거리와 인물 관계 등을 제대로 기억하지 못하는 경우가 많습니다. 자기 연령대에 맞는 이야기책을 읽고 머릿속에 집을 지을 수 없는 아이가 교과서를 한 번 읽고 머릿속에 집을 짓는다는 건 불가능한 일입니다.

이야기책을 많이 읽는다는 것은 머릿속에 집을 짓는 훈련을 반복하는 것과 같습니다. 그러니 이야기책을 즐겨 읽는 아이가 과학이나 사회, 역사 같은 과목 공부도 잘할 수밖에요.

1980년대 일본에서 시작된 '10분 아침독서 운동'은 우리나라에도 잘 알려진 유명한 독서 운동입니다. 일본의 한 초등학교에서 시작된 이 운동의 원리는 간단합니다. 매일 아침 10분간 아이들에게 책을 읽을 수 있는 시간을 줍니다. 사실 이 운동은 학업성취도를 개선하기 위해 시작한 운동이 아니었습니다. 생활 태도 개선이 주요 목적이었죠. 당시 일본 공교육은 이지메(왕따)와 같은 학교 폭력 문제, 아이들의 반항적인 행동, 규율을 지키지 않는 생활 태도 등으로 골머리를 앓고 있었습니다. 그런 상황을 개선해보고자 한 초등학교 선생님이 시작한 것이 '아침독서 운동'이었습니다. 하루 10분 독서를 통해 책과 친해지고, 인성을 기르고, 차분한 태도를 몸에 익힘으로써 아이들의 생활 태도 전반이 개선되기를 기대한 것입니다. 실제로 이 운동은 큰 효과를 거두어 일본 공교육이 겪던 문제점들이 크게 개선되었습니다. 학교의 규율이 바로 서고, 아이들의 생활 태도가 몰라보게 좋아졌습니다. 그런데 생활 태도만 개선된 게 아니라 아이들의 성적도 크게 올랐습니다. 전 과목의 평균 성적이 골고루 향상되었는데, 그중에서도 가장 많이 오른 과목은 국어와 수학이었습니다. 놀랍게도 독서가 사회나 역사보다 수학 성적을 더 많이 끌어올린 겁니다. 이후 아침독서 운동은 일본 전역으로 확대되었는데 다른 학교에서도 비슷한 현상, 국어와 수학 성적이 비약적으로 오르는 현상이 일어났습니다.

독서가 왜 아무 상관도 없어 보이는 수학 성적을 끌어올릴까요? 앞서 저는 이야기책을 읽는 것은 '머릿속에 (정보 체계의) 집을 짓는 것'과 같다고 했습니다. 이것을 다른 말로 '개념화'라고 하는데, 수학에서 가장 중요한 것이 바로 이 개념화 능력입니다.

수학 공식 각각은 일종의 예리한 논리입니다. 이 논리를 이해하기 위해서는 개념화 능력이 필수입니다. 숙련된 독서가는 수학 공식의 개념을 빠르고 정확하게 이해하기 때문에 수학도 더 잘할 수 있습니다. 예를 들어 'A×B'는 'A가 B배만큼 더 있다'는 것을 뜻합니다. 이 개념을 잘 이해하면 몇 문제만 풀어봐도 곱하기를 잘하게 됩니다. 변형 문제도 쉽게 풀 수 있죠. 하지만 개념화 능력이 떨어질 경우 곱셈 문제를 많이 풀어봐야 곱셈이라는 개념을 이해할 수 있습니다. 수학은 숙련의 학문이어서 개념화 능력이 좋은 아이라 하더라도 많은 연습이 필요한 것은 사실입니다. 하지만 개념을 정확히 이해한 상태에서 숙련하는 것과 숙련을 통해 개념을 이해하는 것은 차원이 다른 문제입니다. 개념화 능력이 떨어지는 상태에서 풀기 훈련에만 치중할 경우 서술형 문제나 수능 수학영역처럼 꼬아서 내는 문제를 만나면 실력 발휘를 하기 힘듭니다. 수학 공식을 대입하기에 앞서 문제의 개념부터 파악해야 하는데, 이것이 원활하게 안 되기 때문입니다. 아주 간단한 분수 문제를 통해 그 과정을 설명해보겠습니다.

(문제) 1시간에 전체의 1/5씩 타서 없어지는 양초가 있습니다. 양초에 불을 붙이고 얼마 후에 보니 1/10이 남았습니다. 불을 붙인 지 몇 시간이 지났습니까?

이 문제는 '양초가 탄 지 몇 시간이 지났느냐'를 묻고 있습니다. 문제 해결에 필요한 두 가지 사실을 먼저 추출해야 합니다.

조건 1. 시간당 1/5이 타는 양초
조건 2. 양초의 1/10이 남음

그런데 '조건 2'에 문제가 있습니다. 얼마나 탔는지가 아니라 얼마나 남았는지를 알려주고 있기 때문입니다. 조건 2를 조건 1에 맞는 개념으로 바꾸어주어야 합니다. 1/10이 남았다는 것은 9/10가 탔다는 뜻이죠.

조건 1. 시간당 1/5이 타는 양초
조건 2. 양초의 9/10가 탐

조건 1과 조건 2의 분모가 다르면 문제를 풀 수 없으니 두 분모를 통일시켜야 합니다.

조건 1. 시간당 2/10가 타는 양초
조건 2. 양초의 9/10가 탐

4시간을 타면 8/10이 탑니다. 그러고도 1/10이 더 탔으니 이 양초는 4시간 30분 동안 탄 것이군요. 이 문제를 해결하기 위해서는 문제의 개념을 파악하고, 문제 해결을 위해 필요한 조건을 추출한 후, 그 조건의 개념을 통일해야 합니다. 문제 풀이 위주로 수학을 공부한 아이들은 이 과정에서 어려움을 겪는 경우가 많습니다. 일단 문제의 설명이 잘 이해되지 않고, 자기가 평소 풀던 것과 조건도 달라서 '내가 어떻게 알아?' 하고 막혀버립니다. 반면 책을 많이 읽은 아이들은 이 과정을 쉽게 해냅니다. 설사 문제 풀이를 많이 하지 않았다 하더라도 앞뒤를 따져 문제를 풀 수 있습니다.

숙련된 독서가는 개념을 잘 파악합니다. 수학 공식의 개념, 문제의 개념도 마찬가지입니다. 학년이 올라가면서 수학이 어려워진다는 것은 배워야 할 공식의 개념이 어려워진다는 것을 뜻합니다. 숙련된 독서가일수록 훨씬 쉽게 개념을 파악할 수 있습니다. 이것이 바로 아침독서 운동이 아이들의 수학 성적을 끌어올린 이유이고, 원리입니다.

이야기책 읽기는 공부를 대하는 태도에도 큰 영향을 끼칩니다. 이야기책을 많이 읽은 아이가 그렇지 않은 아이보다 공부에 대한 거부감이나 두려움이 적습니다. 이야기책도 책이고, 교과서도 책이기 때문입니다. 예를 들어 장편 동화 《몽실언니》(권정생 지음, 창비)를 재미있게 읽은 아이는 초등 6학년 사회 교과서의 글양과 두께에 크게 부담을 느끼지 않습니다. 초등 6학년 사회 교과서보다 《몽실언니》가 훨씬 두껍고 길거든요. 사회 과목을 싫어해서 재미없어할 수는 있지만 읽고 이해하는 것 자체를 어렵거나 부담스럽게 느끼지는 않습니다. 반대로 책을 읽지 않는 아이는 초등 6학년 사회 교과서를 어렵고 부담스럽게 느낍니다. 이 정도 두께의 책을 읽어본 적이 없기 때문입니다. 학년이 올라갈수록 부담감의 차이는 점점 더 커집니다.

숙련된 독서가는 책 한 권을 읽고 아주 많은 것을 기억할 수 있습니다. 몽실이가 왜 갑자기 김 주사의 집에서 살게 되었는지, 다리는 왜 절게 되었는지, 왜 다시 노루실 마을로 돌아오게 되었는지 하나하나 다 기억합니다. 《몽실언니》처럼 두꺼운 책도 한 번 읽으면 다 기억이 나는데 사회 교과서 정도야 그리 어려울 것도 없습니다.

독서 경험을 많이 한 아이와 그렇지 않은 아이의 차이는 매우 큽니다. 동네 공원에서 매일 10km씩 달린 아이와 단 한 번도 10km를 달려본 적이 없는 아이가 단축마라톤 대회에 참가한 것과 비슷하죠. 매일 공원에서 달린 아이는 10km 남짓한 거리를 별것 아니라고 생각합니다. 매일 달리던 거리니까요. 평소와 다른 점이라고는 달리는 곳이 공원(이야기책)이냐, 트랙(교과서)이냐 밖에 없죠. 평소처럼 달리면 됩니다. 반면 한 번도 달려본 적이 없는 아이에게 10km는 어마어마하게 긴 거리처럼 느껴집니다. 실제로도 굉장히 힘들어할 거고요. 이야기책을 즐겨 읽는 아이와 그렇지 않은 아이는 공부를 대하는 마음가짐과 능력 모두에서 큰 차이가 날 수밖에 없습니다.

'2주 한 권 읽기'나 '10분 아침독서 운동'은 공부의 모든 요소에 큰 영향을 끼칩니다. 그래서 수능 국어영역 평가점수와 내신 성적이 올라가는 것이지요. 한 가지 덧붙이자면 이야기책을 많이 읽는 아이는 사람도 더 잘 이해합니다. 이언 레슬리의 《큐리어스》(을유문화사)에는 관련 연구가 자세히 소개돼있습니다. 2011년 캐나다 요크대학교의 심리학 교수 레이몬드 마르의 연구에 따르면 소설을 읽을 때 사용하는 뇌 부위와 인간관계를 다룰 때 사용하는 뇌 부위가 상당 부분 일치한다고 합니다. 또 소설을 읽으면 사회적 지능 테스트에서 더 높은 점수를 받는다는 연구 결과도 있고요. 굳이 연구 결과를 들먹이지 않더라도 이야기책이 사람을 이해할 수 있게 해준다는 것에는 의심의 여지가 없습니다.

이야기책 독서는 다른 사람의 삶을 살아보는 것과 같습니다. 나와 전혀 다른 시공간, 전혀 다른 상황에 처한 사람에게 감정이입을 한 채 그 사람이 겪는 사건을 함께 겪어보는 것이니까요. 그 자체가 타인을 이해해보는 행위입니다. 공부의 문제를 넘어 사람을 이해하는 능력이 살아가는 데 얼마나 중요한지는 굳이 말씀드릴 필요가 없을 겁니다. 성공적인 학교생활과 사회생활의 기본은 인간관계니까요. 아 참, 가정생활마저도 그러네요.

책을 좋아하는데 공부를 못해요

"선생님, 책을 좋아하면 국어를 잘해야 하잖아요. 근데 우리 진영이는 국어 성적도 자꾸 떨어지고, 수학 문제는 읽어도 이해를 못해요. 정말 답답해 죽겠어요. 도대체 뭐가 문제일까요?"

초등 5학년 진영이는 꼬마 독서광입니다. 하루 3~4권은 기본이라고 할 만큼 책을 많이 읽습니다. 그런데도 이상하게 공부머리는 좋지 않습니다. 책을 읽어도 내용을 잘 이해하지 못하고, 응용문제도 잘 풀지 못합니다. 논술학원을 운영하다 보면 이렇게 공부머리가 안 좋은 독서광을 종종 만나게 되죠.

제가 어머니와 상담을 하는 동안 진영이는 책을 읽고 있었습니다. 진영이가 학원 서가에서 고른 책은 《어쩌다 중학생 같은 걸 하고 있을까》(쿠로노 신이치 지음, 뜨인돌)라는 청소년 소설이었습니다.

"진영아. 이 책 한번 읽어봐."

저는 진영이에게 《너는 닥스 선생님이 싫으냐?》(하이타니 겐지로 지음, 비룡소)라는 초등 3학년 레벨의 책을 건넸습니다. 진영이는 재미없을 것 같다고 고개를 저었지만, 선생님이 물어볼 게 있어서 그러니까 앞부분만 읽어보라고 했습니다. 진영이는 그 책을 20분이 채 되기도 전에 다 읽었습니다. 저는 진영이를 앞혀놓고 책 내용에 대해 물어보았습니다. 정답률은 대략 70% 정도였습니다. 이어서 진영이와 짧은 면담을 했습니다. 속독하는 아이가 대개 그렇듯 진영이는 책의 내용을 대강 파악해 짐작하는 요령은 있었습니다. 하지만 인물이 처한 구체적인 상황이나 인물의 감정은 거의 읽어내지 못했습니다. 말 그대로 책을 겉핥기식으로 훑어본 것에 불과했습니다. 저는 어머니께 말씀드렸습니다.

"심각한 속독이에요. 이 상태로는 아무리 책을 많이 읽어도 효과가 없어요."

모든 공부가 그렇듯 독서도 '케이스 바이 케이스'라고 생각하는 경우가 많습니다. 책을 많이 읽어서 효과를 보는 아이도 있지만 그렇지 않은 아이도 있다는 거죠. 그럴 때 진영이처럼 독서광인데 공부를 못하는 아이들이 근거로 거론되곤 합니다.

매일 책을 읽는데 언어능력이 낮다는 건 아령 운동을 매일 100개씩 했는데 근육이 안 생기는 것만큼이나 이상한 일입니다. 현실 세계에서 그런 일이 일어날 가능성은 딱 하나뿐입니다. 아령 운동을 한다고 아령을 들고 방에 들어갔지만 실제로는 하지 않은 것입니다. 다시 말하면 책을 좋아한다고 들고 있지만, 실질적으로 독서는 하지 않기 때문에 효과도 볼 수 없습니다.

언어능력이 낮은 어린 독서광들에게는 몇 가지 공통점이 있습니다. 일단 책 읽는 속도가 엄청나게 빠릅니다. 150쪽 분량의 고학년 동화를 1시간 안에 뚝딱 읽습니다. 심한 경우 30분 만에 읽는 아이도 있습니다. 저는 이런 걸 '책을 구경한다'라고 합니다. 2시간짜리 영화를 중간 중간 건너뛰어 가며 10분 만에 훑어 봐놓고 영화를 봤다고 우기는 것과 비슷하죠. 이 아이들은 책을 아무리 봐도 생각과 감정의 덩어리는커녕 아주 기본적인 사고량조차 생기지 않습니다. 이 아이들이 책을 구경하면서 하는 일이라곤 눈으로 훑으면서 대충 내용 파악을 하는 게 전부입니다. 오목이 바둑이 아니듯 책을 구경하는 것은 독서가 아닙니다.

두 번째 공통점은 자기 연령대보다 높은 책을 선호한다는 것입니다. 초등 5학년 진영이가 청소년 소설 《어쩌다 중학생 같은 걸 하고 있을까》를 고른 것처럼 말입니다. 이 아이들은 책을 좋아한다고는 하지만 책 읽기의 즐거움을 모르고, 실제로 책을 읽지도 않습니다. 무의미한 책 구경하기를 무한 반복합니다. 이것은 일종의 수집 취미입니다. '내가 읽은 책'을 모으는 거죠. 목적이 '수집 목록'을 늘리는 것이기 때문에 아이는 책을 최대한 빨리 훑어봅니다. 어디 가서 읽었다고 말은 해야 하니까 요령껏 내용만 대충 파악합니다.

자기 연령대보다 몇 단계 높은 책을 선호하는 것도 마찬가지 이유입니다. 그런 책은 수집 목록을 돋보이게 만드는 '희귀 아이템'이거든요. 이 수집 목록으로 아이가 얻는 것은 주위의 칭찬입니다. "넌 책을 정말 좋아하는구나!", "어머, 벌써 다 읽었어? 대단하다", "청소년용 책인데 이해가 돼?" 근사한 수집 목록을 갖고 있으면 대단한 아이 취급을 받을 수 있습니다. 칭찬받고 싶은 마음이 아이를 '가짜 독서광'으로 만듭니다. 안타까운 일이죠.

아령 운동을 하는데 근육이 안 생기는 사람은 없습니다. 책을 제대로 읽는데 언어능력이 오르지 않는 아이는 없습니다. 물리법칙만큼이나 명확한 사실입니다.

헬스 트레이닝에도 바른 자세와 방법이 있듯 독서에도 바른 자세와 방법이 있습니다. 일단 대원칙은 '생각을 많이 할수록 좋은 독서'라는 것입니다. 속독이 나쁜 독서법인 이유는 생각할 틈이 없기 때문입니다. 실제로 속독 습관이 있는 아이들은 아무리 책을 많이 읽어도 언어능력 평가점수가 오르지 않습니다. 정말 놀라울 정도로 꿈쩍하지 않죠.

가장 기본은 정독입니다. 여기서 말하는 정독이란 '소리 내서 읽는 속도'로 책을 읽는 것을 말합니다. 이 정도 속도만 유지해도 책 읽기를 통한 기본 사고량은 저절로 나옵니다. 등장인물들의 관계와 그 인물들이 처한 상황, 주요 사건과 줄거리를 충분히 파악하면서 읽을 수 있기 때문입니다. 중학생 기준 6개월간 2주에 한 권을 이 정도로만 읽어도 수능 국어영역 점수가 5~10점 오릅니다.

다음은 재미있는 책을 읽는 것입니다. 책을 읽을 때 발생하는 생각과 감정의 덩어리가 크고 두터울수록 독서의 효과도 커집니다. 그러려면 능동적인 독서를 해야 합니다. 재미없는 책을 읽으면서 능동적일 수 있는 사람은 없습니다. 꾸역꾸역이라도 끝까지 읽는 게 용하죠. 재미있다는 것 자체가 능동적인 독서를 하고 있다는 신호입니다.

"선생님, 이번 책 끝내줘요. 읽다가 기절하는 줄 알았다니까요."

차분하고 조용한 성격에 어울리지 않게 수민이는 호들갑스레 엄지손가락을 치켜들 때가 많았습니다. 그만큼 책을 재미있게 읽었죠. 이것이 바로 수민이가 10개월 만에 수능 국어영역 점수 40점을 끌어올릴 수 있었던 비결입니다.

목표는 딱 두 가지입니다. 소리 내서 읽는 속도로 읽을 것. 재미있는 책을 골라 재미있게 읽을 것. 이 두 가지만 해내면 나머지는 저절로 됩니다. 굳이 책을 읽으라고 잔소리하지 않아도 책을 읽고, 책을 읽는 만큼 공부머리도 좋아집니다.

책 싫어하는 아이도 푹 빠져 읽는
재미있는 책 고르는 법

책 선택은 아이 스스로 하는 것이 원칙입니다. '어떤 책을 읽을까?' 고민하는 과정에서 자신의 취향을 개발할 수 있고, 책을 고르는 눈도 기를 수 있으니까요. 둘 다 독서가가 되는 데 꼭 필요한 능력입니다. 아이가 이미 책을 즐겨 읽거나, 열 살 미만의 유아동이라면 고민할 필요 없이 아이에게 책을 선택하게 하시면 됩니다. 문제는 책을 싫어하는 초등 고학년, 청소년입니다. 가뜩이나 책에 대한 거부감이 있는데, 읽으려고 꺼내든 첫 책이 재미없으면 독서를 더욱더 싫어하게 될 테니까요. 책 싫어하는 아이도 푹 빠져 읽는 재미있는 책 고르는 법을 소개합니다.

〈공부머리 독서법〉 인터넷 카페 추천도서 cafe.naver.com/gongdock

책을 추천해주는 여러 기관이 있습니다만 '아이들이 좋아하는 책'을 추천한다기보다는 '좋은 책'을 추천하는 경향이 강합니다. 그래서 막상 아이에게 읽혀보면 재미없어하거나 어려워하는 경우도 많지요. 공부머리 독서법 카페의 학년별 추천도서는 제가 직접 수업을 해본 책 중에 아이들이 열광했던 책으로만 꾸려져 있습니다. 읽어본 아이들이 직접 추천한 책들인 만큼 실패 확률이 아주 낮습니다.

좋아하는 작가 찾기

아이가 재미있어하는 책을 만나면 그 작가의 다른 책들을 읽혀보세요. 어떤 책을 좋아한다는 것은 이야기 자체가 재미있기 때문이기도 하지만 아이가 그 작가의 이야기 진행 방식과 문장의 호흡을 편안해 한다는 뜻이기도 합니다. 그 작가의 다른 책도 좋아할 확률이 높습니다.

해외 어린이·청소년 문학상 수상작
해외 유명 어린이·청소년 문학상 수상작들은 고른 수준을 자랑합니다. 뉴베리상, 내셔널북어워드, 독일 청소년문학상은 상의 권위를 믿고 선택해도 좋을 정도입니다. 다만 아이가 초보 독서가라는 점을 고려해서 페이지 수를 확인해본 후 얇은 책부터 읽히시는 게 좋습니다.

※ 이런 책은 주의하세요
아이에게 책 선택의 자유를 주는 것이 원칙이지만 학습만화와 스토리텔링 지식도서는 각별한 주의가 필요합니다. 이 책들이 독서 습관을 형성하는 데 악영향을 끼칠 가능성이 크기 때문입니다.

학습만화
초보 독서가인 아이에게 학습만화를 허용하면 상대적으로 시간이 오래 걸리는 일반적인 독서를 힘들어하게 됩니다. 또 활자 기반이 아니기 때문에 아무리 많이 읽어도 언어능력 상승효과는 기대할 수 없습니다.

스토리텔링 형식 지식도서
스토리텔링 형식의 지식도서는 이야기책과 지식책의 특성을 모두 갖다 보니 상관없는 줄거리에 지식을 버무리는 경우가 많습니다. 보물을 찾으러 떠났다가 화산에 대해 알게 되는 식이죠. 이렇게 형식과 내용이 일치하지 않다 보니 이야기는 이야기대로 재미가 없고, 지식은 지식대로 제대로 다루기 힘듭니다. 지식 자체가 이야기 형태를 띠는 역사 정도를 제외하면 스토리텔링 지식도서나 지식만화로 효과적인 독서를 하기는 힘듭니다. 지식 습득 효과도 크지 않습니다.

공부머리 독서법 3 — 언어능력을 단시간에 높이는
중학생 필사 독서법

책을 베껴 적는 필사는 언어능력을 단시간에 끌어올리는 강력한 독서법입니다. 〈공부머리 독서법 2 : 중학생 기본 독서법(청소년 소설 2주 한 권 읽기)〉을 유지하면서 매번 각 소설의 도입부 첫 단락을 베껴 적습니다. 짧은 시간 안에 깜짝 놀랄 정도의 효과를 볼 수 있는데, 중등 2학년 학생 중에는 이 방법으로 6개월 만에 수능 국어영역 편집본 평가점수를 30점 끌어올린 사례도 있습니다. 3개월만 제대로 하면 국어는 물론이고 사회, 과학 계열 과목의 성적까지 최상위권으로 끌어올릴 수 있습니다.

2주 독서 계획표

10일	책 구하기	아이에게 2주에 한 번, 도서관이나 서점에 가서 읽을 책 한 권을 고르게 합니다.
	책 읽기	필사시간을 확보하기 위해 10일 안에 책 전체를 읽습니다.
4일	책의 도입부 필사하기	최소 도입부 다섯 단락, 최대 도입부 전체를 베껴 적습니다.
	대화하기	도입부를 중심으로 책에 대한 대화를 나눕니다.

10일 독서

●

10일 만에
청소년 소설
한 권 읽기

┄┄> **4일 필사**

●

책을 다 읽은 후
4일 동안 소설 도입부의
첫 단락 베껴 적기

↓

중학생 기본 독서법처럼 2주에 한 권을 읽는 일정입니다. 다만 필사 시간을 확보하기 위해 독서는 10일 안에 끝내는 것이 바람직합니다.

↓

이야기의 도입부, 그러니까 1화 전체를 베껴 적는 것이 가장 좋습니다. 하지만 현실적으로는 시간이 오래 걸리고 힘도 들기 때문에 아이가 어려움을 겪을 수 있습니다. 최소 분량은 첫 다섯 문단 이상을 필사하는 것입니다. <u>필사할 때는 숙제를 해치우듯 빠르게 쓰면 안 됩니다. 문장의 뜻을 숙지하며 한 문장 한 문장 꾹꾹 눌러씁니다. 다 쓰고 나서는 반드시 자신이 필사한 부분을 한 번 더 읽어봅니다.</u>

04

이야기책도 싫다는 우리 아이, 어떻게 할까?

- 정말 어휘력이 약해서 못 읽는 걸까?
- 이야기책 못 읽는 아이는 교과서도 이해 못한다
- 초등 저학년 읽기능력 진단법
- ⅓독서에 답이 있다

정보 | 우리 아이 독서 습관 체크리스트
공부머리 독서법 4 | 읽기 열등 상태를 극복하는 초등 저학년 독서법

정말 어휘력이 약해서
못 읽는 걸까?

자기 연령대의 이야기책을 읽는 것은 가장 초보적인 단계의 독서입니다. 이 초보적인 책 읽기를 일주일에 2~3시간씩만 해도 언어능력을 금세 끌어올릴 수 있습니다. 독서의 질이 높으면 비약적인 성장을 이룰 것이고, 그렇지 못하더라도 독서의 질이 기본만 되면 자기 연령 적정치의 언어능력을 갖추는 정도는 간단하게 해낼 수 있습니다. 그런데 문제는 이 초보적인 독서조차 못하는 아이가 많다는 점입니다. 속독이 아닌데도 읽어도 읽은 게 아닌 아이들이죠.

난독증은 뇌에 결함이 있어 글자를 읽지 못하는 장애 증상입니다. 난독증 환자에게 글자는 그저 의미 없는 기호처럼 보입니다. 일단 책을 읽어야 언어능력이 올라가든 말든 할 텐데 읽을 수 없으니 출발점 자체가 없는 셈입니다.

그런데 뇌에 결함이 없음에도 심각한 읽기 열등 상태인 아이들이 있습니다. 이 아이들은 책을 읽어도 그 내용의 20%도 파악하지 못합니다. 정확한 연구 결과는 아직 없습니다만 수많은 독서교육 전문가들이 전체 학생 중 적어도 20~30%가량은 심각한 읽기 열등 상태인 것으로 추정하고 있습니다.

읽기 열등 상태는 책을 읽어도 읽은 게 아니기 때문에 독서 효과를 기대할 수 없습니다. 읽기 열등 상태의 양상은 초등 저학년과 초등 고학년, 청소년에 따라 다른데, 이 장에서는 먼저 초등 저학년 읽기 열등 상태의 양상과 개선법을 다뤄보겠습니다.

"어휘력이 너무 약한 것 같아요. 단어 뜻을 모르더라고요."

초등 3학년 명빈이 어머니는 명빈이가 책을 잘 읽지 못하는 원인으로 낮은 어휘력을 지목했습니다. 단어 뜻을 몰라서 책을 못 읽는다는 거죠. 책을 못 읽는 초등 저학년 자녀를 둔 많은 부모님이 이런 말씀을 자주 하십니다만 잘못된 진단인 경우가 많습니다. 초등 저학년이 읽는 책은 주로 일상 어휘를 사용하기 때문에 단어 뜻을 몰라서 책을 못 읽는 경우는 거의 없습니다. 겉으로만 그렇게 보일 뿐 진짜 이유는 따로 있는 경우가 대부분입니다.

명빈이의 상태를 정확하게 알아보기 위해 초등 2학년 수준의 책인 《오빠의 누명을 벗기고 말테야》를 읽혀보았습니다. 소리 내서 읽는 속도로 읽어도 30분이 채 안 걸리는 책인데 명빈이는 1시간 넘게 걸렸습니다. 명빈이가 책을 다 읽은 후 도입부를 다시 읽게 해보았습니다.

> 헤르미네 치펠은 일곱 살이에요. 엄마랑 아빠랑 할머니는 헤르미네를 미니라고 불러요. 하지만 오빠 모리츠는 '콩줄기'나 '작대기'로 부르지요. 미니의 키가 워낙 큰 데다 삐쩍 말랐기 때문이에요. 모리츠는 미니보다 두 살이 많지만, 키는 똑같아요. 모리츠는 동생이라면 키도 작아야 한다고 생각했어요.
>
> 《오빠의 누명을 벗기고 말테야》(크리스티네 뇌스틀링거 지음) 중에서

몇 문장 안 되는 글을 다시 읽는데도 시간이 꽤 걸렸습니다. 저는 명빈이에게 물어보았습니다.

"오빠는 왜 헤르미네를 콩줄기 또는 작대기라고 부를까?"

우물쭈물 대답을 못하길래 문장을 다시 읽어보라고 했습니다. 명빈이는 글을 다시 읽고 나서야 간신히 대답했습니다.

"콩줄기를 닮아서요."

"콩줄기를 닮았다는 게 무슨 뜻이야?"

한참을 고민하더니 이렇게 대답하더군요.

"콩줄기처럼 머리가 크다는 뜻?"

이렇게 엉뚱한 대답을 하는 아이는 명빈이만이 아닙니다. 초등 3학년 아이 10명 중 2~3명은 이렇게 엉뚱한 대답을 합니다. 이 아이들은 다음 문장에 '미니의 키가 워낙 큰 데다 삐쩍 말랐기 때문이에요'라고 버젓이 적혀있는데도 답을 말하지 못합니다. 앞 문장과 뒤 문장의 정보를 서로 연결시키지 못하기 때문입니다. 10명 중 2~3명을 뺀 나머지 아이들은 사정이 좀 나을까요?

"오빠는 헤르미네의 큰 키를 좋아할까? 싫어할까?"

이 질문에 "싫어해요"라고 바로 정답을 말할 수 있는 아이는 10명 중 6~7명 정도입니다. 나머지 아이들은 근거를 못 대거나 엉뚱한 대답을 합니다. 자신이 읽은 글과 상관없이 자기 생각을 이야기하는 거죠. 명빈이처럼요.

"좋아할 것 같아요. 동생이니까요. 키 크면 좋잖아요."

'모리츠는 미니보다 두 살이 많지만, 키는 똑같아요. 모리츠는 동생이라면 키도 작아야 한다고 생각했어요'라는 문장에서 모리츠의 마음을 읽어내지 못하는 겁니다. 심지어 이 도입부 바로 뒤에 "너희 둘 중 누가 동생이니?"라는 사람들의 질문 때문에 오빠인 모리츠가 화를 내는 장면이 나오는데도요. 이야기 속에 담긴 정보를 감정으로 변환시키지 못하는 겁니다. 글 속에 담긴 정보들을 연결시키지 못하고, 정보 속에 담긴 감정을 읽을 수 없습니다. 한마디로 책을 읽을 능력이 없는 거죠. 흥미로운 점은 같은 내용을 말로 설명해주면 이해할 수 있다는 점입니다. 말로 들을 때는 머리가 팽팽 돌아가지만, 글을 읽을 때는 머리가 굳어버립니다.

저는 명빈이에게 콩줄기와 작대기의 비슷한 점을 물어보았습니다. 명빈이는 고개를 저었습니다.

"작대기가 뭔데요?"

"뭐일 거 같아?"

"몰라요."

"막대기는 알아?"

"알죠. 나무 막대기."

명빈이는 막대기는 알지만 작대기를 몰라서 책을 못 읽는 걸까요? 아닙니다. 책을 잘 읽는 아이들도 책 속의 모든 단어를 다 알지는 못합니다. 수능 국어영역 만점을 받는 아이들도 마찬가지입니다. 난생처음 보는 전자공학 관련 지문의 어휘를 어떻게 다 알 수 있겠습니까. 그런데도 지문을 정확하게 해석합니다. 글 속의 단어는 혼자 외따로이 존재하는 섬이 아닙니다. 단어는 문장 안에 존재하고, 그 문장은 앞뒤 문장과 밀접한 관계를 맺습니다. 그 관계를 통해 단어의 뜻을 유추할 수 있습니다. 위의 글을 읽을 때 '작대기'

라는 단어를 모른다 하더라도 문맥상 콩줄기처럼 '가늘고 길쭉한 것'이라는 추론을 할 수 있습니다. 그리고 퍼뜩 비슷한 단어인 막대기를 떠올리고, 두 단어가 비슷한 뜻이라는 걸 짐작할 수 있습니다. 명빈이는 이 기본적인 추론이 안 되기 때문에 작대기의 뜻을 모르겠다고 하는 것입니다. 그래서 '어휘력이 낮다'는 오해를 받습니다. 이런 아이가 많기 때문에 초등 어휘 관련 책들이 불티나게 팔리지만, 효과를 보는 아이는 거의 없습니다. 문제는 어휘의 뜻을 아는 게 아니라 문맥을 통해 어휘의 뜻을 추측해내는 능력이니까요.

이 아이들은 지능이 낮거나 심각한 주의력 결핍 장애가 있는 게 아닙니다. 또래 아이들과 다를 바 없는 아이들입니다. 동물 다큐멘터리를 보고 내용을 술술 말할 줄도 알고, 피아노도 배운 대로 척척 치고, 과학 완구도 잘만 만듭니다. 그래서 부모님들께서 "우리 애는 다른 건 다 잘하는데 유독 책만 못 읽는다"라고 말씀하시죠. 이 아이들의 문제는 명확합니다. 글을 읽는 훈련이 너무 안 돼있어서 글자를 읽는 순간 사고가 멈춰버리는 것입니다.

이야기책 못 읽는 아이는 교과서도 이해 못한다

아이들이 읽기 열등 상태에 빠지는 이유는 읽기 훈련이 부족한 탓입니다. 읽기는 크게 4단계로 이루어집니다. 글자를 소리로 바꾸는

'표음 해석 단계', 소리를 뜻으로 바꾸는 '의미 해석 단계', 의미를 연결해서 문장의 뜻을 파악하는 '의미 연결 단계', 문장과 문장의 뜻을 연결해 글의 의미를 파악하는 '2차 의미 연결 단계'입니다.

아이가 글자를 막 배울 때는 표음 해석 단계에서 두뇌를 풀가동합니다. 가방이라는 단어를 "가방"이라고 소리 내서 읽는 데 온 신경을 집중하죠. 이 시기에는 표음 해석을 하는 것만으로도 바빠서 가방의 원래 뜻, 실제 가방을 떠올릴 여유가 부족합니다. 반복적인 읽기 훈련을 통해 표음 해석이 능숙해지면 아이는 '가방'이라는 글자를 읽으면서 곧바로 실제 가방을 떠올릴 수 있게 됩니다. 표음 해석과 의미 해석이 하나의 세트가 되는 거죠. 여기서 더 훈련하면 단어와 단어의 뜻을 문법적으로 연결해 '민희는 가방을 들고 우두커니 서있었습니다'라는 문장을 읽는 동시에 그 의미를 자동으로 해석할 수 있게 됩니다. 문장 해석이 원활해지는 것입니다.

문장 해석이 원활해지면 문장과 문장의 의미를 연결할 여유가 생깁니다. 읽기 훈련을 충분히 한 아이는 '민희는 가방을 들고 우두커니 서있었습니다. 국어 숙제를 하지 않았기 때문입니다'라는 문장을 읽고 많은 것을 파악할 수 있습니다. '민희는 지금 학교에 가는 길이다. 그런데 국어 숙제를 하지 않아서 선뜻 학교에 가지 못하고 있다'와 같은 기본적인 정보를 파악하는 것은 물론이고, '민희가 숙제를 못 한 이유는 뭘까? 바쁜 일이 있었던 걸까?', '민희는 결국 학교에 갈 수밖에 없어', '얼마나 괴로울까?' 같은 논리적, 정서적 추측까지 할 수 있게 됩니다. 생각과 감정의 덩어리가 생겨나는 거죠.

읽기 열등 상태는 읽기 훈련이 부족해 이 4개의 단계를 하나로 통합하지 못하는 걸 뜻합니다. 민희, 가방, 우두커니 같은 단어들이 서로 연결되지 못한 채 제각각 떠돌거나 앞 문장과 뒤 문장이 머릿속에서 따로 노는 식이죠. 학년이 올라가면서 자연스럽게 개선되는 부분이 있긴 하지만, 또래 적정치에는 늘 못 미치게 됩니다.

구체적으로 들여다보면 읽기 열등 상태에 빠지는 몇 차례의 결정적 시기가 있습니다. 아이들은 성장 과정에서 여러 번의 '읽기 위기'를 겪게 되는데, 이 위기의 문턱을 넘지 못하면 이야기책조차 못 읽는 읽기 열등 상태에 빠지게 됩니다.

아이들이 읽기 위기를 겪는 것은 학년이 올라갈수록 성적이 떨어지는 것과 같은 원리입니다. 나이를 먹을수록 교과서의 언어 수준이 올라가듯 아이들이 읽는 책의 언어 수준도 올라가니까요. 당연히 이 위기는 전 단계의 책을 충분히 읽지 않았기 때문에 발생합니다. 그림책을 많이 읽지 않은 아이가 초등 1~2학년용 글책(그림보다 글이 위주인 책)을 어려워하고, 간단한 글책을 충분히 읽지 않은 아이가 초등 3~4학년용 글책을 버거워하는 식입니다. 이 위기의 문턱에 한번 걸려서 넘어지면 복구하기가 굉장히 어렵습니다.

1차 위기를 제때 극복하지 못한 아이는 자기 연령에 맞는 책은 물론이고 교과서도 제대로 읽지 못하기 때문에 언어능력의 성장이 비정상적으로 지연됩니다. 언어능력이 낮기 때문에 읽기 훈련을 할 수 없고, 읽기 훈련을 할 수 없으니 언어능력 발달이 더 정체되는 악순환의 고리에 빠지는 거죠. 물론 단편적이나마 글을 읽을 기회는 늘 있기 때문에 대부분 시간이 지나면 1차 위기는 저절로 극복됩니다. 하지만 시기가 너무 늦다는 게 문제입니다. 초등 1학년 때 극

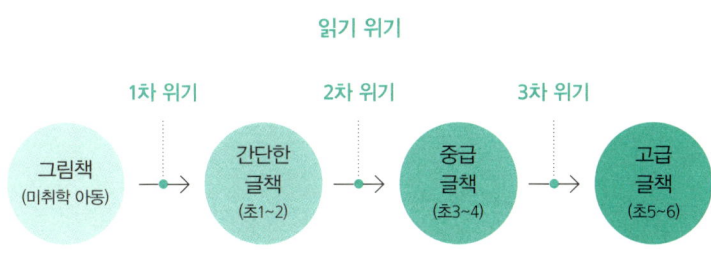

복했어야 할 1차 위기를 초등 4학년이 되어서야 넘어선 아이가 있다고 생각해보세요. 자기 연령보다 낮은 수준의 책도 제대로 못 읽는 아이가 4학년 교과서를 읽을 수 있을 리 없습니다. 당연히 자기 또래의 책도 읽지 못합니다. 이 아이가 2차 위기를 극복하려면 1차 위기 때보다 더 긴 시간이 필요합니다. 3차 위기를 극복하는 것은 까마득한 일이 될 수밖에 없습니다. 그러다 보면 초등 3학년 수준의 언어능력을 갖춘 중등 3학년, 초등 5학년 수준의 언어능력을 갖춘 고등 2학년이 되고 맙니다. 당연히 학교 공부를 혼자서 하는 게 불가능해지죠. 이 아이들을 읽기 열등 상태에서 탈출시키는 방법은 독서뿐인데, 앞서 말씀드렸듯 읽어도 읽은 게 아니니 난감합니다.

'우리 아이는 안 그럴 거야' 하고 무턱대고 안심하셨다가는 뒤에 감당하기 힘든 문제를 겪게 될 수 있으니 주의를 기울여야 합니다. 읽기 열등 상태까지는 아니어도 자기 연령대 적정 수준의 읽기능력을 갖추지 못한 아이가 70%에 이릅니다. 다시 말하면 이 책을 읽고 있는 부모님 중 적어도 70%는 적정 수준의 읽기능력을 갖추지 못한 자녀를 두셨다는 뜻입니다. 단지 그 사실을 모르고 있을 뿐이죠.

초등 저학년
읽기능력 진단법

아이가 읽기 위기를 잘 넘겼는지 아닌지는 비교적 간단한 방법으로 진단할 수 있습니다. 먼저 초등 1, 2, 3학년 자녀를 두신 부모님이 해볼 수 있는 간단한 테스트를 알려드리겠습니다. 도서관에서 《외딴 집 외딴 다락방에서》(필리파 피어스 지음, 논장)나 《내 배가 하얀 이유》(구마다 이사무 지음, 문학동네) 같은 초등 1학년 초급 수준의 글책을 빌립니다. 물론 아이가 읽어본 적이 없는 책이어야 합니다. 그 책을 부모님이 먼저 읽으신 후 아이에게 줍니다. 아이가 책을 다 읽고 나면 책의 줄거리를 물어봅니다.

① 줄거리를 상세하고 정확하게 말한다 - 1학년 우수 수준
② 줄거리를 단순하지만 정확하게 말한다 - 1학년 평균 수준
③ 줄거리를 제대로 말하지 못한다 - 1학년 평균 이하 수준

①처럼 줄거리를 상세하고 정확하게 말할 수 있으면 책의 내용을 그만큼 많이 기억한다는 뜻입니다. 이때 눈여겨보실 점은 '아이가 책 속의 구체적인 표현들을 사용해서 설명하느냐'입니다. 만약 그렇다면 초등 3학년이라도 뛰어난 읽기능력을 갖고 있다고 봐도 무방합니다. 초등 1, 2학년이 그렇다면 두말할 것도 없고요. 아이가 ②, ③에 해당할 경우, 부모님이 책을 보시면서 대략 10문제 정도를

냅니다. 중요한 사건 위주로 물어보시면 됩니다.

㉠ 아이가 책의 내용을 모두 맞게 대답한다 - 1학년 평균 수준
㉡ 아이가 틀린 답을 세 개 이상 말한다 - 1학년 평균 이하 수준
㉢ 아이가 틀린 답을 다섯 개 이상 말한다 - 읽기 열등 상태

초등 1학년 학생의 경우 이 두 번째 테스트에서 ㉡, ㉢이 나온다면 읽고 이해하는 능력이 평균보다 떨어지는 겁니다. 초등 2, 3학년 학생이라면 심각한 상태고요. 특히 초등 3학년이 ㉢에 해당한다면 읽기 열등 상태가 확실합니다. 학원에 보낼 게 아니라 아이와 함께 매일 도서관에 다녀야 합니다.

문제를 낼 때는 줄거리와 직접 연관이 있는 핵심적인 내용을 다루셔야 합니다. 《외딴 집 외딴 다락방에서》의 문제 예시를 봐주시기 바랍니다. 책을 읽고 이 문제를 한번 훑어보면 문제를 어떻게 내야 할지 금세 방법을 터득할 수 있을 겁니다.

《외딴 집 외딴 다락방에서》 문제 예시

1. 이모할머니 집에 놀러 간 에마는 사흘 동안 쓸 방을 갖게 되었어. 그 방은 원래 누구의 방이었니?

2. 동생이 에마에게 다락방에 대한 무시무시한 이야기를 했어. 어떤 이야기였지?

3. 다락방 선반 위에 작은 도자기 인형이 가득했어. 그 도자기 인형은 모두 같은 동물의 모습이었어. 어떤 동물이었지?

4. 에마는 한밤중에 창문 두드리는 소리를 듣고 잠에서 깼어. 창문 두드리는 소리의 정체는 뭐였지?

5. 다음 날 밤, 에마는 왠지 으스스한 기분이 들어 잠이 오지 않았어. 에마가 아래층에 내려갔다가 다시 다락방으로 올라왔을 때 창문 쪽에서 하얀 옷을 입은 흐릿한 형체가 다가왔어. 그 형체의 정체는 무엇이었어?

6. 셋째 날 밤에는 천둥 번개가 쳤어. 에마는 잠결에 천둥소리가 점점 가까워지는 것을 듣다가, 번개가 번쩍하는 순간 퍼뜩 깨어났어. 에마는 꺄악 하고 비명을 질렀지. 방 한가운데 누군가 우두커니 서 있었던 거야. 그건 누구였지?

7. 에마는 잠을 자기 위해 다시 자리에 누웠어. 그런데 이번에도 잠을 잘 수가 없었어. 어둠 속에서 누군가가 에마를 지켜보고 있었기 때문이야. 에마를 지켜본 것은 누구였어?

8. 이모할머니는 자신의 딸 이야기를 할 때마다 한숨을 쉬었어. 왜 그랬지?

만약 아이의 언어능력이 낮다면 3문제 이상 틀릴 겁니다. 읽기 열등 상태라면 2~3문제를 맞히는 데 그칠 거고요. 만약 아이의 언어능력이 뛰어나다면 한 번 읽고 줄거리를 완벽하게 기억하는 것을 넘어 등장했던 고양이의 털 색깔까지 기억할 겁니다. 기억력이 좋아서가 아니라 이야기라는 논리 체계를 이해하고 정리하는 능력, 즉 언어 능력이 뛰어나서죠.

둘 중 어느 쪽이 공부를 잘할까요? 굳이 말하지 않아도 자명한 사실입니다.

⅓독서에 답이 있다

명빈이는 수업에 참여할 수 있는 상태가 아니었습니다. 초등 1학년용 책도 의미 파악이 안 되는데 초등 3학년용 책을 읽을 수 있을 리 없었습니다. 책 읽기가 안 되기 때문에 글쓰기는 시도조차 할 수 없었죠. 일단 읽기능력을 끌어올리는 게 급선무였습니다. 초등 1학년용 이야기책을 일주일에 한 권 읽는 프로그램을 짰습니다. 그리고 어머니께 수업 도서의 초반 1/3을 매일 반복해서 읽어주라고 부탁드렸습니다. 워낙 책이 짧아서 10분이면 충분히 읽을 수 있는 분량이었죠. 아이가 더 읽어달라고 조르더라도 1/3 지점 뒤쪽은 읽어주지 말라는 당부도 드렸습니다.

제가 이런 부탁을 드린 것은 크게 두 가지 이유 때문입니다. 이야기란 대체로 주인공에게 어떤 문제가 발생하고, 그 문제를 해결하는 구조로 되어있습니다. 잘 해결되면 해피엔딩이고, 그렇지 못하면 새드엔딩이죠. 일단 주인공에게 어떤 문제가 발생했는지를 잘 이해하기만 하면 아이는 그 다음을 궁금해하기 마련입니다. '앞으로 어떻게 될까?' 하는 호기심이 생기죠. 이렇게 호기심이 생긴다는 것은 아이가 책의 핵심 맥락을 파악했다는 것, 이야기의 뒷부분을 자발적으로 읽을 수 있다는 것을 의미합니다. 그런데 읽기능력이 떨어지는 아이는 스스로 읽어서는 도입부에서 발생하는 문제를 파악하지 못합니다. 무슨 일이 벌어졌는지 파악이 안 되기 때문에 뒷부분이 궁금하지도 않습니다. 이야기책의 초반 1/3을 읽어주는 것은 이야기 속에서 발생한 문제가 무엇인지 명확하게 알려주는 것과 같습니다. 호기심이 발생하는 지점까지 아이를 데려다주는 거죠.

이야기책의 1/3을 읽어준 후에는 40분 동안 뒷부분을 혼자 읽게 합니다. 이때는 다소 강압적인 분위기가 필요합니다. 몸을 뒤척이든, 배배 꼬든 간에 일단 책을 붙들고 있게 만들어야 합니다. 40분 동안 책을 읽고 나면 오늘 읽은 부분에 대해 간단한 대화를 나눕니다. 이때는 읽은 부분의 내용을 잘 아는가를 확인한다기보다는 아이의 소감이나 인상적이었던 부분을 놓고 함께 대화한다는 기분으로 하시면 됩니다. 그리고 다음 날 다시 같은 책의 초반 1/3을 읽어주고, 뒷부분을 40분 동안 혼자 읽게 하고, 대화를 나눕니다. 이런 식으로 일주일 동안 반복하는 거죠. 그리고 7일째 되는 날에 독서충실도 테스트를 합니다. 10개가량의 핵심 질문을 던져 아이가 얼마나 맞히는지 점검합니다.

한 권의 책을 일주일 동안 반복하는 이유는 도입부의 내용, 문장의 흐름을 더욱더 확실하게 인지시키기 위해서입니다. 일주일 동안 같은 도입부를 반복해서 읽어주면 설사 뒷부분을 제대로 읽지 못한다 하더라도 도입부만큼은 세세한 표현까지 기억할 수 있을 정도로 꼼꼼하게 알게 됩니다. 이렇게 두 권을 읽으면 두 개의 도입부를 확실하게 파악하게 되고, 세 권을 읽으면 세 개의 도입부를 확실하게 파악하게 됩니다.

여기에는 두 가지 효과가 있습니다. 하나는 초등 저학년용 책의 호흡에 익숙해지는 것입니다. 초등 저학년용 책은 일정한 문장 밀도를 가지고 있습니다. 미취학용 그림책보다는 밀도가 높고, 초등 3~4학년용 글책보다는 밀도가 낮죠.

예를 들어 미취학 유아용 그림책인 《구름빵》(백희나 지음, 한솔수북)은 비가 오는 아침에 눈을 떠서 동생과 함께 밖에 나가 구름 조각을 발견하기까지의 상황을 단 7개의 문장으로 표현했습니다. 반면 초등 1~2학년용 동화책인 《책 먹는 여우》(프란치스카 비어만 지음, 주니어김영사)는 여우가 책을 먹다 도서관 사서에게 잡히는 상황을 표현하는데 무려 24문장을 썼습니다. 초등 저학년용 동화책의 문장이 유아용 그림책의 문장보다 훨씬 더 구체적이고 자세한 겁니다. 읽기 열등 상태의 아이는 독서 훈련이 거의 안 돼있기 때문에 초등 저학년용 동화책의 이런 문장 밀도를 버거워합니다. 너무 길고 자세하다고 느끼는 거죠. 도입부를 반복해서 읽어주면 초등 저학년 동화의 문장 밀도에 적응하게 돼 독서에 대한 거부감을 줄일 수 있습니다.

두 번째 효과는 도입부의 내용을 반복해서 들으면서 그 이야기에 익숙해진다는 점입니다. 일주일간 같은 도입부의 내용을 듣고 그 뒷부분을 반복해서 읽는 과정에서 스펀지에 물감이 스미듯 이야기의 내용과 분위기에 친숙해집니다.

도입부를 반복해서 읽어주는 행위는 아이가 문장의 밀도에 적응할 수 있게 해주고, 이야기 속 세계를 친숙하게 만들어줍니다. 한마디로 무장해제 시킵니다. 이렇게 하다 보면 대체로 다섯 권 안에 끝까지 읽는 책이 나오기 마련입니다. 이렇게 끝까지 읽는 책이 한 권만 나오면 다음부터는 한결 수월해집니다. 아이가 책을 끝까지 읽었다는 것은 1학년용 책의 글 분량과 언어 수준을 감당할 능력이 생겼다는 걸 뜻하기 때문입니다.

1학년용 책 4~5권을 연이어 잘 읽어내면 2학년용 책으로 넘어갑니다. 같은 방식으로 2학년용 책을 극복하고 3학년용 책으로 넘어갑니다. 명빈이의 경우 3학년용 책을 잘 읽기까지 약 3개월이 걸렸는데, 이 정도면 나름대로 빨리 극복한 편이라고 할 수 있습니다.

성공 여부와 극복 속도를 판가름 짓는 것은 크게 두 가지입니다. 첫째는 아이에게 책 읽기를 피할 방법이 없다는 것을 각인시켜 주는 것입니다. 읽기 열등 상태에 빠진 아이는 책에 대한 거부감이 강하기 때문에 어떻게든 안 읽으려고 듭니다. 일단 아이를 앉혀놓고 왜 책을 읽어야 하는지 설명해주고, 규칙을 정합니다. '매일 저녁 8~9시는 책 읽는 시간' 하는 식으로 정하고, 책 읽는 공간도 한 곳으로 정합니다. 또 '10분 읽어주기-40분 책 읽기-10분 대화하기'의 과정도 미리 알려줍니다. 이 원칙은 무슨 일이 있어도 지킨다는 단호함을 보여주는 게 중요합니다. 그래야 아이가 이 핑계 저 핑계 대며 빠져나갈 궁리를 하지 않을 테니까요. 또 아이가 책을 읽는 동안 부모님께서는 자리를 뜨거나 스마트폰을 봐서는 안 됩니다. 자기는 힘들게 책을 읽고 있는데 부모님께서 자리를 비우거나 놀아버리면 아이의 긴장감은 금세 풀려버립니다. 가장 좋은 것은 부모님도 함께 책을 읽는 것이죠. 부모님이 옆에서 책을 읽는 것만으로도 아이에게 큰 도움이 됩니다. 부모님과 함께하는 시간이라는 느낌이 들고, 집중도 더 잘 되니까요.

성공 여부와 극복 속도를 판가름하는 둘째 요인은 '얼마나 재미있는 책을 선택하느냐'입니다. 가뜩이나 읽기 열등 상태인 아이에게 재미없는 책을 주면 고통이 몇 배로 가중됩니다. 실패의 가능성이 급격히 상승합니다. 반대로 아이가 정말 재밌어하는 책을 주면 단 한 권의 책으로도 엄청난 효과를 볼 수 있습니다. 페이지 넘어가는 줄 모르고 읽다 보면 어느새 긴 책을 다 읽어버리게 되니까요.

재미있는 책을 한 권 읽고 나면 같은 분량의 다른 책도 읽을 수 있습니다. 전에는 기겁하던 두께의 책을 봐도 별 거부감을 느끼지 않습니다. 아이에게 도움이 되는 책을 찾지 말고 아이가 재미있어하는 책을 찾는 게 관건입니다. 그런 책을 많이 만나면 만날수록 읽기 열등 상태도 쉽게 극복할 수 있습니다.

우리 아이 독서 습관 체크리스트

	5점	4점	3점	2점	1점
매일 책을 읽는가? (학교 과제 제외)	주 5일 이상	주 3~4일	주 2일	주 1일	0일
책 읽는 속도가 느린 편인가? (고학년 장편 동화 기준)	권당 4시간 이상	권당 2시간 이상	권당 1시간 이상	권당 1시간 이내	권당 30분 이내
월 몇 권의 책을 읽는가?	10권 이상	5권 이상	3권 이상	1권 내외	0권
1회 독서시간은 몇 시간인가?	2시간 이상	1시간 이상	1시간 이내	30분 이내	10분 이내
책을 읽은 감상을 스스로 말하는가?	책을 읽을 때마다 말한다	재미있는 책을 읽었을 때 말한다	어쩌다 한 번씩 말한다	시키면 말한다	말하지 않는다
책의 줄거리를 말할 수 있는가?	아주 세세하게 말한다	핵심 줄거리를 말한다	간략한 줄거리를 말한다	3~4문장 정도로 간략하게 말한다	틀리게 말한다
전체 독서량에서 학습만화 비중이 얼마인가?	읽지 않는다	10권 중 1권 이내	10권 중 3권 이내	10권 중 5권 이내	10권 중 5권 이상
학교 숙제로 나오는 일기, 독후감을 잘 쓰는가?	매우 그렇다	그렇다	보통이다	잘 못 쓴다	3~4줄 쓰고 쓸 게 없다고 한다
학습량 대비 국어 성적은 우수한가?	따로 학습하지 않는데 90점 이상	학습해서 90점 이상	80점 이상	70점 이상	70점 이하
좋아하는 작가나 독서 분야가 있는가?	둘 다 있고 다 찾아서 읽는다	둘 다 있고 상당수 찾아 읽는다	둘 중에 하나가 있고, 종종 찾아서 읽는다	둘 중에 하나는 있지만, 찾아 읽지는 않는다	없다

총점 (50점 만점) :

- 50~45점 : 매우 우수 • 44~35점 : 우수 • 34~25점 : 보통 • 24점 이하 : 심각

독서 지도할 때 명심해야 할 7가지

1. 재미있는 독서가 좋은 독서다.

2. 독서시간을 정해 매일 읽는다.

3. 지식도서를 강요하지 않는다.

4. 일주일에 한 번은 도서관이나 서점에 간다.

5. 스마트폰과 컴퓨터는 늦게 접할수록 좋다.

6. 학습만화는 금물이다.

7. 천천히, 많이 생각하며 읽을수록 똑똑해진다.

공부머리 독서법 4 – 읽기 열등 상태를 극복하는
초등 저학년 독서법

초등 저학년 읽기 열등 상태는 아이의 언어 수준에 맞는 책부터 시작해서 단계를 끌어올리는 방식으로 극복하는 게 가장 좋습니다. 초등 3학년이지만 읽기 수준이 초등 1학년이라면 초등 1학년 수준의 책부터 시작하면 됩니다. 1학년 수준의 책 5권을 스스로 읽고 줄거리를 이야기할 수 있으면 2학년 수준의 책으로 넘어가는 식으로 진행합니다.

독서 단계를 올리는 방식

1일	책 구하기	일주일에 한 번, 아이와 함께 도서관이나 서점에 들러 읽을 책 5권을 고릅니다. 1학년 수준의 책부터 읽습니다.
5일	독서시간을 정해 책 읽기	10분 읽어주기 40분 독서 10분 대화
1일	상 주기	아이가 1학년 수준의 책을 잘 읽게 되면 간단한 파티나 선물 같은 상을 줍니다. 일종의 책거리입니다.
	다음 단계 책으로 넘어가기	위와 같은 방법으로 2학년 수준의 책을 읽습니다.

매일 독서

•

10분 읽어주기
→ 40분 독서
→ 10분 대화

┄┄>

응원하기

•

도서의 수준을 끌어올리기 전에 간단한 파티나 선물 같은 상을 줍니다

↓

꼭 일주일 내내 같은 책을 읽어야 하는 것은 아닙니다. 아이가 책을 스스로 다 읽어내면 다음 책으로 넘어가도 됩니다. 이렇게 스스로 읽고 줄거리를 이야기할 수 있는 책이 5권이 되면 다음 단계 책으로 넘어갑니다.

↓

아이가 다음 단계 책으로 넘어가게 됐다는 것은 축하할 만한 일입니다. 아이의 읽기능력이 한 단계 성장했다는 뜻이기 때문입니다. 간단한 파티나 선물은 아이로 하여금 자부심과 성취욕을 느끼게 해 줍니다.

05

책과 담쌓은 초등 고학년과 청소년, 돌파구를 찾아라

- 책 속에서 길을 잃는 아이들
- 4개월 만에 전교 꼴찌를 탈출한 비법
- 반복독서는 힘이 세다
- 언어능력 평가로 동기 부여하기

정보 | 단계별 언어능력 평가 활용법
공부머리 독서법 5 | 읽기 열등 상태를 극복하는
초등 고학년, 청소년 독서법

책 속에서
길을 잃는 아이들

초등 저학년의 읽기 열등 상태와 초등 고학년, 청소년의 읽기 열등 상태는 양상이 조금 다릅니다. 초등 저학년 읽기 열등 상태는 글을 읽는 4단계 메커니즘(표음 해석 → 의미 해석 → 의미 연결 → 2차 의미 연결)이 하나의 단계로 통합되지 못해 글을 읽어도 의미 파악을 하지 못하는 것이라면, 초등 고학년, 청소년의 읽기 열등 상태는 메커니즘은 하나로 통합되었으나 자기 연령 수준에 맞는 글의 논리적 복잡성을 해독하지 못해서 발생합니다. 예를 들어 고등학교 1학년 과학 교과서를 읽는다고 해보죠.

> 생명 가능 지대란 항성의 둘레에서 물이 액체 상태로 존재할 수 있는 거리의 범위를 뜻한다. 생명 가능 지대에 있는 행성과 위성에는 생명체가 존재할 가능성이 있다. 생명 가능 지대는 항성의 질량이 클 경우 보다 먼 거리에 넓게 형성되고, 항성의 질량이 작을 경우 보다 가까운 거리에 좁게 형성된다. 태양계에서 생명 가능 지대는 금성과 화성 사이에 놓여있다.
>
> 《고등학교 지구과학 Ⅰ》 중에서

고등학교 1학년 중에는 이 글을 읽고 의미를 정확하게 이해하지 못하는 아이가 상당히 많습니다. 예를 들어 '물이 액체 상태로 존재할 수 있는 거리의 범위'나 '항성의 질량이 클 경우 보다 먼 거리에 넓게 형성되고, 항성의 질량이 작을 경우 보다 가까운 거리에 좁게 형성된다'가 무엇을 뜻하는지 이해를 못하는 식입니다. 단어 하나가 아니라 덩어리 표현을 이해하지 못하는 거죠. 이런 걸 '논리를 따라가지 못한다'고 합니다. 읽기능력이 떨어지는 아이들은 교과서 한 페이지를 읽고 모르는 단어를 찾아보라고 하면 잘 찾지 못합니다. 글 전체가 덩어리 단위로 이해가 되지 않기 때문에 그중에 자기가 모르는 단어가 무엇인지 모르는 겁니다. 정도의 차이가 있을 뿐 우리나라 중고등학생 중 상당수가 이런 식의 어려움을 겪고 있습니다.

공부를 잘하려면 활자를 읽는 동안 활발하게 사고할 수 있어야 합니다. 그게 공부의 시작이고 끝입니다. '물이 액체 상태로 존재할 수 있는 거리의 범위'를 문장 그대로 의미 해석을 해버리면 무슨 뜻인지 알 수가 없습니다. '물은 액체잖아. 그런데 액체 상태로 존재할 수 있는 거리는 또 뭐야? 거리랑 액체는 무슨 상관이지?' 하는 식이 돼버리는 거죠.

공부를 잘하려면 '물이 액체 상태로 존재할 수 있는 거리의 범위'라는 표현을 읽는 순간 즉각적으로 이것이 온도와 밀접한 관계가 있음을 생각할 수 있어야 합니다. 물은 0℃ 이하가 되면 고체인 얼음이 되고, 100℃ 이상이면 기체인 수증기가 되니까요. 물은 0℃에서 100℃ 사이에 액체 상태로 존재하죠. 동시에 이 온도를 결정하는 것이 항성과의 거리라는 것도 즉시 떠올릴 수 있어야 합니다.

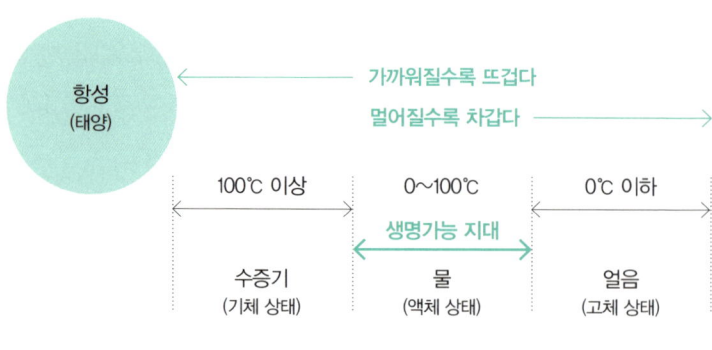

항성은 스스로 빛을 내는 뜨거운 천체입니다. 태양이 대표적이죠. 항성과 가까우면 물은 기체인 수증기가 돼버릴 겁니다. 멀면 고체인 얼음이 되겠죠. 한마디로 글에서 직접 드러나지 않는 관련 지식을 동원해 글의 의미를 파악해야 합니다. 이렇게 해석을 끝내고 나면 머릿속에 위와 같은 그림 하나가 떠오릅니다.

읽기능력이 뛰어난 아이들은 '물이 액체 상태로 존재할 수 있는 거리의 범위'라는 글을 읽는 순간 이 모든 사고 과정을 완료합니다. 그래서 공부를 쉽고 빠르게 할 수 있죠. 읽기 열등 상태에 빠진 초등 고학년, 청소년들이 못하는 것이 바로 이것입니다.

교과서의 언어 수준이 높아진다는 것은 글의 논리가 복잡해짐을 뜻합니다. 그리고 이 복잡한 논리의 글은 직접 드러나지 않는 지식 혹은 개념, 관념을 활용해야 제대로 된 해석을 할 수 있습니다. 국어 교과서든, 과학 교과서든, 사회 교과서든 다 마찬가지죠.

읽기능력이 떨어지는 아이들이 '물은 0℃에서 100℃ 사이에 액체 상태로 존재한다'는 사실을 몰라서 이 글을 이해하지 못하는 게 아닙니다. 글을 읽을 때 원활하게 사고할 수 없기 때문에 이해하지 못하는 거죠. 이래서는 아무리 교과서를 들여다봐도 공부를 잘할 수 없습니다. 독서도 마찬가지입니다. 이 상태로는 책을 아무리 많이 읽어도 내용 파악이 안 됩니다. 읽어도 읽지 않은 것이나 다름없으니 독서의 효과가 없고, 독서의 효과가 없으니 읽기 열등 상태에서 빠져나올 수도 없습니다. 막다른 골목, 외통수에 걸려버린 것입니다.

4개월 만에 전교 꼴찌를 탈출한 비법

현규가 저를 찾아온 것은 중학교 2학년 겨울방학 무렵이었습니다. 성적이 바닥이어서 이대로 가면 인문계 고등학교 진학이 불가능한 상태였습니다. 현규의 어머니는 어떻게든 현규 성적을 끌어올려 보려고 빠듯한 살림에도 잘 가르친다는 학원은 다 찾아다녔다고 합니다. 하지만 현규는 전교 꼴찌 수준의 성적에서 벗어나지 못했고, 지푸라기라도 잡는 심정으로 저를 찾아왔다고 하시더군요. 사실 저를 찾아오셨을 때는 이미 반쯤 포기 상태였습니다.

"실업계 고등학교에 간들 저래서 자격증도 못 딸 것 같아요. 정말 제가 속이 터져요."

저는 현규에게 기초언어능력 평가지를 풀게 했습니다. 38점. 언어능력이 초등 3학년 수준이었습니다. 초등 3학년이 중등 2학년 공부를 하고 있으니 평균 30점대를 못 벗어나는 게 당연했습니다. 논술학원 강사 생활을 하면서 만난 아이 중에 역대 최저치, 저로서도 강적을 만난 셈이었습니다.

저는 현규에게 지금 상태가 어떤지를 신랄하게 설명해주었습니다. '나이는 중등 3학년인데 머리는 초등 3학년이다. 이래서는 공부고 뭐고 아무것도 못한다. 이 상태에서 벗어나는 유일한 길은 책을 읽는 것인데 무척 괴로울 것이다. 읽어도 무슨 소린지 모를 거고, 무슨 소린지 모르니까 재미도 없을 거다. 이 악물고 읽어야 한다. 10시간이 걸리든, 10번을 읽든 책 내용을 파악하면서 읽어라. 이번 겨울방학은 다른 것 다 집어치우고 책만 읽는다고 생각해라. 지금 상태로 영어, 수학 해봤자 아무 소용없다.' 현규의 얼굴이 하얗게 질리더군요. 난생처음 보는 선생이 자기를 앞혀놓고 욕이나 다름없는 이야기를 책상까지 탕탕 쳐가며 늘어놓으니 기가 막히기도 했을 겁니다. 사실 제 입장에서는 그럴 수밖에 없었습니다. 현규 정도로 상태가 심각한 아이들은 책 읽기가 고통 그 자체입니다. 좋은 분위기로는 책 읽기를 시킬 수가 없습니다. 게다가 이제 중등 3학년, 인문계 고등학교에 가려면 다음 시험부터 최소 평균 80점은 나와야 합니다. 겨울방학 끝날 때까지 언어능력을 중등 3학년 수준으로 끌어올리지 않으면 불가능한 목표입니다. 아이가 책과 친해지기를 기다리고 자시고 할 시간이 없었죠.

예상대로 시작부터 삐걱거렸습니다. 현규는 첫 수업에서 책의 핵심 내용을 묻는 독서충실도 테스트 10문제 중 단 한 문제도 맞히지 못했습니다.

"진짜 다 읽었어요."

현규는 억울한 표정으로 말했습니다.

"네가 읽었건 안 읽었건 중요하지 않아. 중요한 건 내용을 기억 못한다는 거지."

현규는 한숨을 푹 쉬며 고개를 숙였습니다. 알아주지 않는 제가 야속하다는 듯이 말입니다.

"네가 영화를 봤어. 그런데 내용이 하나도 기억이 안 나. 그럼 영화를 봤다고 할 수 있어? 그건 영화를 구경한 거지 본 게 아니야. 책을 읽었으면 내용이 기억나야 해. 글자를 소리로만 읽지 말고 뜻을 새기면서 읽어야 한다고."

"……."

"다시 읽어."

"네?"

"처음부터 다시 읽으라고. 문장의 뜻을 하나하나 파악하면서. 2시간 후에 읽은 데까지 내용을 다시 물어볼 거야. 속도는 상관없어. 한 페이지라도 좋으니까 뜻을 완전히 파악하면서 읽어."

"그럼 집에 보내주실 거예요?"

"물론이지."

현규는 2시간 동안 30쪽 남짓 읽었습니다. 5문제를 냈는데 2문제를 맞히고 3문제를 틀렸습니다.

"일주일 줄 테니 이 책 세 번 읽어와. 속일 생각은 아예 마. 만약 독서충실도 테스트 만점을 못 받으면 넌 세 번을 안 읽은 거야. 세 번 읽으면 누구라도 책 내용을 자세히 알게 되거든."

한마디로 수단과 방법을 가리지 말고 책 내용을 완전히 파악할 수 있게 읽어오라는 거였죠. 만약 독서충실도 테스트에서 만점을 못 받으면 매일 학원에 나와서 책을 읽어야 한다는 엄포도 놓았습니다. 현규는 세 번은커녕 한 번도 제대로 읽어오지 않았고, 그 뒤로 매일 학원에 나왔습니다. 청소년 소설 《손도끼》(게리 폴슨 지음, 사계절) 한 권을 끝까지 내용 파악을 하면서 읽는 데 무려 3주가 걸렸습니다. 현규의 저항이 만만찮았기 때문에 우여곡절도 많았습니다. 휴대폰을 끄고 잠적한 적도 있고, 책을 읽다 말고 말없이 도망친 적도 있고, 제가 심하게 혼내서 울음을 터트린 적도 있었습니다. 사실 그러는 게 당연합니다. 초등 3학년 수준의 언어능력으로 청소년 소설을 이해하면서 읽는다는 것은 여간 힘든 일이 아니니까요. 게다가 뜻을 완전히 이해할 때까지 읽고 또 읽어야 하니 꽤나 괴로운 노릇이었을 겁니다. 현규가 중등 3학년만 아니어도 그렇게까지 하지는 않았겠지만, 저로서도 어쩔 수 없는 노릇이었습니다.

그렇게 지지고 볶았음에도 성과는 크지 않았습니다. 겨울방학 동안 겨우 청소년 소설 세 권을 읽었습니다. 중등 3학년 1학기를 앞두고 기초언어능력 평가를 다시 실시했습니다. 62점, 초등 6학년 적정 수준이 나왔습니다. 현규는 점수가 많이 올랐다고 좋아했지만 저는 좋아할 수가 없었습니다. 점수가 많이 오른 게 사실이고 예전보다 책도 잘 읽게 됐지만 아직 중등 3학년 공부를 하기에는 한참 부족한 수준이었으니까요. 현규는 중등 3학년 1학기 중간고사에서 평균 64점을 받았습니다. 영어, 수학 성적은 예전 그대로였지만 나머지 과목 성적이 크게 오른 덕분이었습니다.

"잘했어. 그래도 아직 멀었어. 인문계 고등학교 가려면 기말고사 때는 진짜 평균 80점 넘어야 해. 책 열심히 읽어."

2주 뒤 현규는 저희 학원을 그만두었습니다. 현규의 성적이 60점대로 올랐기 때문이었습니다. 영어, 수학 성적만 올리면 진짜 인문계 고등학교에 갈 수 있겠다는 희망이 생기자 어머니께서 현규의 방과 후 시간을 영어, 수학 과외로 채우신 거죠.

물론 현규는 읽기 열등 상태에서 완전히 벗어나지 못했습니다. 그런데도 현규의 사례를 소개한 이유는 읽기 열등 상태에서 벗어나는 방식을 구체적인 점수와 함께 단시간에 압축적으로 보여주기 때문입니다. 현규는 초등 3학년 수준의 언어능력과 평균 30점대의 학교 성적을 가진 학생이었습니다. 4개월간 다섯 권의 청소년 소설을 읽었습니다. 다른 학원은 일절 다니지 않는 상태였고요. 독서를 시작한 지 2개월 만에 언어능력은 초등 6학년 수준으로 올라왔고, 4개월 후 치른 학교 시험에서 평균 64점을 기록했습니다. 책 읽기 상태도 많이 나아졌죠. 만약 이 상태로 3학년 1학기를 보냈다면 중등 3학년 적정 수준까지 언어능력을 끌어올릴 수 있었을 겁니다. 평균 80점대까지는 몰라도 70점대까지는 무난히 도달할 수 있었을 거라고 생각합니다. 비록 고통스럽고 강제적인 방식이긴 하지만 효과는 확실합니다. 원리는 간단합니다. 책을 구경하지 않고, 진짜로 한 문장 한 문장 이해하면서 읽으면 됩니다. 현규는 책을 이해하면서 읽었고, 그래서 언어능력도 오르고, 성적도 올랐습니다. 그게 다죠.

반복독서는
힘이 세다

초등 고학년, 청소년의 읽기 열등 상태를 개선하는 방법은 크게 두 가지가 있습니다. 하나는 자기 언어 수준에 맞는 책을 많이 읽는 '레벨독서'를 활용하는 방법이고, 다른 하나는 자기 연령 수준에 맞는 책을 내용을 이해할 때까지 되풀이해서 읽고 또 읽는 '반복독서'를 활용하는 방법입니다. 두 방법 모두 목표는 같습니다. 아이가 실제로 책을 읽게 하는 것, 글을 읽고 내용을 독해하는 과정을 실행하게 하는 것입니다.

레벨독서를 활용하는 방법은 자기 언어능력 수준에 맞는 책부터 시작해 자기 연령에 맞는 책까지 차근차근 레벨을 올리는 방법입니다. 만약 초등 3학년 수준의 언어능력을 가진 중등 3학년 학생이라면 초등 3학년 수준의 동화책 10권을 정독으로 읽은 후 독서충실도 테스트를 합니다. 세 권 이상 만점이 나오면 다음 단계인 초등 4학년 수준의 책으로 넘어갑니다. 이런 식으로 책의 수준을 올려가며 중등 3학년 수준의 청소년 소설까지 읽습니다. 이 방법은 상대적으로 실행하기는 쉽지만, 시간이 오래 걸린다는 단점이 있습니다. 또 시간이 오래 걸리다 보니 실행하는 중에 아이의 긴장감이 풀릴 여지가 많다는 것도 문제입니다. 청소년보다는 상대적으로 시간적 여유가 있는 초등 고학년에게 적합한 방법입니다.

반면 반복독서를 활용하는 방법은 언어능력의 수준이 어떻든 자기 연령에 맞는 책을 읽고 이해하는 방법입니다. 한마디로 초등 3학년 수준의 언어능력을 가진 중등 3학년 학생에게 중등 3학년 수준의 책을 읽게 하는 거죠. 자신의 언어능력에 비해 읽어야 하는 책의 수준이 너무 높기 때문에 책을 읽을 때 아이는 극심한 고통을 느낄 수밖에 없습니다. 대신 단기간에 큰 효과를 볼 수 있습니다.

읽기 열등 상태의 아이는 자기 연령대의 책을 버거워합니다. 책의 논리와 글의 분량, 정보량이 감당이 안 되기 때문입니다. 그래서 책 한 권을 읽어도 내용의 상당 부분을 놓치고 맙니다. 이 상태에서 다른 책을 새로 읽으면 또 내용을 놓칩니다. '수박 겉핥기'식 독서가 반복되는 셈입니다. 반복독서는 이 악순환을 끊어줍니다.

예를 들어 읽기능력이 부족한 초등 4학년 아이가 에리히 캐스트너의 《로테와 루이제》(시공주니어)를 읽는다고 해보죠. 처음 읽을 때 아이는 줄거리 중 상당 부분을 놓치게 됩니다. 똑같이 생긴 여자아이 둘이 우연히 만났다는 건 기억나지만 만난 곳이 어딘지는 모르거나, 둘이 아기 때 헤어진 쌍둥이인 건 알지만 왜 헤어졌는지는 모르는 식입니다. 아무튼 부족하나마 일정량의 정보가 쌓이긴 합니다. 이 상태에서 처음부터 다시 읽습니다. 그러면 처음 읽었을 때 놓쳤던 것들이 보이기 시작합니다. '아, 얘들이 여름방학 캠프에서 만났구나', '엄마와 아빠가 성격 차이로 헤어졌구나' 하는 식으로요. 빠졌던 퍼즐이 맞춰집니다. 세 번째 읽을 때도 똑같은 현상이 일어납니다. 두 번째 읽었을 때 안 보였던 것들이 또 보입니다. 반복해서 읽으면 읽을수록 아이는 책에 대해서 더 많은 것을 이해하면서 읽게 됩니다. 전에는 해본 적이 없던 진짜 책 읽기, 책을 읽고 그 내용을 이해하는 독서를 경험하게 되는 겁니다.

진짜 독서의 경험이 얼마나 대단한지는 다른 책을 읽어보면 바로 알 수 있습니다. 반복독서를 통해 《로테와 루이제》를 제대로 이해하면서 읽은 아이가 비슷한 수준의 책인 《찰리와 초콜릿 공장》(로알드 달 지음, 시공주니어)을 읽게 되면 《로테와 루이제》를 읽었을 때보다 훨씬 쉽다고 느낍니다. 아이 스스로 신기해할 정도죠. 한 번 읽었을 때 머릿속에 남는 정보의 양도 다릅니다. 《로테와 루이제》를 처음 읽었을 때 30%의 정보를 기억할 수 있었다면 《찰리와 초콜릿 공장》을 처음 읽었을 때는 60%의 정보를 기억할 수 있는 식입니다. 책 속의 정보를 건져내는 그물의 그물코가 한결 더 촘촘해진 겁니다. 이런 식으로 세 권 정도만 반복해서 읽고 나면 아이는 전혀 다른 읽기능력을 갖추게 됩니다. 이제는 한 번만 읽어도 책 내용의 80% 정도를 이해할 수 있습니다. 책 속의 정보들을 아주 잘 건질 수 있을 만큼 그물코가 촘촘해졌으니까요.

반복독서가 이런 위력을 발휘할 수 있는 이유는 책의 내용을 완전하게 파악하는 것을 넘어 이야기의 구조를 내면화해주기 때문입니다. 이야기책은 플롯이라는 논리 구조를 갖고 있습니다. 건물로 치면 기본 골조에 해당하는 부분입니다. 이야기마다 플롯이 조금씩 다르지만 기본 작동 원리는 비슷합니다. 주인공이 곤경에 처하고, 곤경에 맞서 싸우고, 곤경을 이겨내거나 이겨내지 못하는 거죠.

《춘향전》

춘향이 이몽룡과 사랑에 빠진다. (상황 제시) → 이몽룡이 과거를 치러 떠나고 변사또가 부임한다. (곤경 시작) → 변사또가 수청을 요구하고 이를 거부한 춘향은 옥에 갇힌다. (곤경 강화) → 춘향이 재판을 받던 날, 암행어사가 된 이몽룡이 춘향을 구한다. (곤경 해소)

《로테와 루이제》
똑같이 생긴 두 아이가 만난다. 둘은 아기 때 헤어진 쌍둥이다. (상황 제시) → 다시 가족이 되고 싶었던 둘은 집을 바꾸어 간다. 로테는 루이제네 집으로, 루이제는 로테네 집으로. (곤경 시작) → 아이가 바뀌었다는 사실을 모르는 엄마와 아빠는 아이의 성격이 변했다며 이상해한다. (곤경 강화) → 두 아이의 활약으로 엄마와 아빠가 재결합한다. (곤경 해소)

이야기는 결국 '상황제시 → 곤경 시작 → 곤경 강화 → 곤경 해소'라는 네 개의 덩어리로 돼있는 셈입니다. 각기 다른 책을 여러 권 읽는 것보다 같은 책을 반복해서 읽으면 이 네 개의 덩어리를 더욱 쉽고 빠르게 내재화할 수 있습니다. 의식적으로 아는 게 아니라 같은 책을 반복해서 읽음으로써 그 패턴에 무의식적으로 익숙해지는 거죠. 그리고 다른 책을 펼쳐들었을 때 이 내재화된 플롯이 작동됩니다. 아이는 책을 펼치기도 전에 '주인공이 어떤 곤경에 처할 것인가'에 관심을 가집니다. 흥미를 갖게 되는 겁니다. 책을 읽는 과정에서 곤경의 종류를 파악하고 나면 '곤경이 어떻게 강화될 것인가'에 대해 관심을 가지게 됩니다. 곤경이 강화되면 '어떻게 곤경을 해소할 것인가'를 궁금해합니다. 이야기의 구조를 내면화하면 이런 식으로 이야기의 맥락을 짚으면서 읽을 수 있습니다. 이야기책을 읽는 것이 편안해지고 훨씬 흥미로워집니다.

언어능력 평가로 동기 부여하기

초등 저학년에게는 부모님의 적극적인 태도와 규칙, 칭찬, 약간의 보상 등이 반복독서를 실행케 하는 주요 수단이 될 수 있습니다. 하지만 초등 고학년이나 청소년에게 이런 방법은 통하지 않습니다. 섣불리 시도했다가는 "내가 어린애야?" 하는 반발을 사기 일쑤죠. 맞는 말입니다. 이 아이들은 어린애가 아닙니다. 그러니까 그에 걸맞은 대접을 해줘야 합니다. 아이 스스로 책 읽기가 공부에 끼치는 영향이 얼마나 절대적인지 깨닫게 하는 데 훨씬 더 큰 공을 들여야 합니다.

독서법 강연을 다녀보면 초등 저학년 아이에게 책 읽기가 공부에 얼마나 큰 영향을 끼치는지 설명하는 건 별 소용이 없습니다. 금세 집중력이 흐트러지고 말죠. 하지만 중고등학생은 다릅니다. '한번 떠들어보세요' 하는 심드렁한 표정으로 앉아있다가 강연 5분만 지나면 몸을 앞으로 기울이고 눈을 반짝반짝 빛내며 무서울 정도로 집중합니다. 공부를 잘하고 싶은데 교과서는 읽어도 잘 모르겠고, 잘 모르겠으니 하기 싫고, 그래도 해야겠으니 꾸역꾸역 공부하는데 성적은 늘 제자리입니다. 그런데 웬 아저씨가 와서는 그게 왜 그런지, 그 문제를 해결할 방법이 뭔지 설명을 하니까 정신이 번쩍 드는 겁니다. 오죽했으면 시간을 넘겨서까지 질문을 쏟아내고, 그것도 모자라 강연장 밖으로 나온 저를 빙 둘러싸고 질문을 퍼붓겠습니까. 원래 강연시간보다 1시간을 초과하기가 십상이죠. 아이들도 그만큼 간절한 겁니다.

이 책에서 제가 독서와 공부의 관계를 설명하는 데 많은 분량을 할애한 이유도 여기에 있습니다. 일단 그 원리를 정확히 알고 내면화하는 것이 가장 중요하니까요. 부모님께서 직접 설명을 하시든, 이 책을 읽히시든 어떤 방법이어도 상관없습니다. 핵심은 아이가 책 읽기의 중요성을 깨닫는 겁니다. 책을 읽어야 할 이유를 모르면 독서충실도가 떨어질 수밖에 없고, 독서충실도가 떨어지면 효과를 볼 수 없습니다.

아이가 책 읽기의 필요성을 충분히 깨달았다면 다음으로 할 일은 아이가 자신의 상태를 확인하는 것입니다. 내가 지금 어느 정도의 언어능력을 가졌는지, 이 언어능력으로 얼마나 공부할 수 있는지 확인해야 합니다. 언어능력 평가를 통해서 말이죠.

저는 아이들을 지도할 때 6개월에 한 번씩 언어능력 평가를 실시합니다. 이유는 크게 두 가지입니다. 첫째는 아이의 출발점을 명확히 하기 위해서입니다. 같은 연령대의 아이들이라도 언어능력은 천차만별입니다. 초등 3학년 수준의 언어능력을 가진 중등 3학년도 있고, 고등 2학년 수준의 언어능력을 가진 초등 6학년도 있습니다. 과연 나는 어느 정도 수준인가. 이것을 명확히 알면 '책을 읽어야 할 이유'가 훨씬 더 뚜렷해집니다.

둘째는 책 읽기에 따른 언어능력 추이를 확인하기 위해서입니다. 공들여 책을 읽었는데 내가 얼마나 성장했는지 확인할 수 없다면 금세 매너리즘에 빠져버릴 테니까요. 6개월마다 언어능력 평가를 해보면 아이의 언어능력이 어떻게 변하는지 확인할 수 있습니다. 누누이 말씀드렸듯 대학수학능력시험 국어영역 기준, 정독으로 2주에 한 권씩 꾸준히 읽으면 6개월마다 평균 5~10점가량 점수가 올라갑니다. 반복독서를 하면 깜짝 놀랄 정도로 많이 올라갑니다. 적게는 10점, 많게는 30점까지 올라가기도 하죠. 만약 6개월간 꾸준히 책을 읽었음에도 아이의 언어능력이 제자리걸음이라면 그것이 의미하는 바는 명확합니다. 말로는 반복해서 2~3번 읽었다고 하지만 실제로는 안 읽은 겁니다. 진짜로 아예 안 읽었건, 눈으로 글자를 대충 훑는 속독을 했건, 글자는 읽었지만 머릿속으로는 딴생각을 했건 간에 실질적인 독서를 하지 않은 거죠. 다시 말해 6개월 뒤의 언어능력 평가는 그간의 독서에 대한 의심할 나위 없고도 냉정한 평가이자 확인인 셈입니다. 아이가 제대로 반복독서를 했다면 깜짝 놀랄 점수를 기록할 것이고, 이 점수가 다시 아이의 책 읽기 의욕을 고취시킬 것입니다. 한마디로 언어능력 올리는 맛에 책 읽기에 집중하게 되는 겁니다.

1단계 : 주니어토클/기초언어능력 평가지 활용법
초등 고학년이 활용할 수 있는 언어능력 평가도구로는 (재)한국언어문화연구원이 주관하는 '주니어토클(J-ToKL 기초국어능력인증시험, 초등 3~6학년 대상, www.tokl.or.kr)'이 있습니다. 전문기관에서 주관하는 시험인 만큼 신뢰할 수 있고 점수에 따른 등급을 부여하기 때문에 아이의 언어능력 수준을 확인할 수 있습니다. 그런데 주니어토클은 단체 예약제로 운영되고 있어서 개인은 시험을 볼 수가 없습니다. 시험이 만들어진 초창기에는 전국 단위에서 정기적으로 치러졌는데 응시하는 학생이 많지 않아 단체 예약제로 변경되었죠. 언어능력의 중요성에 대한 인식이 확산되고 주니어토클에 대한 수요가 늘어난다면 달라질 수 있겠지만 현재는 개인별 응시가 불가능합니다.

단체 응시가 힘든 경우 대체할 방법은 인터넷 카페 '공부머리 독서법(cafe.naver.com/gongdock)'의 '기초언어능력 평가지'를 활용하는 것입니다. 공부머리 독서법 카페의 기초언어능력 평가지는 대학수학능력시험 국어영역을 초등 5학년~중등 3학년이 볼 수 있도록 난이도를 조절한 테스트지입니다. 비교적 쉬워서 아이들이 큰 스트레스 없이 풀 수 있습니다. 또 그동안 평가를 본 아이들의 누적된 데이터가 있기 때문에 점수에 따른 아이의 언어능력 수준을 비교적 정확하게 진단할 수 있다는 것도 장점이죠. 각 학년별 적정치는 초등 5학년 50점, 초등 6학년 60점, 중등 1학년 70점, 중등 2, 3학년 80점입니다. 만약 중등 3학년의 평가점수가 60점대라면 이 아이는 초등 6학년 수준의 언어능력을 갖고 있다고 보시면 됩니다. 초등 5학년 아이의 평가점수가 70점대라면 중등 1학년 이상의 언어능력을 갖고 있다고 보면 되고요.

다만 이 평가지는 소규모 독서논술연구소에서 임의로 만든 것이기 때문에 향후에는 주니어토클과 같은 공신력 있는 평가제도가 강화되는 것이 바람직하다고 생각합니다. 그래서 전국 단위로 아이들의 언어능력 평가 통계치를 작성할 수 있다면 훨씬 더 체계적이고 믿을 수 있는 평가 방법이 되겠죠. 독서교육에 몸담고 있는 입장에서는 그런 날이 하루빨리 왔으면 좋겠습니다.

㈔한국언어문화연구원의 주니어토클이든 공부머리 독서법 인터넷 카페의 기초언어능력 평가든, 첫 평가점수는 깜짝 놀랄 정도로 낮을 가능성이 큽니다. 중학생의 경우 기초언어능력 평가점수가 60점대 혹은 그 이하로 나오는 경우가 많습니다. 초등 5, 6학년이라면 50점 이하로 나오는 아이가 많고요. 한마디로 자기 연령대보다 2~4단계 낮은 언어능력을 가진 아이가 많다는 거죠.

평가점수는 부모님께도 충격이겠지만 아이에게도 큰 충격입니다. 학교 성적이 안 나오는 거야 '내가 공부를 안 해서 그렇지 뭐' 하고 도망칠 구멍이 있습니다. 하지만 자신의 언어능력이 또래 적정치보다 떨어질 때는 회피할 방법이 없습니다. 능력에 대한 냉정한 평가니까요. 아이는 자기 자신에 대한 심각성을 뼈저리게 느끼게 될 것입니다. 그때 아이에게 언어능력 점수를 극단적으로 끌어올릴 방법으로 반복독서를 제시하세요. 6개월 12권이면 20~30점은 거뜬히 올릴 수 있다고 말이죠.

주니어토클이든 기초언어능력 평가든 간에 한 종류의 시험지를 정해 정기적으로 테스트합니다. 4개월에 한 번씩 1년에 3회 테스트하거나 6개월에 한 번씩 1년에 2회 테스트하는 방법 중 하나를 택하시면 됩니다. 아이가 열의를 가지고 책을 읽으면 테스트 점수는 빠르게 오를 것입니다.

주니어토클 169점 이상(2급), 기초언어능력 평가의 경우 테스트 점수가 80점이 넘으면 2단계로 넘어가시면 됩니다. 참고로 말씀드리면 공부머리 독서법 카페의 기초언어능력 평가점수가 80점이 넘는 아이는 대학수학능력시험 국어영역 기출문제를 풀면 거의 정확히 40~45점이 나옵니다. 독서 경험은 부족하지만 학교 성적이 중상위권인 고등 1학년 아이들의 평균 점수죠. 그러니까 40~45점은 초등 고학년, 중학생으로서는 결코 낮은 점수가 아닙니다.

2단계 : 토클/대학수학능력시험 국어영역 편집본 활용법

1단계(주니어토클/기초언어능력 평가)를 통과한 초등학생과 중고등학생이 활용할 수 있는 언어능력 평가도구로는 '토클(ToKL 국어능력인증시험, 중학생~성인 대상, www.tokl.or.kr)'과 '대학수학능력시험 국어영역 편집본'이 있습니다.

토클은 고등 교과에 해당하는 고전 소설이나 고전 시 문제가 없는, 순수한 언어능력 측정용 시험으로, 고등학교 생활기록부에 기록할 수 있는 국가공인자격시험입니다. 응시 신청을 하고 시험장에 가서 치르는 시험이어서 아이에게 훨씬 더 공식적인 느낌을 줄 수 있습니다. 시험이 전국 단위에서 자주 있기 때문에 원하는 시기에 주기적으로 테스트할 수 있다는 것도 매력이죠. 자세한 응시 방법은 홈페이지에서 확인할 수 있습니다.

수능 국어영역 기출문제 또한 아주 훌륭한 언어능력 평가도구입니다. 국내 최고의 전문가들이 심혈을 기울여 출제하기 때문에 문제의 수준이 높습니다. 아이가 장래에 수능을 잘 볼 수 있는지 직접 확인할 수 있다는 점도 매력적입니다. 단점은 총 45문제 중 12~13문제 정도가 고등 교과 과정과 직결되는 문제라는 것입니다. 그렇잖아도 어려운 시험인데 구경조차 해본 적이 없는 고전 소설이나 고전 시, 문법 문제까지 풀려면 머리가 터질 지경이 되기 십상이죠. 중학생의 경우 고전 시, 고전 소설, 문법, 어휘 문제를 제외한 편집본을 사용하면 평가를 받는 고통을 다소나마 줄일 수 있습니다. 수능 기출문제에서 고전 문제와 문법 문제에 붉은 줄을 친 후에 사용하면 됩니다. 수능 기출문제는 한국교육과정평가원 홈페이지(www.suneung.re.kr)에 들어가거나, 검색엔진에 '대학수학능력시험'이라고 검색하면 쉽게 다운 받을 수 있습니다.

책을 읽으면 언어능력이 올라갑니다. 그리고 올라간 언어능력은 각종 평가도구를 이용해 측정할 수 있습니다. 만약 4개월 혹은 6개월간 책을 제대로 읽었다면 아이의 언어능력 평가점수는 꾸준히 상승합니다. 목표는 중학교 졸업할 때까지 수능 국어영역 원본을 풀었을 때 80점 이상 받는 것입니다. 중등 3학년 때 고등 3학년 고급 수준의 언어능력을 갖추는 게 목표인 셈입니다. 이는 곧 서울에 있는 대학에 갈 수 있는 공부머리를 갖췄다는 걸 의미합니다. 실제로 제가 지도했던 학생 중 중등 3학년 시절에 수능 국어영역 80점 이상 받은 아이들의 서울 내 대학 입학률은 80%에 이릅니다. 반면 수능 국어영역 60점 이하를 받은 아이들의 서울 내 대학 입학률은 10%에 못 미칩니다.

　읽기 열등 상태인 아이는 선천적인 결함이 있는 게 아닙니다. 그저 읽기 훈련이 부족해서 난관에 봉착한 것뿐입니다. 읽기 훈련이 부족해서 생긴 난관은 읽기 훈련을 통해서만 극복할 수 있습니다. 아이와 함께 독서 프로그램을 짜세요. 그리고 읽기 훈련에 도전하세요. 읽기 열등 상태인 우리 아이가 6개월 후에는 또래 적정치의 언어능력을 갖출 수 있습니다. 1년 후에는 또래를 능가하는 언어능력을, 2년 후에는 고등 3학년 고급 수준의 언어능력을 갖출 수도 있습니다.

단계별 언어능력 평가 활용법

독서를 하면서 4개월 혹은 6개월에 한 번씩 언어능력 평가를 실시합니다. 중학교를 졸업하기 전에 4차 목표에 도달하면 고등학교 공부를 원활하게 할 수 있는 언어능력을 갖추었다고 볼 수 있습니다.

1차 목표
●
주니어토클 : 2급
기초언어능력 평가 : 80점

초등 6학년 수준 이상의 언어능력을 갖추었음을 의미합니다. 토클이나 수능 국어영역 편집본으로 시험의 종류를 전환합니다.

→

2차 목표
●
토클 : 5급
수능 국어영역 편집본 : 60점

중등 3학년 수준의 언어능력을 갖추었음을 의미합니다. 중학교 공부를 하기에 어려움이 없습니다.

↙

3차 목표
●
토클 : 4급
수능 국어영역 편집본 : 80점

고등 2학년 수준의 언어능력을 갖추었음을 의미합니다. 시험을 수능 국어영역 원본으로 전환합니다.

→

4차 목표
●
토클 : 3급
수능 국어영역 원본 : 80점

고등 3학년 수준의 언어능력을 갖추었음을 의미합니다. 고등학교 공부를 하는 데 어려움이 없습니다.

언어능력 평가 종류

	설명	홈페이지
주니어토클 J-ToKL (기초국어능력인증시험)	초등 3~6학년 대상 단체 신청만 가능	www.tokl.or.kr
토클 ToKL (국어능력인증시험)	중학생~성인 대상	
기초언어능력 평가	대학수학능력시험 국어영역을 초등 5학년~중등 3학년이 볼 수 있도록 난이도를 조절한 테스트지	공부머리 독서법 카페 cafe.naver.com/gongdock 자료실 - '기초언어능력 평가'에서 다운로드
대학수학능력시험 국어영역 편집본	수능 국어영역 원본에서 고등 교과 영역 15개 문항 (고전 시, 고전 문학, 문법 문제 등)을 제외한 편집본	대학수학능력시험 홈페이지 www.suneung.re.kr 자료마당에서 기출 문제를 다운로드
대학수학능력시험 국어영역 원본	대학수학능력시험 국어영역 역대 기출문제	

공부머리 독서법 5 – 읽기 열등 상태를 극복하는
초등 고학년, 청소년 독서법

초등 고학년과 중학생 이상의 아이에게는 책을 읽어야 하는 이유를 명확히 알게 하는 것이 중요합니다. 읽기능력과 성적의 상관관계를 이해시키는 데 심혈을 기울여야 하죠. 기초언어능력 평가를 통해 4개월마다 아이의 언어능력을 수치로 확인시켜주면 동기 부여를 하는 데 도움이 됩니다. 기초언어능력 평가점수가 80점을 넘으면 읽기 열등 상태는 완전히 벗어났다고 볼 수 있습니다. 이 점수에 도달한 후에는 수능 국어영역 편집본 또는 토클로 평가도구를 바꾸고, 평가 주기도 6개월로 전환합니다.

독서 단계를 올리는 방식

	대화하기	아이에게 공부와 언어능력의 상관관계를 설명해 책을 읽어야 하는 이유를 명확하게 인지시킵니다.
	기초언어능력 평가 실시	기초언어능력 평가를 통해 아이의 현재 언어능력 상태를 점검합니다.
	책 선정하기	초등 고학년의 경우 쉽고 재미있는 장편 동화, 청소년의 경우 청소년 소설을 한 권 정합니다.
책 읽 기	1단계 : 도입부 읽기	장편 동화와 청소년 소설은 분량이 많기 때문에 읽기 열등 상태인 아이가 단번에 끝까지 읽기 힘듭니다. 1장에 해당하는 부분을 읽게 합니다.
	2단계 : 도입부 내용을 잘 파악했는지 확인	아이에게 도입부 내용을 이야기하게 합니다. 내용을 제대로 파악하지 못했을 경우 다시 읽게 합니다. 내용 파악 상태가 심각할 경우에는 필사를 시킵니다.

책 읽 기	3단계 : 다음 부분 읽기	도입부의 내용을 제대로 파악했다면 다음 부분을 읽게 합니다. 이런 식으로 끝까지 읽습니다.
	다음 책을 정해 1~3단계 반복	같은 방식으로 다섯 권을 읽습니다.
	다시 기초언어능력 평가를 실시	언어능력이 낮은 상태이기 때문에 다섯 권만 제대로 읽어도 기초언어능력 평가점수가 많이 올라갑니다. 아이에게 이 사실을 확인시켜주면 독서에 대한 동기 부여를 이어갈 수 있습니다.

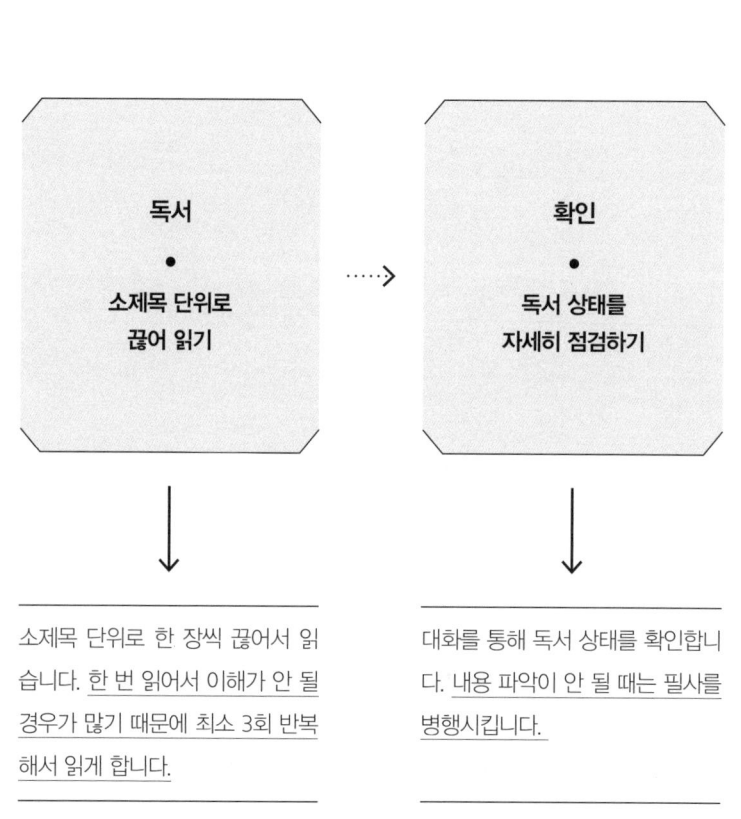

소제목 단위로 한 장씩 끊어서 읽습니다. 한 번 읽어서 이해가 안 될 경우가 많기 때문에 최소 3회 반복해서 읽게 합니다.

대화를 통해 독서 상태를 확인합니다. 내용 파악이 안 될 때는 필사를 병행시킵니다.

독서형 인재가 되는 첫걸음

- 교육 선진국이 꿈꾸는 인재
- 조기 교육이 불법인 핀란드
- 우리 아이의 뇌는 괜찮을까?
- 마음을 헤아리는 15분

정보 | 조기 교육이 뇌에 미치는 영향
공부머리 독서법 6 | 책과 친해지는 영유아 독서법

교육 선진국이 꿈꾸는 인재

초등 3학년 태현이는 첫 등장부터 인상적인 아이였습니다.

"엄마, 여기야, 여기."

웬 남자아이가 엄마의 손을 잡아끌며 학원 문을 열고 들어왔습니다. 어머니께서 마뜩잖은 표정으로 인사를 건네시는데, 한눈에 봐도 마지못해 끌려오신 게 틀림없었습니다. 보통은 부모님이 싫다는 아이를 끌고 오시는데 태현이의 경우는 반대였던 거죠.

태현이는 엄마를 제 앞에 앉혀놓고는 쪼르르 서가로 달려갔습니다. 그러고는 신이 난 표정으로 서가의 책들을 탐색하기 시작했습니다. 사실 논술학원에 와서 서가부터 둘러보는 아이는 많은데 태현이는 어딘가 좀 달랐습니다. 뭐랄까요. 서가가 아니라 신기한 장난감이 가득한 진열장을 돌아보는 아이 같았죠.

"우리 태현이가 워낙 책을 좋아해서요."

태현이의 거침없는 행동이 민망하셨던지 어머니께서 어색하게 웃으며 말씀하셨습니다. 상담을 해보니 태현이는 실제로도 좀 유별난 아이였습니다. 태현이는 사교육은커녕 학습지 한번 풀어본 적이 없었습니다. 한글도 다섯 살 무렵에 혼자서 뗐다더군요.

"책 좋죠. 책을 많이 읽어 그런가, 똑똑한 것 같긴 해요. 학원도 안 다니고 공부도 별로 안 하는데 성적은 좋은 편이거든요. 그런데 종일 책만 붙들고 있으니까 그것도 걱정이더라고요. 애가 뛰어놀지 않아서 그런지 다른 애들보다 작고 약해요. 잔병치레도 많고. 운동 좀 시켜보려고 태권도 보냈던 것도 두 달을 못 채우고 그만뒀어요."

그런 태현이가 스스로 가겠다고 나선 곳이 논술학원이니 어머니 입장에서는 탐탁지 않으실 수밖에요.

태현이는 진짜 독서광이었습니다. 일단 학원에 올 때마다 5~6권씩 책을 빌려갔습니다. 그런데 그게 그 아이의 일주일치 독서량의 전부가 아니었습니다. 도서관을 제집 드나들듯 하며 책을 빌려 읽었죠. 빌리는 책의 종류도 초등 저학년용 그림책부터 고학년 동화책, 과학책, 역사책까지 아주 다양했습니다. 쉬는 시간이 끝나면 다른 아이들은 미처 못 끝낸 스마트폰 게임 때문에 "선생님, 1분만요" 하는데 태현이는 읽던 책 때문에 "선생님, 1분만요" 했습니다. 늘 독서가 제일 중요하다고 주장해온 제 입에서 "책 덮어"라는 낯선 대사를 던지게 만드는 아이였죠. 말 그대로 책이 손에서 떨어질 새가 없었습니다.

태현이는 우리 학원을 1년도 채 다니지 못했습니다. 4학년이 되고 얼마 지나지 않아 이사를 갔거든요. 저는 이사 가기 전에 태현이를 구슬려서 언어능력 평가를 보게 했습니다. 언어능력 테스트 대상 학년이 아니었지만 태현이의 언어능력 수준이 어느 정도인지 확인해보고 싶었기 때문입니다. 평가 결과는 87점. 초등 4학년 태현이는 중등 3학년 수준의 언어능력을 갖고 있었습니다.

사실 태현이는 올백 점을 맞는 우등생은 아니었습니다. 평균 90점대로 한 반에 절반 가까이 되는 수많은 초등 우등생 중 한 명일뿐이었죠. 그런데 90점을 받는 방식이 전혀 달랐습니다. 다른 아이들은 학원에 다니고, 학습지를 풀고, 시험공부를 해서 그 점수를 받습니다. 그런데 태현이는 학교 수업 말고는 하는 게 아무것도 없는 상태로 그 점수를 받았습니다. 다른 아이들이 액셀러레이터를 끝까지 밟고 달려서 내는 성적을 태현이는 발만 살짝 올리고도 내는 셈입니다. 이 아이가 중학생이 되고, 고등학생이 되어 팔 걷어붙이고 공부를 하기 시작하면 어떻게 될까요? 어머니께서 독서를 막지만 않는다면 태현이가 입시에서 성공할 것은 불을 보듯 뻔한 일입니다.

공부를 잘하는 가장 확실한 방법은 숙련된 독서가가 되는 것입니다. 이것은 대한민국의 일개 독서교육전문가 한 사람이 떠드는 주장이 아닙니다. 숙련된 독서가를 길러내는 것은 전 세계 교육 선진국들이 목표로 하는, 교육의 '글로벌 스탠더드'입니다. 우리만 이 사실을 도외시하고 있을 뿐입니다.

핀란드가 세계 1위 교육 강국이 될 수 있었던 이유는 지나치리만큼 과한 독서교육 덕분입니다. 학교가 독서를 위해 존재한다고 해도 과언이 아닐 정도죠. 세계 0.2%의 인구로 역대 노벨상 수상자의 22%, 아이비리그 졸업생의 30%를 배출하는 유대인 교육의 핵심도 독서와 토론입니다. 미국은 '국립 읽기 위원회(NRP : National Reading Panel)'를 두고 학생들의 읽기능력 향상을 위해 힘쓰고 있으며, 또 다른 교육 강국인 일본은 핀란드의 독서 기반 교육 시스템을 도입하기 위한 준비에 들어갔습니다. 이 모든 교육적 노력의 핵심은 딱 하나입니다. 어떻게 하면 아이들에게 책을 읽힐 수 있는가. 어떻게 하면 책을 사랑하는 아이들로 길러낼 수 있는가.

조기 교육이
불법인 핀란드

저는 영유아기 최고의 교육이 아이와 함께 즐겁게 놀고, '하루 한 번 그림책 읽어주기'를 하는 것이라고 생각합니다. 하루에 한 번 아이에게 "책 읽어줄까?" 하고 물어봅니다. 그리고 아이가 원하는 책을, 원하는 만큼 재미있게 읽어줍니다. 더도 말고 덜도 말고 딱 이만큼만 하면 됩니다.

제가 이런 말을 하면 대부분의 부모님은 무슨 뚱딴지같은 소리를 하느냐는 표정을 짓습니다. 고작 그 정도를 해서 어떻게 이 치열한 경쟁 교육에서 살아남겠냐는 거죠. 무리도 아닙니다. 4세가 되면 한글을 떼고, 5, 6세부터 영어, 수학 공부를 시작하고, 태권도와 피아노, 미술학원에 다니는 게 한국 유아 교육의 평균 수준이니까요. 이런 현실에서 하루 한 번 그림책 읽어주기 같은 소리를 들으면 어이가 없을 수밖에 없습니다. 한국의 교육현실과 너무나 동떨어진 소리니까요. 그런데 한국의 교육현실이라는 울타리를 넘어서는 순간 이야기는 완전히 달라집니다.

핀란드를 비롯한 유럽의 교육 선진국 영유아들은 뭘 배우는 법이 없습니다. 아이들은 대부분의 시간을 친구들과 함께 놀면서 보냅니다. 핀란드의 어린이집 선생님이 하는 일은 아이들이 놀 시간과 장소를 정해주고, 안전하게 놀 수 있도록 지키는 것입니다. 예를 들어 겨울 야외놀이시간이면 아이들에게 썰매를 내주고, 눈 덮인 어린이집 뒤뜰에서 놀게 합니다. 썰매를 타든, 눈사람을 만들든 아이들의 자유입니다. 선생님은 수영장의 안전요원처럼 아이들을 지킵니다. 아이가 도움을 요청하거나 사고가 생기지 않는 한 선생님은 놀이에 간섭하지 않습니다. 시간이 되면 아이들에게 야외놀이시간이 끝났음을 알려주고, 썰매를 제자리에 갖다 놓게 한 후 어린이집으로 들어갑니다. 밥 먹는 시간, 낮잠 자는 시간을 제외하면 대부분이 이런 식입니다. 놀고, 놀고 또 놉니다. 종이나 풀을 이용해 뭘 만들기도 하고, 즉석 공연 놀이도 하고, 선생님이 그림책을 읽어주기도 하지만 이조차도 뭘 배우는 것은 아닙니다. 배우는 게 있다면 기껏해야 날씨 좋은 봄이나 가을에 자연관찰 활동을 하거나 일주일에 한 번씩 인근 체육관에 가서 체조를 익히거나 교통안전 교육을 받는 정도가 고작이죠. 집에 돌아와서도 크게 다르지 않습니다. 아이들은 계속 놉니다. 부모님이 교육적으로 해주는 일은 아이가 원할 때 책을 읽어주거나 도서관에 함께 가는 게 전부입니다. 책 읽어주기는 아이가 그만하고 싶을 때 끝납니다. 10분 만에 끝날 수도 있고, 1시간 만에 끝날 수도 있죠.

우리 관점에서 보면 이 아이들은 방치되고 있는 것이나 마찬가지입니다. 학습이라고 부를 만한 그 어떤 것도 하지 않으니까요. 그런데 알고 보면 학습을 시키지 않는 정도가 아닙니다. 영유아에게 학습은 금기 사항입니다. 핀란드는 8세 미만의 아이에게 문자를 가르치는 것을 아예 법으로 금지해놓았습니다. 여기서 말하는 문자란 영어 같은 외국어를 뜻하는 게 아닙니다. 모국어인 핀란드 알파벳을 말하는 거죠. 핀란드만이 아닙니다. 대부분의 유럽 선진국이 조기 문자 교육을 금기시합니다. 독일의 초등학교 취학 통지서에는 '귀댁의 자녀가 입학 전에 글자를 깨치면 교육과정에서 불이익을 받을 수 있습니다'라는 경고 문구가 버젓이 박혀있습니다. 학습의 출발점인 문자 교육을 법으로 금지한다는 것은 사실상 영유아를 대상으로 한 학습을 불법으로 간주한다는 뜻입니다. 우리나라의 7세 아이들을 생각해보세요. 한글은 기본이고, 영어 문장을 말하고, 덧셈 뺄셈까지 아는 아이가 수두룩합니다. 유럽의 관점에서 보면 불법행위가 전국적인 규모로 자행되고 있는 셈입니다.

우리 아이의 뇌는 괜찮을까?

우리나라 부모님들이 아이에게 조기 교육을 시키는 논리는 단순명료합니다. 한마디로 정리하면 '많이 가르치면 많이 알고, 많이 알면 더 잘한다'죠. 특히 영어는 언어이기 때문에 어릴 때 시작할수록 더 유리하다는 인식이 지배적입니다. 여기에 결정적 시기 운운하며 공포를 조장하는 사교육업계의 마케팅 전략과 옆집 아이에게 뒤처질 수 없다는 경쟁의식이 더해져 더없이 단단한 심리적, 이론적 토대를 형성합니다.

단기적으로 보면 실제로 눈부신 효과를 거두는 경우도 많습니다. 세 살짜리 아이가 한글을 읽고, 다섯 살짜리 아이가 파닉스를 합니다. 투자를 하면 결과가 나옵니다. 만약 이것이 교과 과정 전체에서 지속적으로 위력을 발휘하고, 아이에게 해를 끼치지 않는다면 막을 이유가 전혀 없습니다. 확실한 효과가 있으니까요. 그런데 문제는 실제로 일어나는 일은 그렇지가 않다는 점입니다. 정반대죠.

일단 조기 교육이 아이의 뇌를 파괴한다는 연구 결과가 셀 수 없을 정도로 많습니다. 한국뇌연구원 초대원장인 서유헌 교수는 조기 교육의 위험성에 대해 다음과 같이 말합니다.

"영유아의 두뇌는 신경 회로가 완전히 발달하지 않은, 매우 엉성한 상태예요. 엉성한 전기 회로에 과도한 전류를 흐르게 하면 과부하가 걸리듯, 과도한 조기 교육은 과잉학습장애 증후군, 우울증, 애착 장애를 불러올 수 있습니다."

한마디로 조기 교육은 조립을 채 끝내지도 않은 자동차를 몰고 고속도로를 달리는 것과 같습니다. 이것은 비단 서유헌 교수만의 주장이 아닙니다. 세계 뇌 과학계에서 정설로 인정하는, 수많은 연구를 통해 입증을 끝낸 주류 이론입니다. 뇌 과학은 '영유아기는 공부를 하는 시기가 아니'라고 못 박습니다.

인간의 뇌는 크게 세 개의 층으로 이루어져 있다고 합니다. 이것을 삼중 뇌 모델이라고 하는데, 미국의 신경학자 폴 맥클린이 1950년대에 첫선을 보인 후 지금껏 통용되고 있는 이론입니다. 첫 번째 층은 뇌 가장 안쪽에 있는 뇌간입니다. '생존의 뇌(survival brain)' 혹은 '파충류의 뇌(reptilian brain)'라고 불리는 부분으로, 심장박동이나 호흡 같은 가장 기본적인 생명 활동을 담당합니다. 뇌간은 엄마의 배 속에 있을 때 거의 완전한 형태로 성숙한 채 태어납니다. 두 번째 층은 뇌간을 감싸고 있는 대뇌변연계로 '포유류의 뇌(limbic brain)'라고 불리는 부분입니다. 기쁨, 슬픔, 분노, 두려움 같은 감정과 좋고 싫음, 단기 기억 등을 담당하는 부분으로 태어난 후 6세까지 집중적으로 발달합니다. 세 번째 층은 대뇌피질로 '생각하는 뇌(thinking brain)'라고 불리는 부분입니다. 지능, 사고, 언어 등을 담당합니다. 0세부터 발달하지만 7세가 되어야 어느 정도 성숙합니다. 정리하면 이렇습니다. '뇌는 생명 유지에 필요한 능력을 기본적으로 갖고 태어나며, 6세까지는 감정, 정서 능력을 집중적으로 키우고, 7세 이후에는 학습을 할 수 있는 기본적인 준비를 끝낸다.'

영유아기는 감정과 정서 발달에 있어서 매우 중요한 시기이면서, 동시에 학습을 할 준비는 안 돼있는 시기입니다. 조립을 채 끝내지도 않은 자동차를 몰고 고속도로로 올라가듯 이 시기에 공부를 시키면 어떤 일이 일어날까요? 바퀴가 있고 엔진이 있으니 느린 속도라도 달릴 수는 있습니다. 세 살 아기도 한글을 깨우칠 수 있고, 알파벳을 외울 수도 있죠. 그러면 부모님들은 우리 아이가 다른 아이들보다 앞서간다고 착각을 하게 됩니다. 하지만 아이의 뇌에서는 정반대의 일이 일어납니다. 준비가 안 된 지능을 사용하는 것은 무척이나 고통스러운 일입니다. 이때 아이의 뇌에서 코르티솔이라는 스트레스 물질이 나와 기억을 담당하는 뇌 부위인 해마의 성장을 방해합니다. 영유아기의 공부가 뇌를 발달시키는 게 아니라 오히려 뇌 발달을 가로막는 겁니다.

학습 스트레스가 강하게 지속될 경우 아이의 뇌는 돌이킬 수 없는 손상을 입습니다. 실제로 영어 영재, 독서 영재 중에는 후천적 자폐 증상을 보이는 아이가 많습니다. 수많은 교육 도서와 연구 보고서, 다큐멘터리가 그 섬뜩한 사례를 고발한 바 있죠. 고강도의 조기 교육으로 인해 후천적 자폐 증상을 보이는 아이는 친구와 어울리기를 거부하고, 감정을 통제하지 못하며, 무기력하고, 자기만의 세계에서 나오려 하지 않습니다. 이르면 4, 5세, 늦으면 초등 고학년에 증상이 나타나기 시작합니다. 일단 증상이 나타나면 공부는커녕 일상생활부터 힘들어집니다. 이에 대해 전문가들이 지목하는 원인은 언제나 명확합니다. 어린 시절부터 지속된 과도한 학습 스트레스가 대뇌변연계에 손상을 입혔다는 거죠. 뇌 단층 촬영 사진을 통해 눈으로 확인되는 명백한 장애를 안게 됩니다. 그런데 더 무서운 것은 아이의 후천적 자폐 증상을 대하는 일부 부모들의 자세입니다. 아이가 후천적 자폐 증상을 보이는 것을 서번트 증후군(의사소통 능력 등 뇌 기능 장애가 있으나 암산 등 특정 부분에 우수한 능력을 보이는 증후군)과 같은 맥락으로 이해해 천재가 되는 과정으로 받아들이는 겁니다. 정말이지 무시무시한 광기가 아닐 수 없습니다.

이보다 강도가 약한 학습을 시켰다고 해서 문제가 생기지 않는 것은 아닙니다. 후천적 자폐 증상보다 한 단계 낮으면서 훨씬 많은 아이가 겪는 증상으로 '과잉언어증(다독증)'이라는 게 있습니다. 과잉언어증을 앓는 아이들은 글자를 읽는 능력은 뛰어나지만, 글의 의미를 파악하는 능력은 극단적으로 떨어집니다. 《아기돼지 삼형제》를 유창하게 소리 내서 읽을 수 있지만 자기가 읽은 것이 무슨 내용인지는 알지 못합니다. 극단적인 읽기 열등 상태, 읽기 장애 상태입니다. 과잉언어증으로 소아정신과나 학습치료센터를 찾는 아이가 날이 갈수록 증가하고 있는데, 전문가들이 말하는 주요 원인은 크게 세 가지입니다. 지나치게 이른 조기 문자 교육, 습관적인 TV 시청, 잦은 스마트폰 사용. 전 세계에서 이 세 가지를 가장 많이 하는 아이들이 우리나라 유아입니다. 당연히 과잉언어증으로 소아정신과를 찾는 환아가 많을 수밖에 없습니다.

학습의 강도를 더 낮추면 어떻게 될까요? 후천적 자폐증이나 과잉언어증에 걸리지 않을 정도로 시키면 문제가 없을까요? 실제로 후천적 자폐증이나 과잉언어증을 앓는 아이보다 그렇지 않은 아이가 훨씬 많습니다. 다른 아이에 비해 학습을 적게 시킨다고 자부하는 부모님도 많을 거고, 우리 아이가 받는 사교육은 놀이 형태로 돼있어서 괜찮다고 생각하는 분들도 있을 겁니다. 하지만 실제로는 그렇지 않습니다. 학습치료센터를 찾는 아이가 날이 갈수록 늘고 있습니다. 주요 증상은 학습 무기력과 낮은 언어능력입니다. 공부를 한다고 앉아는 있는데 실제로 학습을 하지는 않습니다. 교과서를 제대로 못 읽는 경우도 많습니다. 이 아이들의 증상이 병적이지는 않습니다. 그저 이상하리만치 무기력할 뿐이죠. 학습치료센터를 찾지 않는 더 많은 아이들도 경중의 차이가 있을 뿐 비슷한 증상을 겪습니다. 사교육 강사에게 설명을 듣고, 공부도 하지만 지극히 수동적인 태도를 보입니다. 자신이 무엇을 알고 모르는지 명확하게 구분하지 못하고, 학습 계획을 스스로 세우지도 못합니다. 스스로 교과서를 읽고 이해하는 능력도 떨어집니다.

"말을 시작하자마자 한글을 배운 아이는 책을 싫어하는 경우가 많아요. 글자라면 지긋지긋해 하는 거죠."

KBS 다큐멘터리 〈책 읽는 대한민국, 읽기 혁명〉에 나오는 학습치료전문가의 발언은 우리나라의 독서교육이 왜 성공하지 못하는지, 공교육이 어째서 붕괴 직전으로 내몰렸는지를 뚜렷하게 보여줍니다. 영유아기에 조기 교육을 받으면 아이가 더 똑똑해졌다고 느낄 수 있습니다. 하지만 그것은 착시에 불과합니다. 아이는 결국 학습에 무기력해집니다. 그 시기가 초등 고학년에 오느냐, 중학생 때 오느냐가 문제일 뿐입니다. 스스로 읽고 이해하기를 싫어하고, 싫어하기 때문에 점점 더 못하게 됩니다. 공부하라고 하면 사교육 강사만 쳐다봅니다. 의욕과 성취감도 감정입니다. 감정은 대뇌변연계에서 나옵니다. 대뇌변연계의 성능이 떨어지는 아이는 의욕도, 성취감도 좀처럼 느낄 수 없습니다. 이것이 바로 교육 선진국들이 조기 문자 교육을 금지하는 이유이며, 영유아기의 학습을 죄악시하는 이유입니다.

마음을 헤아리는 15분

《하루 15분, 책 읽어주기의 힘》(북라인)의 저자이자 미국의 저명한 독서교육 전문가인 짐 트렐리즈는 책 읽어주기가 아이의 학습능력에 엄청난 영향을 끼친다고 주장합니다.

"대부분 사람들은 처음 내 말을 들으면 믿질 않습니다. 그들이 믿지 않는 이유는 세 가지입니다. 첫째 비결치고는 너무 단순하고, 둘째, 돈이 너무 안 들며, 셋째는 아이들도 좋아하기 때문이죠."

영유아에게 그림책 읽어주기의 효과는 상상 이상으로 큽니다. 백문이 불여일견이라고 그림책 읽는 과정을 구체적으로 살펴보죠.

아이가 읽고 싶은 책을 뽑아 쪼르르 달려옵니다. 아이를 무릎에 앉히고 책을 펼칩니다. 아이가 뽑아온 책이 《안 돼, 데이빗!》(데이빗 섀논 지음, 지경사)이라고 해보죠. 말썽쟁이 데이빗이 각종 사고를 쳐서 엄마에게 혼이 나는 내용입니다.

아빠(또는 엄마)가 아이에게 그림책 표지를 보여줍니다. 어떤 남자아이가 탁자 위의 어항을 떨어뜨릴 듯합니다. 아빠가 화난 목소리로 제목을 읽습니다.

"안 돼, 데이빗!"

아이는 움찔합니다. "안 돼!"는 평소에 아이가 엄마, 아빠에게 자주 듣던 말입니다. 하지만 아이가 겁을 집어먹은 것은 아닙니다. 책을 읽어주는 부모님의 목소리는 과장되고 장난스럽고, 혼나는 사람도 아이가 아니라 데이빗입니다. 아이는 배시시 웃거나 "안 돼, 데이빗! 넌 왜 그러니?" 하고 저도 같이 데이빗을 혼냅니다. 늘 혼나는 처지지만 지금 이 순간만큼은 엄마, 아빠처럼 데이빗을 혼내는 입장입니다.

"데이빗은 기분이 어떨까?"

아빠가 물어보면,

"슬플 거 같아. 혼나니까."

아이는 자기가 혼나던 순간을 떠올리며 대답합니다. 엄마, 아빠의 입장에서 데이빗을 혼내면서도 주인공의 마음을 헤아리는 거죠.

"그런데 엄마, 아빠는 왜 데이빗을 혼낼까?"

"미운 짓을 하니까 그렇지."

아이는 혼내는 부모의 입장도 헤아립니다. 안 그러면 좋을 텐데 데이빗은 매 장면마다 말썽을 부리고, 자꾸 혼이 납니다. 데이빗이 혼나는 이유는 평소에 아이가 혼나는 이유와 다를 게 없습니다. 아이는 저도 모르게 마음을 졸입니다. 저렇게 미운 짓만 하다가 데이빗이 정말 미움받는 아이가 되면 어쩌지, 은근히 걱정도 됩니다.

"얘야, 이리 오렴."

아빠가 포근한 목소리로 마지막 부분을 읽습니다.

"그래, 데이빗. 아빠는 데이빗을 세상에서 가장 사랑한단다."

그림책 속 데이빗이 엄마 품에 안겨있습니다. 책을 읽던 아빠도 아이를 꼭 안아줍니다. 아이가 헤헤, 웃습니다.

"나도 사랑해."

구체적으로 살펴봐도 대단할 것 없죠? 그런데 이 대단할 것 없어 보이는 행위가 아이를 엄청나게 성장시킵니다. 일단 그림책 읽어주기는 아이의 대뇌변연계를 발전시키는 가장 효과적인 방법입니다. 한참 키가 크는 시기에 잘 먹고 잘 자는 것이 중요하듯 한참 대뇌변연계가 발달할 시기에는 대뇌변연계의 성장을 촉진하는 활동을 많이 하는 게 중요합니다. 애정 어린 눈맞춤, 다정한 스킨십과 대화, 함께하는 놀이 같은 것들 말입니다. 그림책 읽어주기에는 대뇌변연계를 발전시키는 이 모든 행위가 집약돼있습니다. 아이는 부모의 품에 안겨서 책을 읽고, 부모의 과장된 연기에서 다채로운 감정을 느끼며, 스스로 연기자가 되어 연기를 하기도 합니다. 이 기본 메커니즘은 아이에게 행복감을 줍니다. 부모에게 사랑받고 있다는 것을 온몸으로 느끼는 거죠. 사랑과 배려, 관심을 받고 있다는 행복감 속에서 아이는 이야기 속 인물들의 감정을 느낍니다. 그것도 가만히 앉아서 느끼는 게 아니라 직접 연기자로 뛰어들어 연기를 하면서 느낍니다. 자신이 아닌 타인의 마음을 적극적으로 이해하는 경험임과 동시에 자신의 마음을 표현하는 행위이기도 하죠. 그 과정에서 사람의 마음을 더욱 깊게 이해하게 되고, 표현력도 비약적으로 증가합니다.

아이가 한 권의 그림책을 한 번만 읽는 경우는 없습니다. 재미있다 싶으면 읽었던 그림책을 읽고 읽고 또 읽죠. 같은 책을 여러 번 읽다 보면 매번 같은 방식으로 읽어주지 않게 됩니다. 어떤 날은 그림으로 간단한 퀴즈나 찾기 놀이를 할 때도 있고, 책을 읽다 말고 대화를 하게 될 때도 있습니다. 그 과정에서 사고력과 관찰력, 어휘력, 창의력이 증가합니다. 이야기의 구조도 내면화하게 되죠. 무엇보다 훌륭한 점은 이 모든 성장 효과가 즐겁고 기쁜 와중에 이루어진다는 것입니다. 책을 읽어주면 줄수록 아이는 책을 더 좋아하게 됩니다. 책은 엄마, 아빠와 함께했던 행복한 추억이고, 신나는 이야기가 가득한 즐거운 놀이니까요.

핀란드를 비롯한 교육 선진국의 아이들은 이렇게 책을 사랑하는 마음을 가진 채로 학교에 들어갑니다. 겉으로 보면 우리 아이들보다 한참 뒤떨어집니다. 우리 아이들은 한글은 물론 알파벳도 읽고 쓸 수 있고, 덧셈 뺄셈도 할 줄 알고, 지식 전집을 많이 읽어서 아는 것도 많습니다. 하지만 핀란드의 아이들은 핀란드 알파벳을 모르고, 덧셈 뺄셈도 모르고, 아는 것이 별로 없습니다. 더 나은 점이라고는 책을 좋아한다는 것 하나뿐입니다. 우리 아이들은 초등학교에서 공부를 합니다. 학교만으로는 모자라서 방과 후에도 수많은 학원을 돌며 배우고 또 배우죠. 핀란드 아이들은 학교에 가서도 공부를 하지 않습니다. 대신 책에 대해 배웁니다. 핀란드의 학교 수업 중에는 도서관 사서가 진행하는 책 수업이 따로 있습니다. 아이들에게 책을 읽어주고, 좋은 책 고르는 법, 책을 재미있게 읽는 법 등을 가르쳐주지요. 이렇게 사서에게 배운 독서법으로 학교 수업을 합니다. 선생님들은 수업 과제를 내준 후 아이들을 도서관에 데려가서 관련된 책이나 잡지, 신문 등을 스스로 찾아 읽게 합니다. 그리고 그렇게 읽은 내용을 토대로 발표 토론 수업을 합니다. 대부분의 수업이 이런 식으로 진행됩니다. 독서가 수업이고, 수업이 독서인 셈입니다. 핀란드의 그 유명한 교육철학인 '가르치지 않을수록 더 많이 배운다(Teach less, Learn More)'는 이런 방식으로 구현됩니다.

우리 아이들이 학원에 다니며 영어 단어를 외우고, 수학 선행학습을 하는 동안 핀란드의 아이들은 학교에서 책을 읽습니다. 그렇게 한 권 한 권 읽을 때마다 아이들의 언어능력은 비약적으로 발달합니다. 학교에서 시험을 치지 않는 것으로 유명한 핀란드지만 딱 한 가지 주기적으로 보는 테스트가 있습니다. 바로 독서능력진단검사입니다. 글을 읽고 이해하는 능력을 계속해서 점검하는 거죠. 그리고 읽기능력이 떨어지는 아이들에게는 별도의 프로그램을 제공해 읽기능력을 끌어올립니다. 제 식으로 바꿔 말하면 언어능력 평가를 통해 공부머리를 관리하는 것입니다. 국가 차원에서 '공부머리 독서법'을 제도화한 거죠.

핀란드의 아이들은 이렇게 기른 공부머리를 이용해 숙제와 사교육 없이 공부합니다. 영유아기에 한글은 물론 알파벳까지 외웠던 우리 아이들은 고등학생이 되어도 영어, 수학 공부에 목을 맵니다. 반면 핀란드 알파벳도 몰랐던 핀란드의 아이들은 3~4개 외국어를 유창하게 할 줄 알고, 전 과목에 걸쳐 세계 최상위의 학업성취도를 올리는 고등학생이 됩니다. 그것도 한국 학생들의 1/3에 불과한 공부시간으로 말입니다. 학교를 졸업하고도 독서 습관은 계속 유지되어 세계 최고의 독해력을 가진 나라, 인구 500만의 작은 규모에도 세계 10위권의 국가경쟁력을 가진 나라의 국민이 됩니다(대한민국은 26위입니다).

우리는 '아이가 얼마나 많이 아느냐'에 집중합니다. 핀란드는 '아이가 얼마나 잘 읽느냐'에 집중합니다. 숙련된 독서가로 자라기만 하면 뛰어난 능력으로 스스로 학습할 수 있음을 알기 때문입니다. 영유아기에 '하루에 한 번 그림책 읽어주기'는 숙련된 독서가로 가는 출발점입니다.

조기 교육이 뇌에 미치는 영향

조기 교육 열풍은 '3세에 뇌 발달이 완성된다'라는 이론에 근거하고 있습니다. 0~3세는 뇌 성장이 활발하게 이루어지는 시기여서 지식을 스펀지처럼 흡수할 수 있고, 심지어 천재도 될 수 있다는 거죠. 1980년대에 제시된 이 이론은 뇌 과학이 발달하면서 폐기됐습니다. 실제 교육 현장의 실증 사례와 오늘날의 뇌 과학이 말해주는 바는 명확합니다. 7세 이전의 교육은 득보다 실이 큽니다.

0~7세의 미성숙한 뇌
0~7세는 대뇌변연계가 집중적으로 성장하는 시기입니다. 아이의 뇌는 아직 학습할 준비가 돼있지 않습니다.

스트레스 호르몬 분비
미성숙한 뇌로 학습을 하면 코르티솔이라는 스트레스 호르몬이 분비됩니다.
코르티솔은 아이의 뇌가 정상적으로 자라는 것을 방해합니다.

뇌 발달 저해
학습 강도가 강하고 지속시간이 길수록 뇌에 치명적인 영향을 끼칩니다.

조기 교육 ↓

학습 스트레스에 따른 증상들

학습 강도 ↓

낮은 언어능력
조기 교육, 사교육을 받아온 아이 중 상당수는 낮은 언어능력에 시달립니다. 교과서를 읽고 이해하는 능력이 낮기 때문에 공부를 싫어합니다.

학습 무기력증
유아기부터 학습을 시작한 아이 중 상당수가 공부에 대한 흥미를 느끼지 못합니다. 학습에 관한 한 '꿔다 놓은 보릿자루'나 다름없습니다.

과잉언어증
영아기에 한글 교육을 받은 아이에게 자주 나타납니다. 글을 소리 나는 대로 읽을 수 있지만 뜻을 이해하지 못합니다.

후천적 자폐 증상
어린 나이부터 강도 높은 학습을 지속했을 때 발생합니다. 혹독한 학습을 받은 영어 영재, 독서 영재 중 다수가 이 증상에 시달립니다.

공부머리 독서법 6 – 책과 친해지는
영유아 독서법

영유아기 독서 지도의 목표는 크게 두 가지입니다. 하나는 책과 친해지는 것이고, 다른 하나는 이야기의 구조를 내면화하는 것입니다. 이 두 가지 목표만 달성하면 이해력, 어휘력, 발표력 향상은 저절로 이루어집니다. 이 모든 것을 이루는 가장 쉬운 방법은 '아이가 원할 때 즐겁게 읽어주는 것'입니다. 아이가 지쳐 쓰러질 때까지 읽어주거나 독후 활동에 치중해서는 안 됩니다. 그리고 독서의 주도권을 모두 아이에게 넘겨주어야 합니다. 아이가 원하는 책을, 원하는 만큼 읽어줘야 한다는 것이지요. 이것이 영유아기 최고의 교육입니다.

매일 독서 지도법

"책 읽어줄까?"	아이가 원할 때는 반드시 읽어줍니다. 그때가 독서 효과가 가장 큰 '골든 타임'인 셈입니다. 아이가 스스로 원하지 않는 날에는 '책 읽어줄까?'라고 물어보세요.
아이에게 책을 골라오게 하기	부모님이 고르지 마세요! 책의 선택권을 아이에게 완전히 넘겨야 합니다. 학습 효과를 생각해 지식도서를 읽히려들거나 '이 책은 많이 읽었으니 오늘은 새로운 책을 읽자'거나 전집을 순서대로 읽힌다거나 해서는 안 됩니다.
책 읽어주기	최대한 과장되고, 재미있게 읽어줍니다. 엄마, 아빠가 억지로 읽어주면 아이는 금세 알아챕니다.
아이가 그만 읽자고 할 때 멈추기	아이가 그만 읽자고 하거나, 집중력이 흐트러지면 그만 읽습니다. 이 상태에서 더 읽어주면 독서는 더 이상 즐거운 놀이가 아니라 스트레스 받는 일이 되고 맙니다. 어차피 더 읽어줘 봐야 효과도 없으니 주저 없이 멈추세요.

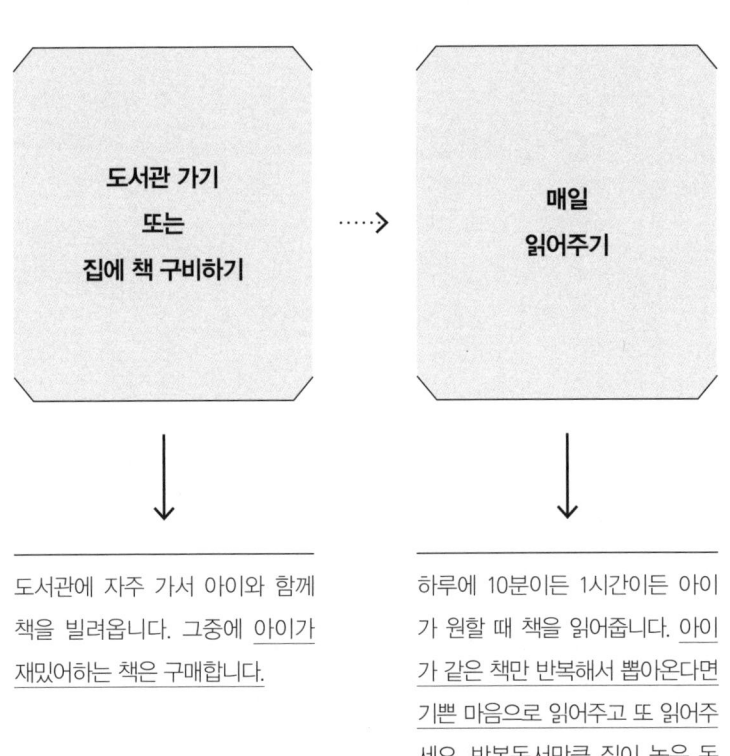

도서관에 자주 가서 아이와 함께 책을 빌려옵니다. 그중에 <u>아이가 재밌어하는 책은 구매합니다.</u>

하루에 10분이든 1시간이든 아이가 원할 때 책을 읽어줍니다. <u>아이가 같은 책만 반복해서 뽑아온다면 기쁜 마음으로 읽어주고 또 읽어주세요. 반복독서만큼 질이 높은 독서도 없으니까요.</u>

07

무엇이 우리 아이의
읽기독립을 가로막는가?

· 가장 흔한 독서 지도 실패 사례
· 숙제 같은 전집,
  호기심 없애는 학습만화
· 읽기독립 1단계 – 쉬운 책 많이 읽기
· 속독은 왜 나쁜가?
· 읽기독립 2단계 – 스스로 책 고르기
· 읽기독립을 망치는 최악의 적은?

정보 | 읽기독립의 적들
공부머리 독서법 7 | 읽기독립을 성공시키는 초등 1, 2학년 독서법

가장 흔한
독서 지도 실패 사례

"어렸을 때 그림책 진짜 많이 읽어줬거든요. 그런데도 초등학교 2, 3학년 되니까 책을 안 읽더라고요."

강연을 다니다 보면 자주 듣는 이야기입니다. 사실 우리 아이들의 어린 시절 독서량은 결코 적지 않습니다. 독서 관리를 잘 받은 아이도 상당히 많습니다. 독서교육 이론서들을 섭렵해 제대로 된 방식으로, 열의를 다해 그림책 읽어주기를 하시는 부모님이 많기 때문입니다. 그런데 이상하게도 대부분의 아이가 자라면서 책과 점점 멀어지고, 청소년이 되면 책과 담을 쌓게 됩니다.

독서교육은 왜 성공하기 어려울까요? 가장 대표적인 독서 지도 실패 사례를 통해 그 원인을 살펴보도록 하겠습니다.

햇병아리 강사 시절, 한 학부모님으로부터 독서 관리를 개인적으로 해달라는 요청을 받은 적이 있습니다. 정형화돼있는 학원 커리큘럼이 아니라 아이에게 맞춤한 커리큘럼을 원한다고 하시더군요. 일종의 독서 개인 과외를 의뢰받은 셈입니다. 그런 연락을 따로 받은 것이 처음이기도 했고, 제가 지도하던 아이의 어머니께서 추천을 해주신 터여서 일단 상담을 해보기로 했습니다.

상담에 앞서 아이의 방부터 둘러보았습니다. 한쪽 벽면 전체가 책꽂이였습니다. 칸트의 《순수이성비판》, 마르크스의 《자본론》, 루소의 《사회계약론》, 마키아벨리의 《군주론》……. '어린이를 위한'이라는 꼬리표와 상관없이 아이들이 도저히 읽을 수 없는 책들로 가득했습니다. 저는 그중 몇 권을 뽑아 살펴보았습니다. 하나같이 중간 부분의 몇 페이지만 휜 흔적이 있었습니다. 앞쪽 페이지와 뒤쪽 페이지는 새 책처럼 빳빳했죠. 이 아이는 책을 처음부터 읽은 게 아니라 중간 페이지를 펼쳐서 그냥 엎어두었던 게 틀림없습니다. 아마도 부모님을 속이기 위해 책 읽는 시늉을 했던 모양입니다.

"우리 애가 작년까지만 해도 책을 정말 잘 읽었어요. 제가 어렸을 때부터 독서 관리 하나는 철저하게 했거든요. 그런데 6학년 되고 나서 국어 성적이 안 나오는 거예요. 책을 많이 읽으면 국어 성적이 잘 나와야 하는 거 아닌가요? 문제가 뭔지 모르겠어요."

저는 어머니께 아이가 언제부터 지식도서를 읽었냐고 물어보았습니다. 미취학 때부터였다고 하더군요. 이야기책도 읽어줬지만 주로 과학이나 사회, 역사 전집을 많이 읽어주었다는 것입니다. 저는 제가 생각하는 아이의 독서 상태를 말씀드렸습니다. 아이가 책을 펼쳐놓기만 했지 실제로는 읽지 않았을 거라고요. 지금이라도 아이가 재밌어하는 이야기책을 읽혀야 한다고 말씀드렸습니다.

"아니에요, 선생님. 우리 애 지식책 좋아해요. 과학책은 읽고 나서 얼마나 말도 많이 하는데요. 지금은 모르겠지만 작년까지는 책을 정말 잘 읽었어요. 그리고 이야기책이 무슨 도움이 되겠어요. 교과하고 상관도 없잖아요."

결국 어머니는 제 의견에 동의하지 않으셨고, 독서 개인 지도도 없었던 일이 되었습니다.

우리나라의 독서 지도 실패 사례는 대부분 유사한 경향성을 보입니다. 첫째, 학년이 올라갈수록 독서량이 급감합니다. 미취학 때 독서를 시작해 초등 저학년 때 가장 많이 읽고 초등 고학년이 되면 바닥을 칩니다. 청소년이 되면 독서량이 없어지다시피 합니다. 둘째, 속독을 하는 아이가 많습니다. 책을 읽는다고 앉아있지만 실제로는 훑어봅니다. 초등 고학년이 이런 경향이 강합니다. 셋째, 아이가 읽을 책을 부모님께서 선택하시는 경우가 많습니다. 《순수 이성 비판》, 《사회계약론》 같은 책을 아이가 선택했을 리는 없겠죠. 넷째, 독서 지도의 종착역이 학습만화인 경우가 많습니다.

원인은 명백합니다. 부모님도, 아이도 독서를 '지식의 축적'으로 생각하기 때문입니다. 지식은 학교에서, 학원에서 매일 배웁니다. 그런데 시험에도 안 나오는 지식을 또 배우고 싶은 사람이 누가 있겠습니까.

독서는 공부머리를 끌어올리는 최상의 공부입니다. 하지만 독서를 지식의 축적 관점으로 바라보는 순간 독서 지도는 실패하고 맙니다. 아이의 머릿속에 지식을 집어넣겠다는 욕심을 내려놓으세요. 독서 지도의 출발점은 독서를 '즐거운 놀이'로 생각하는 것입니다. '글을 읽고 이해하는 경험'을 거듭하는 것이 무엇보다 중요하기 때문입니다.

숙제 같은 전집,
호기심 없애는 학습만화

유아동에게 그림책은 엄마, 아빠와 함께 갖고 노는 장난감입니다. 화사하고 재미있는 그림이 가득하고, 짧은 글이 적혀있습니다. 아직 말은 못 알아듣지만 그림으로, 엄마, 아빠의 목소리에 담긴 뉘앙스로, 아이는 그림책을 느낍니다. 까르르 웃기도 하고, 손으로 그림을 짚어보기도 하죠. 부모님들은 누가 가르쳐주지 않아도 가장 훌륭한 방법으로 그림책을 읽어줄 줄 압니다.

그런데 이 훌륭한 독서는 곧 위기에 빠지고 맙니다. 대체로 그 위기는 한글 교육과 함께 방문 판매의 형태로 찾아오거나 이웃집 부모의 모습을 하고 찾아오죠.

"옛이야기 전집은 한 질 있으시죠?"

"이 나이 때 과학 전집은 기본이에요."

"이번에 ○○출판사에서 나온 한국사 전집 정말 좋더라. 애가 어찌나 좋아하는지 한 번에 대여섯 권은 그냥 읽는다니까."

이런 말을 들으면 누구나 우리 아이만 뒤처지는 것 같은 공포에 사로잡히게 됩니다. 그리고 연령대별로 읽어야 할 전집을 하나둘 갖추게 되죠. 옛이야기, 세계 명작, 한국사, 세계사, 과학, 수학, 위인, 한자……. 종류와 규모가 어마어마합니다.

반드시 읽어야 할 전집이 있다는 게 사실이라면 우리나라를 제외한 세계 모든 아이들은 뒤처져도 한참 뒤처진 셈입니다. 유아동용 전집은 우리나라에만 있는 독특한 형태의 책이기 때문입니다.

전집은 우리나라 유아동 출판 생태계를 만든 효자 종목입니다. 그림책은 제작 단가가 높습니다. 그런데 1970년대에만 해도 아이들에게 그림책을 읽히는 게 중요하다고 생각하는 사람은 거의 없었습니다. 제작 단가는 높고 소비자는 없으니 도저히 뿌리내릴 수 없는 문화 산업이었죠. 그때 혜성처럼 등장한 것이 전집입니다. 대자본 투자로 권당 제작 단가가 낮아졌고, 한편에서는 유아동 도서 판매자들이 가정을 방문해 독서의 중요성을 퍼뜨리는 메신저 역할을 했습니다. 그리하여 오늘날의 거대 시장이 형성되었고, 《강아지똥》(권정생 지음, 길벗어린이)이나 《구름빵》(백희나 지음, 한솔수북) 같은 훌륭한 단행본 그림책들도 나올 수 있었습니다.

문제는 전집의 마케팅 전략이 독서를 공부로 만들었다는 점입니다. 전집 판매자들은 연령에 따라 반드시 읽어야 할 책, 알아야 할 지식이 있다고 말합니다. 옛이야기, 세계 명작, 국내 창작, 외국 창작, 과학, 역사, 사회, 수학에 이르는 전집들을 시기에 맞춰 읽지 않으면 학습경쟁에서 뒤처진다고 주장합니다. 이 주장에 설득되는 순간 '독서=학습'이라는 프레임에 빠지고 맙니다. 놀이여야 할 독서가 공부가 돼버리는 겁니다.

세계적인 교육학자이자 심리학자인 미하이 칙센트미하이는 《몰입의 즐거움》(해냄출판사)에서 놀이와 일이 본질적으로 동일한 메커니즘을 가진다고 지적했습니다. 둘 다 수행할 과제가 있다는 점, 분명한 목표가 있다는 점에서요. 우리가 일에 몰두하지 못하는 이유는 일을 놀이처럼 하지 못하기 때문입니다. 놀이는 자발적이지만 대부분의 일은 비자발적입니다. 타인에 의해 수행해야 할 범위와 목적이 규정될 때, 그 범위와 목적에 동의할 수 없을 때, 일은 괴롭고 지겨운 것이 되고 맙니다. 당연히 몰입을 기대하기도 힘들죠.

독서 역시 마찬가지입니다. 전집은 보통 30~50권으로 구성됩니다. 아이의 취향과 상관없이 한꺼번에 30~50권의 책이 서가를 채우게 됩니다. 이 책들은 이미 구입한 것이기 때문에 다 읽어야 합니다. 아이의 취향과 자율적 선택이 제거됨으로써 아이는 독서를 '정해진 읽을 거리를 해치우는 수동적 행위'로 받아들이게 됩니다. 전집은 서가의 한자리를 차지함으로써 부모에게도, 아이에게도 해결해야 할 마음의 짐이 되죠.

"네 나이 때는 과학도 알아야 해. 그래야 학교 가서 공부를 잘할 수 있어."

이런 말이 어린아이의 마음에 와닿을 리 없습니다. 그런데도 아이가 꾹 참고 책을 읽는 것은 그것을 부모님이 원하기 때문입니다. 부모님의 사랑과 칭찬을 받고 싶다는 마음이 비자발적 독서를 추진하는 힘입니다. 전집 읽기는 학교 공부를 쏙 빼닮았습니다. 전집이 그렇듯 학교 공부 역시 1년간 읽고 이해해야 할 교과서라는 책이 아이의 의사와 상관없이 정해지고, 그 교과의 내용은 연령대에 맞게 반드시 숙지해야 하는 지식으로 가득 차 있으니까요.

"우리 아이는 전집 정말 재미있게 읽어요"라고 말씀하시는 부모님이 많습니다. 실제로 미취학 아동 중에 전집을 잘 읽는 아이도 많습니다. 하지만 전집을 기본 틀로 한 독서는 지속되기 힘듭니다. 전집 독서는 본질적으로 공부의 성격을 띠기 때문에 학습이 본격화되는 초등 중학년이 되면 책 읽기에서 손을 놓게 됩니다. 학습은 학교와 학원에서 이미 충분히 하고 있어서, 거기에 책까지 읽을 필요를 느끼지 못합니다. 공부에 공부를 더하는 억울한 일일 뿐이죠.

이야기책은 재미있지만, 지식이 없기 때문에 불필요하다고 느낍니다. 게다가 이야기책보다 재미있는 게 주위에 널려있는데 굳이 이야기책으로 여가시간을 보낼 이유도 없습니다. 부모님이 책을 읽으라고 강요하면 후다닥 속독으로 읽어버립니다. 때로는 부모님이 강요하지 않아도 읽습니다. 책을 읽으면 부모님의 잔소리를 피할 수 있고, 잘하면 칭찬도 받을 수 있으니까요. 하지만 이미 실질적으로는 독서를 하지 않는 상태로 접어든 거나 마찬가지입니다.

부모님 역시 마찬가지입니다. 학년이 오를수록 아이가 책을 읽지 않으려고 하니 독서 지도가 너무 힘듭니다. 그렇다고 이야기책을 읽히자니 지식이 없어서 불필요한 것 같고, 지식도서를 읽히려니 아이가 극렬히 저항합니다. 기껏 힘들게 읽혀봐야 아이가 내용을 잘 이해하지도 못하고, 기억하는 지식도 별로 없는 것 같습니다. 그래서 대용으로 선택하는 것이 학습만화입니다. '독서=학습'이라는 관점으로 보면 오히려 학습만화가 지식도서보다 더 나은 것 같다는 생각도 듭니다. 일단 아이가 재미있어하면서 읽고, 읽고 나면 전문용어를 써가며 아는 척을 합니다. 그러면 뭔가 똑똑해진 느낌이 듭니다.

학습만화는 책을 읽히고 싶은 부모님과 책을 읽기 싫은 아이와 책을 팔고 싶은 출판사의 삼자담합의 결과물입니다. 학습만화 탐독까지 가면 아이의 독서가로서의 삶은 끝났다고 봐도 무방합니다.

학습만화는 얄팍한 지식을 습득함으로써 모르는 것을 안다고 착각하게 만듭니다. 다 안다는 오만함이 아이의 마음속에 자리 잡게 됐다는 것은 호기심이 사라졌다는 것을 의미합니다. 호기심이 사라지면 지식도서를 찾을 일도 사라지죠. 또 그림 기반의 학습만화에 몰두하면 글자를 읽는 것이 번거롭고 힘들게 느껴집니다. 호기심이 사라지고, 글자를 읽기 힘들게 됐다는 것은 무슨 의미일까요? 아이의 독서 인생이 끝났다는 것을 뜻합니다.

모든 독서교육 실패 사례가 위와 같은 경로를 따르는 것은 아닙니다. 하지만 원리적으로는 여기서 크게 벗어나지 않습니다. 독서교육의 궁극적인 목적은 아이를 독서가로 키우는 것입니다. 책을 좋아하는 아이, 책을 사랑하는 아이로 키우는 것이죠. 그러려면 두 가지 독서 생활의 대원칙이 필요합니다.

첫 번째 대원칙은 '재미'입니다. 초등학생이든 청소년이든 이 책이 아이의 지식에 어떤 영향을 끼칠까 하는 생각은 아예 지워버리세요. 그런 목표의식이 끼어들면 들수록 독서는 학교 공부를 닮아갑니다. 독서가 학교 공부를 닮아가는 순간, 독서교육은 폐업의 길로 접어든 것이나 마찬가지입니다. 중요한 것은 책을 재미있게 읽는 것입니다. 아이의 흥미가 가는 대로 읽도록 내버려두셔야 합니다.

두 번째 대원칙은 '독서 최우선'입니다. 아이의 교육에 있어서 독서를 맨 앞자리에 놓아야 합니다. 어학은 어려서부터 하는 게 좋다고들 합니다. 하지만 아주 어린 시절부터 영어학원에 다닌다고 해서 아이가 원어민 수준이 되는 것은 아닙니다. 어차피 영어는 외국어라 한국말처럼 자연스럽게 배울 수 없습니다. 결국 아이가 학습해야 합니다. 평균 이상의 공부머리만 갖춘다면 초등 고학년, 중학생부터 시작해도 늦지 않습니다. 수학 역시 마찬가지입니다. 굳이 학원에 보내서 시간과 돈, 에너지를 낭비할 필요가 없습니다. 정 걱정이 되시면 학년에 맞는 문제집을 한 권 사서 풀리는 것으로 충분합니다.

아이와 함께 도서관에 자주 가세요. 도서관에서 책을 읽어도 좋고, 책을 빌려와도 좋습니다. 책을 고르실 때는 공부시키겠다는 생각을 내려놓으시고 아이가 어떤 책을 재미있어할까만 생각하세요. 아이도 책을 고르고, 부모님도 책을 고르시면 됩니다. 부모님이 고른 책을 아이에게 보여주세요.

"이 책 재미있을 것 같은데 네 생각은 어때?"

아이가 좋다고 하는 책, 아이가 고른 책을 들고 도서관에서 나오시면 됩니다. 그러면 일주일 치 독서량이 확보됩니다. 그렇게 읽어주다 보면 아이가 유독 좋아하는 책을 발견하게 되실 겁니다. 그런 책은 사세요. 본전을 뽑고도 남습니다. 책 표지가 너덜너덜해질 때까지 읽고 또 읽게 될 테니까요.

읽기독립 1단계 – 쉬운 책 많이 읽기

앞서 저는 초등학생 기간에 아이들이 크게 세 번의 읽기 위기를 겪는다고 했습니다. 1차 위기는 그림책에서 글책으로 넘어갈 때, 2차 위기는 간단한 글책에서 중급 글책으로 넘어갈 때, 3차 위기는 중급 글책에서 고급 글책으로 넘어갈 때 찾아옵니다. 그중에서도 가장 까다로운 시기가 그림책에서 글책으로 넘어가는 1차 위기입니다. 간단한 글책을 많이 읽으면 중급 글책을 잘 읽게 되고, 중급 글책을 많이 읽으면 고급 글책을 잘 읽게 됩니다. 하지만 그림책을 많이 읽어줬다고 해서 반드시 간단한 글책을 잘 읽는 것은 아닙니다. 그림책과 글책은 완전히 다른 종류의 책이기 때문입니다.

일단 형태부터 다릅니다. 초등 2~3학년용 글책은 그림책보다 크기가 작고, 글의 양도 많으며, 매 페이지마다 그림이 깔려있지도 않습니다. 아이가 스스로 책을 읽는 읽기독립 단계로 넘어가면 다행이지만 그렇지 않을 땐 고민이 클 수밖에 없습니다. 초등 2, 3학년이면 혼자서 책을 읽어야 할 것 같은데 아이는 여전히 책을 읽어달라고 합니다. 혼자서 읽어보라고 했더니 몇 페이지 뒤적이다 맙니다. 그래서 어쩔 수 없이 읽어주지만 찜찜한 마음을 떨칠 수가 없습니다. 혼자서 책을 읽는 다른 아이들보다 뒤처지는 것만 같고, 이러다가 초등 4, 5학년까지 읽어줘야 하는 거 아닌가 걱정이 됩니다. 읽기독립을 언제, 어떻게 시켜야 할지 알 수가 없는 거죠.

읽기독립에 성공하려면 먼저 초등 1학년 시기를 잘 보내는 게 중요합니다. 초등 1학년 자녀를 둔 부모님들은 곧장 글책으로 넘어가려는 경향이 있습니다. 그림책은 미취학 유아가 읽는 책, 글책은 초등학생이 읽는 책이라는 고정 관념 때문입니다. 사실 이런 관념 자체가 잘못된 것은 아닙니다. 다만 초등 1학년 아이들이 이제 막 스스로 책을 읽기 시작했다는 점을 고려해야 한다는 거죠. 이 아이들은 아직 읽기의 기본 메커니즘이 자동화되지 않았습니다. 글자라는 기호를 읽고 그 기호를 조합한 단어의 뜻을 이해하고, 단어를 연결해 문장의 뜻을 해석하는 과정이 아직 껄끄럽습니다. 그런 상태에서 책마저 길어지면 아이는 곱절로 어려움을 느끼게 됩니다. 책 읽기가 고통스러운 일이 돼버리는 거죠.

이 시기에는 오히려 아이가 꾸준히 봐왔던 그림책을 많이 읽는 것이 효과적일 수 있습니다. 달달 외울 정도로 많이 읽어준 그림책이어도 상관없고, 초등 1학년이 읽기에 다소 짧은 책이어도 상관없습니다. 글자를 읽고 이해하는 과정의 부담을 줄이면서 적절한 독서량을 유지할 수 있다면 어떤 책이어도 괜찮습니다.

아이마다 편차가 있을 수 있지만 스스로 책을 읽는 시간은 대체로 하루에 30분에서 1시간 정도가 적당합니다. 이렇게 한두 달만 하면 아이는 읽기의 메커니즘을 자동화할 수 있고, 초등 1학년용 글책도 잘 읽을 수 있게 됩니다. 그렇다고 해서 바로 글책으로 넘어가는 게 좋다는 뜻은 아닙니다. 그림책 읽기 단계에서 충분한 독서량을 쌓는 게 훨씬 더 효과적인 방법입니다. 일단 한 권 한 권을 수월하게 읽음으로써 읽기에 대한 호감도와 자신감을 키울 수 있고, 그림책을 읽는 과정에서 쌓이는 탄탄한 기초(어휘력 향상, 배경 지식 증가)가 향후 책 읽기를 해나가는 데 큰 도움이 되기 때문입니다.

초등 1학년은 읽기의 메커니즘을 자동화하는 시기입니다. 이 시기에는 스스로 책을 읽는 훈련을 하면서 '표음 해석 – 의미 해석 – 의미 연결 – 2차 의미 연결'의 과정을 하나의 세트로 만드는 게 가장 중요합니다. 상대적으로 길고 두꺼운 책을 읽는 것은 이 목적에 부합하지 않습니다. 친근하고 짧은 그림책을 통해 충분한 독서량을 쌓는 것이 가장 좋은 방법입니다. 계속 그림책만 읽으면 어쩌냐고요? 그림책 독서량이 충분히 쌓이면 자연스럽게 글책으로 넘어가게 되니 그런 걱정은 하지 않으셔도 괜찮습니다.

아이가 이미 초등 2, 3학년이 되었는데도 글책을 제대로 못 읽을 때는 앞서 다루었듯 '도입부 읽어주기'가 효과적입니다. 이 방법은 뜻있는 선생님들이 종종 쓰는 방법이기도 합니다. 매일 수업을 시작하기 전에 10~20분 정도 시간을 할애해 책을 읽어줍니다. 이야기가 끝났든 끝나지 않았든 정해진 시간이 되면 읽어주기를 끝냅니다. 그리고 다음 날이 되면 다른 책으로 또 10~20분 읽어줍니다. 이렇게 매일 책의 일부만 읽어주다 보면 초등 저학년 교실에 놀라운 변화가 일어납니다. 쉬는 시간에 책을 읽거나, 부모님에게 책을 사 달라고 조르는 아이가 생겨나는 겁니다. 일본에서 시작된 '하루 10분 아침독서 운동'의 원리도 이와 유사합니다. 10분 동안 아침독서를 하면 하루 10분만 책을 읽게 되지 않습니다. 10분을 읽고 나면 뒷이야기가 궁금해질 시점을 지나기 때문에 쉬는 시간에도 책을 읽게 됩니다.

아이마다 차이가 있습니다만 일반적으로 도입부 읽어주기를 해줘야 하는 시기는 그리 길지 않습니다. 적게는 3~4권, 많게는 10권 정도 도입부를 읽어주다 보면 어느 순간 아이 스스로 책을 읽게 됩니다. 아이들이 글책을 잘 읽지 못하는 것은 자기가 읽기에 글책이 너무 길고 어렵다고 느끼기 때문입니다. 그런데 뒷부분을 혼자 읽다 보면 생각했던 것처럼 책이 길지도, 힘들지도 않다는 것을 깨닫게 됩니다. 초등 2~3학년용 글책이 만만해 보이기 시작하는 거죠. 이렇게 한번 만만해지면 아이들은 혼자서 책을 읽을 수 있게 됩니다.

속독은 왜 나쁜가?

초등 2~3학년 수준의 글책을 원활하게 읽게 되면 사실상 읽기독립은 끝났다고 볼 수 있습니다. 이제부터는 독서를 꾸준히 하는 것이 유일한 과제입니다. 많이 읽으면 더 좋겠지만 일주일에 1~2권씩만 읽어도 충분한 효과를 거둘 수 있습니다. 일주일에 한 권씩 1년이면 52권의 책을 읽을 수 있습니다. 결코 적은 독서량이 아닙니다.

문제는 이 52권의 책을 어떻게 읽느냐입니다. 독서의 질이 높은 아이는 52권으로 자기 연령대보다 몇 단계나 높은 언어능력을 갖게 됩니다. 독서의 질이 낮은 아이는 52권이 아니라 100권, 200권을 읽어도 큰 효과를 보지 못합니다. 이것이 바로 독서 습관이 중요한 이유입니다. 읽기독립을 한 아이 중 상당수는 나쁜 독서 습관 때문에 아무 소용도 없는 독서를 합니다. 그리고 나쁜 독서 습관의 99%는 속독입니다. 읽기독립 이후 독서 지도의 성패는 속독을 얼마나 잘 방지할 수 있느냐에 달려있습니다. 그만큼 아이들은 쉽게 속독에 물들고, 한번 물들면 좀처럼 빠져나오지 못합니다.

    속독이 천재들의 독서법으로 각광을 받던 시절이 있었습니다. 어느 '독서 영재'가 예능 프로그램에 나와서 신기에 가까운 속독 기술을 선보인 것이 계기였습니다. 어떤 천재들은 '포토그래픽 메모리'라고 해서 사진을 찍듯 책을 읽는다고 합니다. 몇 초 만에 한 페이지를 보고 몇째 줄에 무슨 문장이 있는지 맞힐 만큼 뛰어난 인지 능력을 보인다는 거죠. 이런 천재적 인지능력을 후천적으로 개발할 수 있다는 것이 속독법 신화의 핵심이며, 수많은 독서 영재 지망생들의 목표입니다. '300쪽짜리 책을 10분 만에 보고 그 내용을 전부 기억할 수 있다면 얼마나 공부를 쉽게 잘할 수 있을까!'라고 생각하는 겁니다.

    정말 그럴까요? 정확한 통계나 연구 결과는 없습니다만 저는 독서교육전문가로서 속독에 특화된 독서 영재 중에 입시와 사회생활에서 괄목할 만한 성과를 이룬 사람이 거의 없을 거라고 확신합니다. 원리적으로, 실증적으로 따져봤을 때 속독을 통해 공부를 잘할 수 있다는 증거는 그 어디에서도 찾을 수 없는 반면 속독이 해악이라는 증거는 발에 챌 만큼 많기 때문입니다.

우리는 흔히 천재라고 하면 보통 사람보다 월등히 뛰어난 존재라고 생각합니다. 엄청나게 복잡한 연산을 순식간에 암산으로 풀 수 있거나 몇 초 만에 책 한 페이지를 읽는 사람이 지적으로 우월하다고 느끼는 거죠. 그런데 열없는 것은 이런 부류의 천재들이 지능이 평범한 사람보다 뛰어난 업적을 이룬다는 그 어떤 통계적 증거도 없다는 점입니다.

노벨상 수상자의 평균 아이큐는 127이라고 합니다. 천재 중의 천재로 꼽히는 리처드 파인만의 아이큐는 126에 불과하고, DNA 이중 나선 구조를 발견한 제임스 왓슨의 아이큐는 124입니다. 뇌의 신경가소성을 고려했을 때 아이큐 10~20 정도는 책을 읽고 연구하는 과정에서 향상되었다고 봐야 합니다. 결국 학문적으로 큰 성과를 이룬 사람 중 상당수는 아이큐 100 정도의 평범한 지능을 타고난 사람들이었던 셈입니다. 글로벌 리더 중에도 신기에 가까운 지적능력을 가진 사람, 특히 몇 초 만에 책 한 페이지를 읽는 인물은 찾아보기 힘듭니다.

너무나 당연한 일입니다. 책 한 페이지를 몇 초 만에 읽을 수 있는 능력은 놀랍긴 하지만 독서의 효과 측면에서 보면 질이 낮은 독서입니다. 책은 생각의 도구입니다. 책 속에는 작가의 정교한 생각이 담겨있습니다. 독자는 책 속에 담긴 그 생각을 따라가며 이해하고, 자신의 생각을 대입해봅니다. 그 과정이 깊으면 깊을수록, 생각과 감정의 덩어리가 크면 클수록 독자는 큰 성장을 이루게 됩니다. 한 페이지를 몇 초 만에 읽어버리면 이런 지적, 정서적 반응을 할 수가 없습니다. 무언가를 사유하고 깨달을 수 없고, 이야기 속 인물의 감정에 공감할 수도 없습니다. 정보는 광속으로 처리할 수 있지만 공감과 사유, 통찰은 광속으로 치리할 수 없습니다. 거기에는 시간이 필요합니다. 저는 이것이 바로 속독을 할 수 있는 특별한 인지능력을 가진 사람이 천재성에 비해 큰 성공을 거두지 못하는 이유라고 생각합니다. 책은 사람을 성장시키는 도구인데, 포토그래픽 메모리를 가진 천재는 책을 통해 성장하기가 어렵습니다. 타고난 능력 탓에 나쁜 독서 습관을 가질 수밖에 없기 때문입니다. 한마디로 속독능력은 천부적 재능의 치명적인 약점 내지는 부작용인 셈입니다. 속독을 습득하는 것은 남의 부작용을 애써 얻으려는 것과 다를 바 없습니다.

아이가 속독 습관을 갖게 되는 원인은 크게 세 가지입니다. 첫째는 재미없는 책을 읽어야 하는 경우입니다. 부모의 강요든, 학원 때문이든 자기가 원치 않는 재미없는 책을 지속적으로 읽게 되면 아이의 책 읽기 속도는 점점 빨라집니다. 재미가 없다는 것은 관심이 안 간다는 뜻입니다. 관심이 없는 책을 한 문장 한 문장 헤아려가며 읽을 수 있는 사람은 세상에 없습니다. 싫지만 해야 한다면 어떻게든 빨리 해치우는 게 최선인 거죠. 둘째는 사교육에 투자하는 시간이 많은데 책까지 읽어야 하는 경우입니다. 월요일부터 금요일까지 학원 스케줄이 빡빡한데 책까지 읽으라고 하면 도망칠 궁리를 하게 돼있습니다. 놀 시간을 확보하기 위해서는 책 읽는 시간을 줄일 수밖에 없고, 그래서 속독을 하게 되는 겁니다. 셋째는 속독을 자랑스러워하는 경우입니다. 속독을 능력이라고 생각하고 빨리 읽으면 읽을수록 더 똑똑하다고 믿는 것입니다. 속독이 좋은 것이라고 생각하면 더 빨리 읽으려고 안간힘을 쓰게 될 수밖에 없습니다.

속독은 팔은 굽히지 않고 엉덩이만 올렸다 내렸다 하는 팔굽혀펴기와 같습니다. 운동처럼 보이지만 운동이 아닙니다. 물론 저도 제품 사용설명서나 단순 사실 보도 기사 같은 것을 읽거나 뉴스 헤드라인을 훑어볼 때는 속독을 합니다. 속독은 영혼 없이 정보만 간단히 습득해도 좋을 때나 쓸 수 있는 하찮은 잔기술에 불과합니다. 속독의 유용성을 주장하는 일부 독서교육 전문가들 중에는 속독해도 좋은 책과 속독하면 안 되는 책을 구분하기도 합니다. 속독해도 좋은 책이라면 읽지 않는 편이 시간 낭비를 막는 방법입니다. 가전제품 사용설명서보다 가치가 없는, 텅 빈 책일 테니까요.

아이들에게 책을 읽을 수 있는 충분한 시간을 주세요. 그리고 '독서는 깊이 생각하며 천천히 읽는 것'이라고 말해주세요. 그래야만 공부머리를 기를 수 있고, 책의 진짜 재미도 느낄 수 있다고 말입니다. 최소한 소리 내서 읽는 속도보다 빨라서는 안 된다고 누누이 강조해주세요. 속독이 나쁘다는 것, 깊이 생각하며 읽어야 한다는 것만 알아도 아이가 속독의 구렁텅이에 빠지는 것을 막을 수 있습니다.

읽기독립 2단계 – 스스로 책 고르기

아이가 초등 저학년용 책을 혼자서 읽고 이해할 수 있다고 해서 읽기독립이 완전히 이루어진 것은 아닙니다. 혼자서 읽고 이해할 능력을 갖춘 수많은 초등 2, 3학년 아이들이 책과 서서히 멀어지다가 초등 고학년이 되면 독서에서 손을 놓는 것만 봐도 알 수 있는 사실입니다. 자발적 독서를 지속하기 위해서는 일단 독서를 생활화하는 것이 중요합니다. 독서시간, 서점과 도서관을 방문하는 날 등을 정해두면 도움이 됩니다. 예를 들어 '저녁 8~9시는 독서시간', '매주 토요일은 도서관이나 서점에 가는 날' 하는 식으로요. 책을 고르고 읽을 기회를 끊임없이 주는 거죠. 더불어 책 고르는 능력을 길러야 합니다. 책 고르는 능력은 있으면 좋고 없어도 그만인 선택 사항이 아닙니다. 숙련된 독서가가 되려면 반드시 갖추어야 할 능력입니다. 이 능력을 갖춘 아이는 부모님이 관심을 끊어도 계속 책을 읽을 수 있지만 그렇지 않은 아이는 이내 책을 내려놓게 됩니다.

책 고르는 능력을 기르는 데는 왕도가 없습니다. 책 구경을 많이 하고 자주 골라보는 게 유일한 방법입니다. 부모님께서 해주실 일은 딱 두 가지입니다. 아이와 함께 자주 도서관에 갈 것, 인내심을 가지고 기다릴 것.

도서관에 가서 아이에게 책을 고르라고 하면 답답한 생각이 들

때가 많습니다. 책을 읽으러 왔는데 정작 책은 안 읽고 책을 고르는 데 시간을 다 보내니까요. 이 책 뽑았다가 저 책 뽑았다 하는 폼이 하루 종일 서가만 서성댈 기세입니다. 그래서 "뭘 그렇게 오래 골라. 그냥 이거 읽어" 하고 부모님께서 대신 골라주기 쉽습니다. 물론 이렇게 하면 책을 고르는 시간은 줄일 수 있습니다. 대신 책 고르는 능력은 기를 수가 없습니다.

독서가로 성장하는 데 있어서 '책 구경하기'는 반드시 거쳐야 할 통과의례입니다. 책을 구경하는 시간이 적으면 적을수록 독서가가 될 가능성이 희박해지고, 많으면 많을수록 독서가가 될 가능성이 커집니다. 책을 구경할 때 아이는 서가에 꽂힌 책의 제목을 눈으로 훑습니다. 그러다 흥미가 가는 제목을 발견하면 그 책을 뽑아보죠. 책 표지를 살펴보고 뒤표지에 적힌 문구를 읽어봅니다. 그리고 목차와 내지를 한번 훑어보고는 아니다 싶으면 다시 제자리에 꽂아둡니다. 아이는 서가를 돌아다니며 이런 행위를 계속해서 반복합니다. 그러다 정말 재미있을 것 같은 책을 발견하면 오늘은 그 책을 읽게 되는 거죠. 그런데 여기서 중요한 것은 아이가 선택한 한 권의 책이 아니라 아이가 뺐다 꽂았다 했던 책들, 눈으로 훑은 책들입니다. 눈으로 훑은 책이 많다는 것은 영화 소개 프로그램을 많이 본 것과 비슷합니다. 책 구경을 하면서 '이런 책들이 있구나' 하고 책의 존재를 인지하게 됩니다. 다음에 방문할 때는 책들이 더 눈에 익습니다. 일주일에 두세 번씩 도서관에 가서 매번 서가를 둘러본다면 어떨까요? 도서관 서가의 대략적인 지형도를 머릿속에 담을 수 있게 됩니다. 과학 서가에 어떤 책이 있고, 동화 서가에 어떤 책이 있는지 알 수 있습니다. 머릿속에 책의 리스트가 많으면 많을수록 읽고 싶은 책도 많아집니다. 또 많은 책을 살펴보고 고르기 때문에 좋은 책을 선택할 확률도 높아집니다. 처음에 훑어봤을 때는 관심이 가지 않았던 책이 어느 날 문득 떠오를 수도 있고, 학교 공부를 하다가 관련된 책 제목이 기억날 수도 있습니다.

책 구경은 아이가 책과 친해지는 직접적인 방법입니다. 옷 구경을 많이 하지 않고 패션 감각을 키울 수 없듯 책 구경을 많이 하지 않고 책 고르는 능력을 키울 수 없습니다. 아이와 함께 가능한 한 자주 도서관에 가세요. 그리고 아이에게 책을 고르게 하세요. 시간이 오래 걸려도 답답해하실 필요는 없습니다. 아이는 지금 시간 낭비를 하는 게 아니라 책과 친해지면서 책 고르는 능력을 키우는 중이니까요. 스스로 재미있는 책을 찾아내고, 읽고 싶은 책을 찾아 읽으면서 아이는 성취감을 느낍니다. 자기만의 독서 이력을 쌓고 있다는 사실, 숙련된 독서가가 되어가고 있다는 사실을 어렴풋이 느끼는 거죠.

독서가로서의 이런 자의식은 관심 분야의 확장으로 곧잘 이어집니다. 일삼아 도서관 서가를 둘러보다 보면 평소 흥미를 갖지 않았던 분야의 책도 훑어보게 됩니다. 자꾸 구경하다 보면 거부감도 서서히 사라지죠. 그리고 어느 날 절대로 읽지 않을 것 같던 분야의 책을 뽑아드는 날이 옵니다. 그런 날이 오면 더는 부모님께서 하실 일이 없습니다. 도서관 회원증을 만들어주고 도서관에서 놀 수 있는 충분한 시간만 주면 됩니다. 그러면 아이는 알아서 책의 바다를 유영할 겁니다. 진정한 의미의 읽기독립을 하게 되는 거죠.

읽기독립을 망치는
최악의 적은?

스마트폰은 우리 삶의 많은 것을 바꾸어놓았습니다. 그중 가장 크게 바꿔놓은 것 중 하나는 아이들의 여가시간과 언어능력입니다. 제가 처음 강사 생활을 시작했던 10여 년 전에도 아이들의 언어능력은 그리 높은 수준이 아니었습니다. 그때도 책을 잘 못 읽는 아이들이 있었고, 자기 연령대 적정 수준의 언어능력을 갖추지 못한 아이들이 많았습니다.

심각한 것은 그 후로 꾸준히 대세 하락 곡선을 그리고 있다는 점입니다. 5~6년 전의 중등 1학년에 비해 3~4년 전 중등 1학년의 언어능력이 낮고, 3~4년 전 중등 1학년에 비해 지금의 중등 1학년이 더 낮습니다. 제가 만나는 학생의 숫자가 제한적이어서 단언할 수는 없다 하더라도 저는 이것이 진실에 가깝다고 생각합니다. 일단 전 연령대에 걸쳐 언어능력 평가점수의 하락 추세가 뚜렷하고, 책을 잘 못 읽는 아이들의 숫자가 크게 늘었으며, 글을 제대로 못 쓰는 아이들이 폭증하고 있습니다. 상당수의 아이가 중독에 가까운 스마트폰 사용 습관을 갖고 있다는 점, 어린이·청소년도서 판매량이 심각한 수준으로 감소했다는 점도 이런 의심을 뒷받침해줍니다. 개인차가 있겠지만 지금의 초등 저학년 아이들의 상태는 이루 말할 수 없이 심각한 수준입니다. 자기 연령에 못 미치는 언어능력을 가진 아이가 너무 많습니다. 이대로 가다가는 머지않아 적정 수준의 언어능력을 가진 아이를 찾는 것이 천연기념물을 찾는 것보다 어려워질지도 모릅니다.

언어능력의 하락 추세는 여자아이들보다 남자아이들에게 더 많이, 더 크게 나타납니다. 성별에 따른 언어능력 격차는 실제 성적에서도 고스란히 드러납니다. 2014년 실시한 교육과정평가원의 국가 수준 학업성취도 평가 결과에 따르면 여학생들은 2010년 이후 단 한 해도 거르지 않고 남학생들보다 뛰어난 성적을 거두어왔습니다. 특히 국어와 영어 성적의 격차가 심한데, 중등 3학년의 경우 국어 평균 성적은 여학생이 남학생보다 매년 10점 가까이 높았고, 영어 평균 성적은 8점가량 앞섰습니다.

교육 현장에서는 남학생들의 나쁜 학습 태도가 원인이라고 하지만 이는 겉으로 드러난 현상을 진단한 것에 불과합니다. 유사 이래 지금껏 남학생들의 학습 태도가 여학생들보다 좋았던 적은 단 한 번도 없었습니다. 에너지가 넘치는 생리적 특성상 남학생들은 가만히 앉아 설명을 듣는 데는 젬병이니까요. 그럼에도 남학생들의 성적이 여학생들에 비해 이렇게까지 떨어지지는 않았습니다. 그렇다면 최근 10여 년간의 평가 결과에서 남학생들의 성적이 여학생들에 비해 눈에 띄게 낮은 이유는 무엇일까요? 아이폰1이 출시된 게 2007년의 일입니다. 아이들이 컴퓨터 게임과 스마트폰에 본격적으로 빠져들기 시작한 것이 바로 2010년 무렵입니다. 저는 남학생들의 성적 하락이 스마트폰이나 게임과 밀접한 연관 관계가 있다고 생각합니다. 남학생들이 여학생들보다 더 많이, 더 심각하게 스마트폰과 컴퓨터 게임에 중독되기 때문입니다.

컴퓨터 게임과 스마트폰이 아이들의 언어능력을 떨어뜨리는 이유는 크게 두 가지로 볼 수 있습니다. 하나는 그 자체의 위험성입니다. 모리 아키오 니혼대학교 교수는 저서 《게임뇌의 공포》(사람과책)를 통해 컴퓨터 게임이 얼마나 무서운 결과를 초래할 수 있는지 밝힌 바 있습니다.

모리 교수는 컴퓨터 게임이 뇌에 미치는 영향을 확인하기 위해 간단한 실험을 진행했습니다. 먼저 학생 400여 명의 뇌파를 측정했습니다. 그리고 뇌파에 따라 참가자의 뇌를 네 가지 유형으로 분류했습니다. 평범한 뇌, 시각적인 뇌, 반(半)게임뇌, 게임뇌가 바로 그것이지요. 하루에 2시간 이상 게임에 몰두하는 날이 일주일에 4일 이상인 학생들의 뇌파는 그렇지 않은 아이들의 뇌파와 확연히 다른 형태를 보였습니다. 뇌가 학습과 같은 정신 작업을 할 때 나오는 베타파가 현저히 떨어지고, 휴식을 취할 때 나오는 알파파도 불안정했습니다. 다시 말해 게임을 많이 하는 학생들의 뇌는 평상시 고도의 지적 기능을 담당하는 전두엽이 활성화되지 않는 상태로 있는 것입니다. 모리 교수는 이런 유형의 뇌파를 '치매 상태의 뇌파와 같다'고 설명합니다.

더 무서운 것은 이것이 일시적 현상이 아니라, 뇌가 물리적으로 변했기 때문에 발생하는 현상이라는 점입니다. 모리 교수에 따르면 지속적으로 반복해서 게임에 몰두하면 뇌 신경 회로가 그에 맞게 재편되어 전두엽을 제대로 활성화하지 못하는 상태가 되고 맙니다. 뇌의 신경가소성이 악화의 방향으로 발휘되는 셈입니다. 책 읽기를 통해 공부머리가 좋아진 아이들이 다시 나빠지기 힘든 것과 마찬가지로 게임을 통해 나빠진 뇌를 원상태로 되돌리는 것 역시 어렵습니다. 뇌의 신경 회로가 물리적으로 변했기 때문입니다. 저는 우리 아이들, 특히 남자아이들의 언어능력이 하락 일로를 기록하는 것이 모리 교수의 게임뇌 이론과 무관하지 않다고 생각합니다. 굳이 과학적 근거를 들지 않더라도 여가시간의 상당 부분을 게임으로 보낸 아이가 정상적인 지적, 정서적 능력을 기를 수 있을 거라고 기대하는 것은 무리이기 때문입니다.

컴퓨터 게임과 스마트폰이 아이들의 언어능력을 떨어뜨리는 두 번째 이유는 이것이 아이들의 여가시간을 블랙홀처럼 빨아들이기 때문입니다. 우리나라의 스마트폰 보급률은 초등 고학년 77%, 중학생은 95%를 넘어섰습니다. 이처럼 스마트폰의 보급률이 높은 데는 여러 가지 이유가 있습니다만 대표적 이유 중 하나는 사교육입니다. 스마트폰이 학원을 많이 다니는 것에 대한 보상 역할을 하는 것이지요. 아이 입장에서는 '내가 이렇게 힘들게 공부를 하니 스마트폰을 사달라'가 되고, 부모 입장에서는 '공부하느라 놀 틈도 없는데 스마트폰 게임이라도 해라'가 되는 것입니다.

독서교육의 관점으로 보면 사교육과 스마트폰의 연계는 최악의 조합입니다. 평일에는 빡빡한 사교육 일정 때문에 책 읽을 시간이 없고, 주말에는 학원 숙제를 하느라 많은 시간을 보냅니다. 그나마 남는 여가시간과 틈새시간은 스마트폰과 컴퓨터 게임이 진공청소기처럼 빨아들입니다. 독서는 물론이고 기본적인 생각조차 할 수 없는 근본적인 구조가 만들어집니다.

이처럼 스마트폰은 아이의 뇌를 악화시키고, 여가시간을 모조리 빨아들여 책을 읽거나 생각을 할 시간을 없애버립니다. 그 결과 아이는 낮은 언어능력을 갖게 됩니다. 스마트폰과 컴퓨터 게임에 일찍 눈을 뜬 아이일수록 그 정도가 더 심합니다. 이런 아이들은 당연히 중학생이 되면서 성적이 큰 폭으로 떨어집니다. 언어능력이 낮고, 생각을 깊이 해본 적도 없으니 공부를 잘하려야 잘할 수가 없는 거죠. 하지만 부모 입장에서는 영문을 알 수가 없습니다. 그동안 남들 못지않게 교육에 신경을 써왔으니까요. 결국 부모님들은 성적 하락에 대한 처방이자 벌로 스마트폰 압수와 컴퓨터 게임 금지를 꺼내듭니다. 그리고 한 번도 본 적이 없는 아이의 모습을 맞닥뜨리게 됩니다. 그렇게 순하고 착했던 아이가 스마트폰을 뺏으려는 부모를 완력으로 저지하고 버럭버럭 소리를 지르면서 불같이 화를 냅니다. 이때 부모님이 받는 충격은 이루 말로 할 수 없을 정도로 큽니다.

상담을 해보면 아이들이 그러는 이유는 대부분 비슷합니다. 지금껏 부모님이 시키는 대로 다 해주지 않았냐는 당위성, 그런데도 성적이 떨어졌다는 낙담과 분노 그리고 스마트폰과 컴퓨터 게임만큼은 절대 빼앗길 수 없다는 절박함입니다. 그리고 이 세 가지 이유 중에 가장 큰 것은 세 번째입니다. 아이는 스마트폰과 컴퓨터 게임에 중독된 것입니다.

학교 과제를 SNS로 내주는 시대이고, 스마트폰이 없으면 친구들과 소통을 하기도 힘든 시대입니다. 이런 최첨단 시대에 아이들에게 언제까지나 스마트폰을 못 쓰게 할 수는 없습니다. 하지만 너무 어린 나이에 스마트폰과 컴퓨터 게임에 눈뜨게 해서는 안 됩니다. 어린 나이에 눈뜰수록 쉽게 중독되고, 해악도 크기 때문입니다. 다른 즐거움을 알기도 전에 스마트폰의 재미에 푹 빠져버린 아이에게는 그것이 세상 유일의 즐거움이 될 수밖에 없습니다. 빌 게이츠는 자녀가 14세가 되기 전에는 스마트폰을 사주지 않는다는 철칙을 세웠다고 합니다. 스마트폰과 컴퓨터 게임을 영원히 금지할 수는 없지만, 가능한 한 늦게 줄 수는 있습니다. 다른 종류의 재미를 많이 아는 아이는 스마트폰과 컴퓨터 게임에 쉽게 중독되지 않습니다.

읽기독립의 적들

진정한 읽기독립은 '책이 재미있어서 스스로 읽는 아이'가 되는 것입니다. 결국 '아이가 책의 재미를 느낄 수 있느냐'가 핵심입니다. 책의 재미를 충분히 느끼게 되면 부모님의 관리 없이도 스스로 책을 읽는 아이가 될 수 있으니까요. 그런데 우리 주위에는 책 읽기의 즐거움을 꺾을 수 있는 적이 참 많습니다.

전집
전집은 나쁜 책이 아닙니다. 다만 아이의 취향과 상관없이 여러 권의 책을 한꺼번에 구비하게 되면, 책 읽기가 공부이자 의무로 변질되기 쉽다는 점이 문제죠. 나이에 따라 읽어야 할 전집이 정해져 있다는 생각, 구매한 전집은 반드시 다 읽혀야 한다는 생각을 내려놓지 못하면 독서교육은 결국 실패로 돌아가고 맙니다.

학습만화
아이가 읽는 10권의 책 중 2~3권이 학습만화라면 괜찮지 않을까요? 물론 그 정도 비율을 유지할 수만 있다면 심각한 문제는 아닙니다. 하지만 많은 경우 학습만화에 한 번 발을 들이면 그 비중이 점점 늘어납니다. 결국 대부분의 독서가 학습만화로 점철되게 되죠. 한 줌도 안 되는 얕은 지식을 얻기 위해 언어능력을 올리는 데 도움도 안 되고, 독서 습관마저 망칠 수 있는 학습만화를 읽힐 필요가 있을까요?

속독
읽기독립 시기에 가장 주의해야 할 것이 속독입니다. 속독을 시작하는 순간, 독서교육은 중대한 위기에 빠지게 됩니다. 아무리 많이 읽어도 독서 효과를 볼 수 없기 때문입니다. 속독이 나쁜 독서라는 점을 강조해주세요.

사교육

사교육의 효과는 초등 저학년 때 가장 높고 학년이 올라갈수록 낮아지다가 중등 2학년이 되면 사실상 사라집니다. 결국 스스로 읽고 이해하는 공부를 해야 합니다. 초등학교만 다니고 말 게 아니라면 사교육을 시키느라 책 읽을 시간을 빼앗지 말아주세요.

스마트폰

'스마트폰을 영원히 안 줄 수는 없다. 중학생, 고등학생이 되어 스마트폰에 푹 빠지는 것보다 차라리 어릴 때 그 시기를 거치는 게 낫다'고 생각하는 부모님이 있습니다. 스마트폰은 반드시 겪어야 할 통과의례가 아닙니다. 어릴 때부터 스마트폰을 한 아이일수록 훨씬 더 심각하게 스마트폰에 빠집니다. 가능한 한 늦게 줘야 합니다.

공부머리 독서법 7 – 읽기독립을 성공시키는
초등 1, 2학년 독서법

초등 1, 2학년은 읽기독립을 하는 중요한 시기입니다. 실질적인 읽기독립은 영유아기에 부모님이 책을 읽어주는 것부터 시작됩니다. 아이마다 차이가 있을 수 있지만 기본적으로는 '유아기 : 충분한 읽어주기 – 초등 1학년 : 도입부 읽어주고 뒷부분 스스로 읽기 – 초등 2학년 : 스스로 읽기'의 과정을 거칩니다. 각각의 과정이 충실하면 할수록 아이는 더 쉽고 효율적으로 읽기독립에 이를 수 있습니다.

단계별 읽기독립 방법

유아기 : 그림책 읽어주기	매일 그림책을 읽어줍니다. 한글을 깨우쳤더라도 혼자 읽게 하지 말고 반드시 읽어주세요.
아동기 : 도입부 읽어주기	최소 1, 2학년까지는 스스로 읽기와 읽어주기를 병행하는 게 좋습니다. 학년에 맞는 이야기책의 도입부를 매일 5분 내외로 읽어주세요.
일주일 1회 이상 도서관, 서점 가기	책 읽기를 생활화하는 데 있어서 도서관과 서점에 자주 가는 것만큼 좋은 것은 없습니다.
읽기독립	초등 저학년 읽기 책을 혼자서 매일 읽습니다.

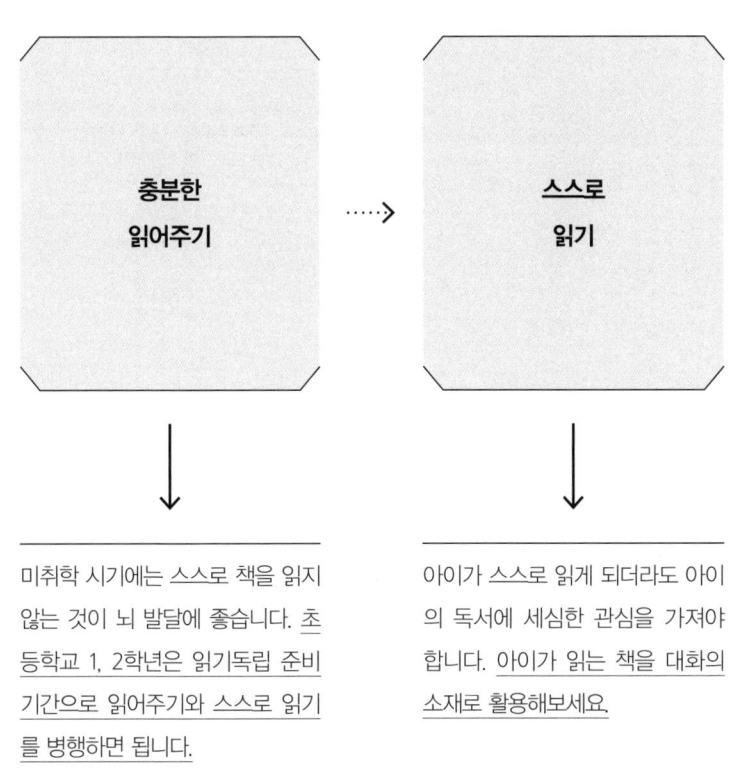

| 충분한 읽어주기 | ……> | 스스로 읽기 |

미취학 시기에는 스스로 책을 읽지 않는 것이 뇌 발달에 좋습니다. 초등학교 1, 2학년은 읽기독립 준비 기간으로 읽어주기와 스스로 읽기를 병행하면 됩니다.

아이가 스스로 읽게 되더라도 아이의 독서에 세심한 관심을 가져야 합니다. 아이가 읽는 책을 대화의 소재로 활용해보세요.

툭하면 바뀌는 입시제도, 흔들리지 않는 대처법은?

- 공부로부터 도망치고픈 고등학교 1학년
- 성적이 떨어지는 아이들의 세 가지 유형
- 내신 성적과 수능 점수는 왜 연동되지 않을까?
- 학생부종합전형의 정체
- 입시를 가장 효과적으로 돌파하는 방법

정보 | 현행 입시제도에 독서가 미치는 영향
공부머리 독서법 8 | 수능 성적을 끌어올리는 고등학생 훈련법

공부로부터 도망치고픈 고등학교 1학년

민선이는 특목고 진학을 진지하게 고민했을 정도로 뛰어난 우등생이었습니다. 성적은 초중등 내내 평균 95점 이상이었습니다. 국영수부터 예체능에 이르기까지 전 과목에서 늘 완벽한 성적을 거두었죠. 그런 민선이가 저를 찾아온 것은 고등학교 진학을 앞둔 중등 3학년 겨울방학 무렵이었습니다. 학생부종합전형의 독서 이력 관리, 논술전형에 대비해 글쓰기 실력을 쌓는 게 목표였습니다. 민선이의 언어능력 평가점수는 수능 국어영역 편집본으로 72점이었습니다. 독서 이력이 거의 없다시피 한 점을 고려하면 상당히 높은 언어능력이었습니다. 바탕이 튼튼한 아이니까 겨울방학 동안 열심히 읽으면 빠르게 성장할 수 있겠지, 내심 기대가 되더군요.

그런데 막상 수업을 시작하고 보니 생각 같지 않았습니다. 언어능력으로 봐서는 충분히 잘 읽을 수 있는 책들을 너무 대충 읽어오는 겁니다. 이유를 물었더니, 할 게 너무 많고 책도 어렵다고 하더군요. 아닌 게 아니라 민선이는 늘 피곤해했고 신경도 예민했습니다. 아직 입학도 안 했는데 벌써 스트레스를 받는 것 같았습니다. 학기가 시작되자 상태가 더 안 좋아졌습니다. 민선이는 논술 수업을 자주 빼먹었습니다. 영어·수학학원 보충 수업과 수행평가 준비가 주된 이유였습니다만 그보다는 책을 읽을 심리적 여유가 없는 게 문제였습니다.

4월 말에 중간고사를 쳤습니다. 성적이 엉망이었습니다. 전교 석차 80등. 사회, 과학 등 난생처음 60점대를 기록한 과목들이 속출했습니다. 온 집안이 발칵 뒤집혔습니다. 민선이는 시험이 끝나고 2주가 지나서야 학원을 찾았습니다. 민선이는 의외로 담담했습니다.

"모르겠어요. 그냥 공부가 너무 어려워요."

지금껏 최고의 우등생이었다는 사실이 무색할 정도로 손쉽고 빠른 체념이었습니다.

중등 1학년 때 찾아오는 1차 급변동 구간은 그 원인과 양상이 비교적 단순하고 명확합니다. 중등 교과서의 언어 수준보다 아이들의 언어능력이 낮기 때문에 대규모의 성적 하락이 발생하는 거죠. 하지만 고등 1학년 때 찾아오는 2차 급변동 구간은 이보다 훨씬 복잡하고 혼란스러운 양상을 띕니다. 언어능력뿐 아니라 멘탈과 공부 요령 등이 다양한 방식으로 성적에 영향을 끼칩니다. 그 결과 아주 혼란스러운 성적 변동이 일어납니다. 좀 과장해서 말하면 원점에서 다시 시작한다고 느껴질 정도죠. 그리고 이 혼란스러운 변동에 가장 큰 영향을 끼치는 요소는 멘탈입니다.

고등학생이 되면서 아이들은 전에는 겪은 적이 없는 스트레스 상황에 내몰리게 됩니다. 고등학교 내신 성적이 입시와 직결된다는 압박감, 친구들과의 성적 경쟁에 대한 회의감, 고등학교 공부 자체의 어려움, 우등생 그룹과 그렇지 못한 그룹에 대한 차별 등이 아이들을 전방위로 옥죄어옵니다. 중학생까지는 부모 쪽에서 애를 태웠다면 고등학생부터는 발등에 떨어진 불로 아이 쪽이 더 심각해집니다. 공부를 하려면 일단 이 극심한 스트레스 상황을 견딜 수 있어야 합니다. 멘탈이 강한 아이는 정면 돌파를 선택하지만 멘탈이 약한 아이는 심리적 회피 상태에 빠지고 맙니다.

회피의 강도는 저마다 다릅니다. 공부에 적극적으로 매달리지 않는 미온적인 경우부터 아예 공부를 놓아버리다시피 하는 극단적인 경우까지 다양한 유형이 있습니다. 회피 상태에 빠진 아이는 스스로가 도망치려 한다는 것을 모릅니다. 사람이란 기본적으로 자기 자신을 수긍해야만 살아갈 수 있는 존재인데, 자신이 도망치려 한다는 걸 의식하는 순간 스스로를 수긍하기가 힘들어집니다. 그래서 본능적으로 자신이 회피 상태에 빠지게 된 다른 이유를 찾습니다.

성적이 떨어지는 아이들의 세 가지 유형

가장 흔한 것은 '여전히 중학생' 유형입니다. 고등학교 진학을 앞둔 아이들은 스스로 마음을 가다듬습니다. 고등학교 3년 성적은 대학 입시와 직결됩니다. 지금까지는 슬렁슬렁 달려도 되는 연습 주행이었다면 이제부터는 가진 역량을 총 투입해 최선의 결과를 만들어내야 하는 본 경기입니다. 올림픽 출전을 앞둔 선수처럼 자기 자신을 가다듬으며, 지금까지보다 한층 강도 높게 공부해야 한다는 사실을 스스로에게 설득시킵니다. 그런데 '여전히 중학생' 유형에게는 이 심리적 변화 단계가 없습니다. 심리적 변화가 없으니 학습 태도의 변화도 없습니다.

중학교 때와 마찬가지로 시계추처럼 학교와 학원을 오가고, 드라마를 보고, 게임을 합니다. 평소에는 따로 공부를 하지 않기 때문에 학습계획도 세우지 않습니다. 다른 점이 있다면 시험공부 기간이 시험 전 2~3주에서 4~5주로 늘어난다는 정도입니다. 그런데 막상 시험공부를 해보면 감당이 안 됩니다. 중학교 때와는 비교도 안 될 정도로 어렵고, 학습량도 많기 때문입니다. 어, 어, 어 하다가 시험을 칩니다. 그리고 생전 들도 보도 못한 성적표를 받아들게 됩니다. 이 유형의 진짜 문제는 성적이 떨어졌다는 사실 자체가 아니라 성적이 떨어진 후의 대응입니다. 이렇게 한번 찬물을 맞고 나면 정신이 번쩍 들어서 다음을 대비해야 하는데, 그게 아니라 체념을 해버립니다. '역시 안 되는구나. 고등학교 공부는 정말 어렵구나' 하고 반포기 상태로 접어들어버리는 겁니다. 불과 서너 달 전만 해도 서울 지역 의대를 꿈꾸던 아이가 자기 성적으로 갈 수 있는 지방 대학교나 서울 안에 있는 대학 중에서도 입학 가능 성적이 가장 낮은 대학이 어딘지를 찾습니다. 다시 성적이 올라갈 수 있을 거라는 생각을 안 하는 겁니다.

이 아이들과 상담을 해보면 문제의 핵심을 쉽게 찾을 수 있습니다. 먼저 이 아이들은 자신이 최선을 다해 열심히 공부했다고 생각합니다. '밤늦은 시간까지 학원에 다니고, 학원 숙제를 하고, 시험 기간 전 4~5주 동안 미친 듯이 공부했다. 이보다 어떻게 더 열심히 하란 말이냐! 내가 공부하는 기계냐!'라고 생각합니다. 사실 아이들이 이렇게 생각하는 데에는 당연한 면이 있습니다. 초등학교 시절부터 지금까지 아이는 설명을 듣는 방식으로 공부를 해왔습니다. 공부란 '선생님 혹은 강사에게 설명을 듣고 이해한 후 암기해서 머릿속에 넣는 것'이라는 잘못된 고정 관념을 체험으로 가진 겁니다. 지금껏 그렇게 해왔고, 그렇게 해서 일정 수준 이상의 성적을 거둬왔습니다. 문제는 설명을 듣고 이해하는 방식이 근본적으로 비효율적이라는 데 있습니다. 앞서 말씀드렸듯 이 방식 자체가 고등 교과를 감당할 수 있는 방식이 아닙니다. 그러기에 고등 교과는 너무 어렵고, 양도 너무 많습니다. 그런데 아이가 아는 공부법은 이것뿐입니다. 하던 대로 최선을 다해 공부했는데 감당이 안 되니 아이도 미치고 팔짝 뛸 노릇입니다. 아이가 생각하기에 고등학생이 되어 성적이 떨어진 것은 자신의 책임이 아닙니다. 자신이 아는 한도 내에서 최선을 다했으니까요. 내 잘못이 아니면 누구 잘못일까요? 당연히 선생이나 강사의 잘못이죠. 그래서 이 유형의 아이들이 잘 하는 말이 '그 선생님은 너무 못 가르친다', '그 강사의 지도법이 나와 맞지 않는다'입니다. 성적 하락의 책임을 선생과 강사에게 떠넘깁니다. 더 뛰어난 사교육을 시키지 못하는 부모님의 잘못으로 여기는 경우까지 있죠.

고등학생이라고 하기에는 어처구니없을 정도로 비겁하고 유아적인 심리입니다. 몸은 다 자라서 어른이나 다름없는데 하는 생각은 초등학생이나 마찬가지일 정도로 퇴행적입니다. 고등학생이라면 자신이 내놓은 결과가 다른 누구도 아닌 자신의 책임이라는 것 정도는 생각할 수 있어야 합니다. 실제로 특정 과목 선생님이나 학원 선생님이 못 가르친다고 해도 그건 나를 둘러싼 여러 변수 중의 하나일 뿐입니다. 스스로 돌파해야 할 문제죠. 이 아이들의 가장 큰 문제는 이런 정도의 판단조차 할 수 없을 만큼 심리적으로 미성숙하다는 데 있습니다. 물론 아이들이 이렇게 미성숙한 것은 아이 자신만의 문제는 아닙니다. 아이들의 이런 사고방식은 교육과정 전체에 걸쳐 학습되고 체화된 것입니다. A영어학원을 다니다가 더 잘 가르친다는 B영어학원으로, C수학학원을 다니다가 더 뛰어나다는 D수학학원으로 옮겨다니면서 자연스럽게 몸에 밴 사고방식이죠. 내가 영어, 수학을 못하는 건 내 잘못이 아니라 나를 잘못 가르친 영어 강사, 수학 강사의 책임인 겁니다. 이렇게 학습하고 체화한 사고방식이 고등학생이 되어서도 그대로 발휘되는 거죠.

결국 이 유형의 아이들이 가진 문제의 핵심은 공부에 대한 잘못된 개념을 갖고 있으며, 객관적인 상황 판단을 못한다는 것입니다. 공부의 개념도, 객관적인 상황 판단 능력도 누가 알려줄 수 있는 성질의 것이 아닙니다. 스스로 생각해서 깨달아야 합니다. 그러려면 심리적인 성숙함이 필요하죠. 전인교육은 도덕적으로 올바르거나 육체적으로 튼튼한 것만을 의미하지 않습니다. 그보다 앞서 정신적으로도 성숙해야 함을 의미합니다. 정신적인 성숙함 없이 할 수 있는 일은 없습니다. 입시 역시 마찬가지입니다.

두 번째 유형은 '내 꿈을 찾아갈 테야' 유형입니다. 아이가 어느 날 갑자기 배우나 가수, 프로게이머, 웹툰 작가가 되겠다고 선언하는 것으로, 생각보다 많은 아이가 이런 양상을 보입니다. 이 유형의 아이들은 '여전히 중학생' 유형보다 훨씬 복잡미묘한 양상을 띱니다. 심리적 미성숙이나 나약함만으로는 설명할 수 없는, 나름의 타당한 고민이 녹아있습니다.

우리나라의 교육은 입시 경쟁 교육입니다. 그래서 아이들이 일찍감치 공부로 내몰립니다. 공부가 저마다의 특징을 지닌 아이들을 판단하는 거의 유일한 잣대입니다. 마치 사바나 초원의 동물들, 사자와 코끼리, 원숭이, 얼룩말, 대머리독수리를 한데 모아놓고 달리기를 제일 잘하는 동물 순으로 상을 주겠다는 것과 마찬가지입니다. 기본적으로 불합리하고 폭력적인 게임 규칙입니다.

물론 인간이 하는 일 중 상당수는 지적능력이 필요합니다. 지적능력이 해당 직종의 주요 능력을 판가름하는 경우가 많은 것도 사실입니다. 어떤 동물이든 기본 근력이 중요한 것처럼 말입니다. 문제는 학교 공부가 이런 지적능력과 어느 정도 괴리가 있다는 점과 일찍감치 공부의 중요성만을 지나치게 강조한 나머지, 아이들이 자기가 사자인지 토끼인지 고민하고 판단할 심리적 여유를 가질 수 없다는 점입니다.

자기가 누구인지 아는 것은 생각보다 어렵고도 중요한 일입니다. 다중 지능 이론에서는 이것을 '자기 이해 지능'이라고 하는데, 자기 이해 지능이 떨어지면 자신의 강점이 무엇인지 알 수 없고, 자신의 강점을 모르면 자신에게 맞는 진로를 선택할 수 없습니다. 자신이 무엇을 좋아하고 무엇을 잘하는지 모르기 때문에, 자신에게 맞지 않는 일을 선택해서 자신에게 맞지 않는 방법으로 하기 십상입니다.

자신이 누군지 진지하게 생각해본 아이가 얼마나 될까요? 일기장에 감정을 토로하는 아이, 좋아하는 것과 싫어하는 것, 잘하는 것과 못하는 것을 50가지 이상 말할 수 있는 아이가 얼마나 될까요?

우리 아이들은 중간고사, 기말고사 성적에 희비가 교차하는 일상을 반복하다가 어느 날 갑자기 고등학생이 됩니다. 그리고 문득 깨닫습니다. 3년 후면 갈 대학이 정해지고, 대학에 가고 나면 내가 어른이 돼서 할 일이 정해진다는 것을 말입니다. 그렇다고 해서 없던 자기 이해 지능이 갑자기 생기지는 않기 때문에 내 인생을 걸 진짜 꿈을 발견하기는 힘듭니다. 다만 이건 아니라는 생각이 들기 시작합니다. 지금까지 꿔 왔던 꿈, 의사, 법조인, 과학자, 외교관이 진짜 내 꿈인가 하는 회의감이 밀려듭니다.

거기에 고등학교 공부의 어려움, 경쟁에 대한 두려움, 지금 당장의 성적이 내가 갈 대학을 결정한다는 부담감이 이런 회의감을 증폭시킵니다. 진짜 내 꿈을 찾고 싶다는 절박함과 불합리한 입시지옥의 현실에서 도망가고 싶다는 마음이 뒤섞인 채로 아이는 엉뚱한 결론을 다급하게 내립니다. '그래. 내 꿈은 배우야' 하는 식으로요. 성적과 상관없는 어떤 꿈, 어릴 적부터 막연히 동경했던 삶을 성급하게 자신의 꿈으로 낙점합니다. 물론 아이는 그렇게 생각하지 않습니다. 이것이야말로 진짜 꿈이라고 굳게 믿죠. 자기 이해 지능이 낮기 때문입니다.

그리고 아이는 부모를 설득하기 시작합니다. 부모가 완강하다면 심한 가정불화를 겪을 것이고, 그렇지 않다면 설득 끝에 자신이 원하는 바를 관철시킬 겁니다. 연기학원이나 실용음악학원, 미술학원에 다닙니다. 제가 지켜본 바에 의하면 어느 쪽이든 성공하기 어렵습니다. 부모의 완강한 반대로 가정불화를 심하게 겪는 경우 아이의 성적은 곤두박질치게 됩니다. 아이는 고등학교 기간 내내 '엄마, 아빠가 내 꿈을 꺾었다'는 피해 의식에 사로잡혀 태업을 일삼을 테니까요. 아이의 뜻에 따른다 해도 결과는 비슷합니다. 아이는 자신이 막연하게 꿈꿨던 분야가 절대 만만치 않음을 이내 깨닫게 됩니다. 직접 해보면 연기가 얼마나 어려운지, 노래가 얼마나 어려운지를 몸으로 부딪히며 알게 되기 때문입니다. 그래서 이렇게 갑작스레 꿈을 바꾼 경우 짧게는 한 학기, 길게는 1년 만에 중도 포기하는 아이가 많습니다. 이미 내신 성적이 상당 폭 떨어진 후죠. 그나마 이 경우는(아이에 따라 다르긴 합니다만) 중도 포기한 이후에 공부에 매진하는 사례가 적지 않다는 게 위안거리입니다.

마지막 유형은 '해봤는데 안 되더라'형으로, 첫 번째 유형인 '여전히 중학생' 다음으로 흔한 유형입니다. 고등학교 1학년 교실에 가면 쉬는 시간에도 공부하는 아이가 꽤 많습니다. 확고한 의지를 갖고 치열하게 공부하는 아이들이죠. 이 아이들 중 상당수는 열심히 했음에도 첫 시험에서 좋지 않은 결과를 받아들게 됩니다. 고등학교 공부를 원활하게 할 수 있는 언어능력을 갖추지 못했기 때문입니다. 열심히 한 만큼 실망과 좌절도 클 수밖에 없습니다. 나는 안 되는구나, 라는 좌절감 때문에 2학기가 되면 공부에 손을 놓다시피 합니다. 공부를 아예 포기하는 것은 아니지만 적당히 해서 성적에 맞는 대학을 찾아가야겠다는 생각을 하는 거죠.

지금까지 고등학생이 되어 성적이 떨어지는 아이들의 멘탈 유형을 살펴보았습니다. 사실 이보다 훨씬 많은 유형이 있습니다만, 원인은 대부분 이 세 유형에서 크게 벗어나지 않습니다. 정신적 미성숙함, 돌파력 부재, 두려움이죠. 저는 이 책에서 독서를 철저히 학습적 관점에서만 다루고 있습니다. 그런데 여기서만큼은 학습적인 관점에서 살짝 벗어난 이야기를 해보겠습니다. 독서와 멘탈에 관한 이야기 말입니다.

몸이 그렇듯 멘탈도 타고납니다. 어떤 아이는 낙천적이고 대범한 성격을, 어떤 아이는 소심하고 예민한 성격을 타고나죠. 하지만 이런 차이는 '고등학교의 학습 스트레스를 견딜 수 있느냐 없느냐'와는 별 상관이 없습니다. 타고난 멘탈이 어떻든 간에 중요한 것은 상황을 객관적으로 관찰하고 판단할 수 있는 정신적 성숙함, 생각을 활용하는 힘입니다. 왜냐하면 이 힘이 감정을 올바른 방향으로 이끌어주기 때문입니다.

우리는 흔히 사춘기를 '중2병'이라고 부르며 부모에게 반항하고, 짜증을 부리는 시기 정도로 생각합니다. 하지만 실제로는 급격한 정신적 성숙이 일어나는 매우 중요한 시기입니다. 내 몸이 어른이 되어가고 있다는 자의식을 바탕으로 나는 어떤 사람이고, 이 세상은 어떤 곳이며, 어떤 삶을 살 것인가를 정립하는 시기, 정신적인 독립이 일어나는 시기지요. 사춘기를 어떻게 보내느냐에 따라 정신적으로 성숙한 사람이 되느냐, 몸만 큰 아이가 되느냐가 결정됩니다. 질이 낮은 사춘기를 보내는 아이들은 여기저기 마구 감정을 분출합니다. 예를 들어 부모의 별것 아닌 한마디에 버럭 성질을 부리고 제 방으로 들어가 버리는 식입니다. 이 아이들은 자신이 왜 짜증을 내는지도 모릅니다. 자신은 부모의 한마디 때문에 짜증을 낸다고 생각하지만, 사실은 학교에서 기분 나쁜 일이 있었거나 공부 때문에 스트레스를 받았기 때문입니다. 심지어 내 기분이 나쁘니 부모에게 짜증을 부려도 된다고 생각하기도 합니다.

잘못된 사춘기의 또 다른 특징은 자신이 알 만큼 안다고 생각한다는 것입니다. '엄마, 아빠가 뭘 알아?'라는 대사가 사춘기의 대명사가 된 것도 바로 이런 이유 때문입니다. 자기는 다 알기 때문에 자신의 얕은 생각이 옳다는 터무니없는 확신을 합니다. 청소년 특유의 아집을 갖게 되는 거죠. 이렇게 질 나쁜 사춘기를 보내는 아이들은 사춘기가 지나도 여전히 어린애처럼 생각합니다. 특별한 계기가 없는 한 이런 아이들은 어린애 같은 사고방식에서 벗어날 수 없습니다.

반면 질이 높은 사춘기를 보내는 아이들은 자신이 왜 이렇게 짜증이 나는지에 대해 생각합니다. 예전에는 당연하게 여겨졌던 부모의 잔소리가 왜 견딜 수 없게 됐는지를 생각하다 보면 자신이 본인의 의지가 아닌 타인의 의지대로 살고 있다는 걸 깨닫습니다. 내 몸은 자라 어른이 되었는데 나의 상황은 여전히 초등학생 때와 다를 바 없다는 것, 그 괴리 때문에 짜증이 난다는 걸 깨닫습니다. 그리고 그 중심에는 학교와 부모님이 있음을 알게 되죠. 학교는 왜 나를 옥죄고 부모님은 왜 나의 일거수일투족을 간섭하는지에 대해 고민합니다. 이런 식으로 자신을 둘러싼 현실에 대해 깊이 고민하다 보면 자신의 힘으로 바꿀 수 있는 것과 없는 것이 무엇인지 판단할 수 있습니다. 그렇게 생각을 확장해나가면서 아이는 자신이 세상과 팽팽한 줄다리기를 하고 있다는 것을 깨닫습니다. 엄마는 엄마대로, 아빠는 아빠대로 세상과 줄다리기 중이란 것도 알게 되죠. 그 과정에서 아이는 자신이 한 명의 개인임과 동시에 세상을 살아가는 여러 사람 중의 한 명이라는 것을 느낍니다. 있는 그대로의 자신을 과장 없이 의식할 수 있습니다.

아이는 자기 자신과 세상을 더 잘 알기 위해, 다른 이들의 줄다리기를 엿보기 위해 책을 펼칩니다. 사춘기에 접어들어 과학책이나 철학책에 빠지는 아이들이 있는 이유가 바로 이것입니다. 그런 아이들은 압니다. 세상에는 나보다 훨씬 뛰어난 사람들이 많고, 그들로부터 생각하는 법을 배워야 한다는 사실을 말입니다.

질 낮은 사춘기를 보낸 아이들은 고등학교 1학년이라는 현실을 객관적으로 파악하고 판단할 힘이 없습니다. 입시 성공을 실제보다 훨씬 어려운 일로 생각합니다. 그래서 두려움에 사로잡히고, 억울해하며, 잘못된 감정적 대처를 하게 되죠. 질 높은 사춘기를 보낸 아이들은 불합리하지만, 누구나 겪을 수밖에 없는 입시 경쟁의 현실이 변할 수 없는 상수라는 걸 압니다. 그래서 그 틈바구니 안에서 내가 할 수 있는 일을 찾아내서 합니다. 원하는 목표를 세우고, 그 목표를 쟁취할 방법을 찾아 실행합니다.

언어능력은 단순히 글을 읽고 이해하는 능력 이상의 의미가 있습니다. 언어능력이 높다는 것은 이치에 맞게 꼼꼼하게 따져 생각할 수 있는 능력을 갖추었다는 의미이기도 합니다. 언어능력이 높은 아이는 자신이 처한 현실, 당면한 문제에 대해 합리적인 해결책을 판단할 능력이 있습니다. 훌륭한 사춘기는 높은 언어능력의 기반 위에서만 가능합니다. 더불어 원하는 목표를 성취할 수 있게 해주는 강력한 엔진이기도 하죠. 언어능력이 높은 아이에게는 '했는데 안 되더라'가 없습니다. 하면 됩니다.

2차 급변동 구간의 대혼돈은 멘탈의 다양한 변주 때문에 만들어집니다. 언어능력이 멘탈의 필수조건은 아닐지 몰라도 멘탈의 충분조건인 것은 틀림없는 사실입니다.

내신 성적과 수능 점수는 왜 연동되지 않을까?

한국의 입시제도는 꼭 수많은 헝겊 쪼가리를 기워 붙여놓은 옷 같습니다. 이렇게 바꾸고, 저렇게 바꾸고 끝도 없이 손을 대다 보니 이제는 입시제도 자체가 난해한 논문처럼 알쏭달쏭해져 버렸습니다. 입시 전형의 종류는 일일이 셀 수도 없을 정도로 많아졌고, 합격자 수를 산정하는 셈법은 신물이 날 만큼 복잡합니다. 입시 준비는 둘째 치고 입시제도를 이해하기 위해서 사교육 강사들의 설명회를 꼼꼼히 메모하며 들어야 할 정도입니다.

이렇게 미적분만큼이나 난해한 입시제도를 만들어놨으면 결과라도 좋아야 하는데 실상은 참담하기 이를 데 없습니다. 교육이 계층 사다리의 역할을 상실했다는 것은 이제 누구도 부인하지 않는 사실이 되었습니다. 개천이 말라 비틀어져 용이 나질 않습니다. 입시제도가 난해해지면 난해해질수록 사교육은 더 극성을 부리고, 아이들의 학습 부담은 한결 더 커졌습니다. 고등학교는 특목고, 자사고, 일반고로 서열화되었고, 같은 대학 안에서도 특목고 출신이냐, 농어촌 전형이냐를 놓고 계급을 나눌 정도로 아이들은 유치하고 치졸해졌습니다. 교육 평등은 사실상 붕괴되었고, 전인교육은 지나가던 개가 웃을 말이 돼버렸습니다.

입시제도가 그때그때 마구잡이로 바뀌는 것 같지만 사실은 그렇지 않습니다. 강물이 바다를 향해 흐르듯 입시제도의 변화에도 일정한 방향성이 있습니다. 이해를 돕기 위해 지난 20여 년간 입시제도가 어떻게 변해왔는지부터 살펴보도록 하겠습니다.

입시제도는 크게 3세대로 나눌 수 있습니다. 학력고사 세대, 수능 세대, 학생부종합전형 세대. 이 큰 흐름을 불러온 것은 신임 대통령의 남다른 교육철학이나 교육부 주요 당국자들의 갑작스러운 의사 결정이 아닙니다. 시대가 필요로 하는 인재상이 변했기 때문입니다.

1982년부터 1993년까지 시행된 학력고사는 '고등학교 3년 통합 내신시험'이라고 할 수 있습니다. 중간고사, 기말고사처럼 교과의 내용을 묻는 시험인데, 시험범위가 고등학교 3년 치 통째인 거죠. 이 시험의 목표는 '배운 내용을 얼마나 잘 알고 있는가?'를 측정하는 겁니다. 당시 우리나라는 개발도상국이었기 때문에 새로운 것을 만들어내는 능력보다 선진국이 이미 만들어놓은 것을 배워서 도입하

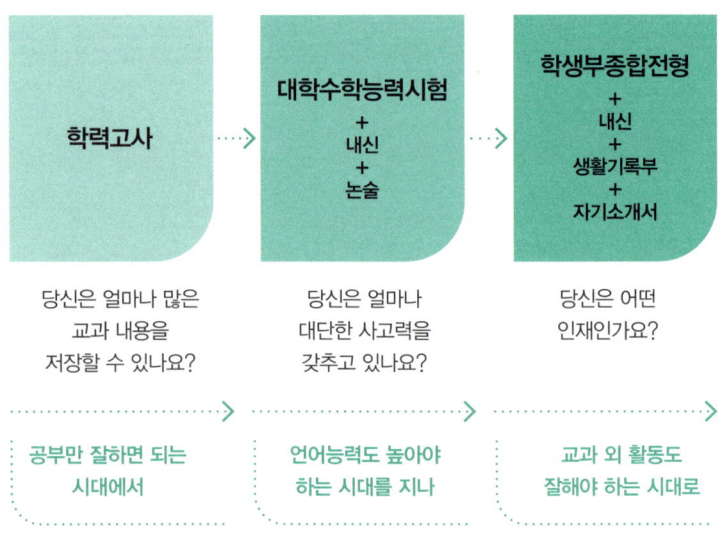

는 능력이 중요했습니다. 그러니 필요로 하는 인재상도 잘 배우는 인재였습니다. 학력고사는 나름대로 당시 시대의 요구에 부합하는 시험이었던 셈입니다.

그런데 사회가 발전하고 복잡해지면서 필요한 인재상이 바뀌었습니다. 단순히 있는 그대로 배울 줄 아는 인재보다 생각해서 변용 발전시킬 줄 아는 인재, 한마디로 생각할 줄 아는 인재가 필요해졌습니다. 그래서 나온 시험이 '대학수학능력시험'입니다. '수학능력'은 '학문을 수행하는 능력'을 뜻하고, 학문을 수행하는 도구는 언어입니다. 수학능력시험은 언어능력을 기반으로 하는 시험입니다. 학력고사가 '배운 걸 얼마나 많이 알고 있니?'를 물어보는 시험이라면, 대학수학능력시험은 '너 이 문제를 해결할 수 있니?'를 물어보는 시험이죠. 물론 대학수학능력시험 안에는 고등 교과의 내용이 상당히 많이 포함됩니다. 하지만 묻는 방법이 다릅니다. 단도직입적으로 '이것을 아느냐?'고 묻지 않고 '네가 아는 것들을 이용해서 이 문제를 해결할 수 있느냐?'를 묻는 방식입니다. 그래서 고등 교과를 손바닥 훑듯이 아는 아이가 대학수학능력시험을 망치거나, 상대적으로 고등 교과를 잘 모르는 아이가 대학수학능력시험에서 큰 성공을 거두는 일이 비일비재하게 일어납니다.

현행 학생부종합전형 역시 시대가 필요로 하는 인재상이 다시 한번 바뀌었기 때문에 등장한 입시 전형입니다. 그 인재상이 무엇인지에 대해서는 뒤에 다시 다루도록 하고 여기서는 먼저 수학능력시험의 특징을 살펴보도록 하겠습니다. 학력고사는 사라졌지만 잘 배우는 능력은 내신을 통해 여전히 입시에 반영돼있습니다. 마찬가지로 학생부종합전형이 주류 입시제도가 되었지만, 수학능력시험 점수가 낮으면 입시의 관문을 통과하기 힘듭니다. 생각할 줄 아는 능력은 여전히 중요하고, 앞으로도 그 점은 바뀌지 않을 겁니다.

정상적인 교육이라면 수능 성적과 내신 성적이 연동되어야 합니다. 학업을 수행할 수 있는 능력이 뛰어난 아이가 실제로도 학업을 더 잘 수행하는 것이 당연하니까요. 하지만 사교육 기반의 비정상적인 한국 교육현실에서는 수능 성적과 내신 성적이 연동되지 않는 경우가 많습니다. 학업을 수행하는 능력에 비해 실제 성적이 더 뛰어난 아이들이 많기 때문입니다. 바꿔 말하면 뛰어난 내신 성적에도 불구하고 수능을 망쳐 입시에 실패하는 아이들이 많다는 뜻입니다. 강현이와 도윤이도 그런 경우였죠.

친구 사이인 두 아이는 같은 사립초등학교 출신으로 어렸을 때부터 꾸준히 최고 수준의 사교육을 받았습니다. 중학교 졸업 당시에는 전 과목 1~2등급에 해당하는 우수한 성적을 거두었고, 특히 영어, 수학 성적이 발군이었습니다. 공부를 잘하는 만큼 두 아이 모두 고등학교 공부에 대해서도 별다른 두려움이 없었습니다. 두 아이의 미래를 걱정하는 건 저 혼자뿐이었죠. 둘 다 책을 못 읽었고, 다른 과목에 비해 국어 성적이 낮았으며, 언어능력 평가점수도 형편없었기 때문입니다. 중학교 졸업 당시 치른 언어능력 평가에서 중등 2학년 평균 수준의 점수가 나왔는데, 고등학교 교과를 원활하게 감당할 수 있는 언어능력이 아니었습니다. 과목별로 최고 수준의 과외 선생님들이 있으니 내신 성적은 어찌어찌 버틸 수 있을지 몰라도 대학수학능력시험에서 낭패를 볼 게 불을 보듯 뻔했습니다. 저는 두 아이에게 그런 점을 일러주고 언어능력을 올릴 수 있는 내신 공부법을 가르쳐주며 꼭 실천하라고 당부했습니다. 아이들은 자신만만한 표정으로 걱정하지 말라고 하더군요.

두 아이가 저를 다시 찾아온 것은 고등 3학년 1학기 무렵이었습니다. 두 아이는 2차 급변동구간을 지나면서 성적이 꽤 많이 떨어졌습니다. 미취학일 때부터 최고 수준의 사교육을 받아온 영어, 수학만큼은 여전히 1등급이었지만 나머지 과목에서 성적을 왕창 까먹은 겁니다. 대학수학능력시험 모의고사 점수는 더 심각한 상태였고요. 결국 둘 다 수능 시험에서 실패했습니다. 국어, 사회, 과학 영역에서 50~60점대를 기록한 것은 물론이고 내신이 1등급인 영어, 수학 영역조차 3~4등급을 기록했습니다. 당연히 원하는 대학에 갈 수 없었습니다. 미취학 시절부터 이어온 최고 수준의 사교육이 물거품이 되고 말았습니다.

내신 영어와 수능 영어는 시험의 성격이 완전히 다릅니다. 내신 영어는 해석을 완벽하게 하면 좋은 성적을 거둘 수 있습니다. 하지만 수능 영어는 해석을 완벽하게 하고도 틀릴 수 있습니다. 수능 영어는 지문이 영어로 돼있는 국어시험이기 때문입니다. 한글을 읽고 쓸 줄 알면서도 수능 국어시험 문제를 틀리는 것과 같은 원리로 영어를 멀쩡히 해석하고도 틀리는 거죠. 수능 수학 역시 마찬가지입니다. 사고력을 발휘하지 못하면 무슨 공식을 어떻게 대입해야 하는지부터 판단할 수 없는 문제가 많습니다. 다른 영역들도 모두 그렇습니다. 수능은 교과의 내용을 알기만 한다고 풀 수 있는 시험이 아닙니다. 높은 수준의 사고력이 뒷받침되어야 합니다. 여기서 말하는 사고력이 바로 언어능력이죠.

실제로 국어영역은 수능 성적의 척도 역할을 합니다. 국어영역의 성적이 높은 아이는 내신 성적에 비해 수능 성적이 전체적으로 높게 나옵니다. 반대로 국어영역의 성적이 낮은 아이는 내신 성적 대비 수능 성적이 전체적으로 낮게 나옵니다. 그런데 이 수능 국어영역 점수를 올리는 것이 하늘의 별 따기처럼 어렵습니다. 국어학원에 다니고, 수능 국어영역 특강을 듣고, 고액 사교육을 받아도 점수는 좀처럼 오르지 않습니다. 사실 제대로 된 방법만 쓴다면 수능 국어영역 점수를 올리는 것은 그다지 어려운 일이 아닙니다. '3장

이야기책은 어떻게 성적을 올리는가'에서 살펴보았듯 책을 읽으면 됩니다. 2주에 한 권씩 1년만 읽어도 엄청나게 점수를 올릴 수 있습니다. 등잔 밑에 가장 효과적인 방법이 있는데 엉뚱한 데서 답을 찾으니 문제가 해결될 리 없죠.

학생에게 언어능력은 운동선수의 근력과 같습니다. 제아무리 기술이 좋고, 멘탈이 강한 운동선수도 기본 근력이 따라주지 않으면 좋은 성적을 기대할 수 없습니다. 마찬가지로 언어능력이 뒷받침되지 않은 학생은 입시에 성공할 수 없습니다. 최고 수준의 사교육과 불타는 집념, 오랫동안 갈고 닦은 학습 요령으로 어찌어찌 버텨서 기적적으로 내신 성적을 잘 딴다 하더라도(물론 이것도 거의 불가능에 가까운 일이지만) 대학수학능력시험이라는 산에 가로막힐 수밖에 없는 겁니다. 그런데 초등학교부터 입시까지 전국 대부분의 아이가 이런 방식으로 공부합니다. 그러면 좀 더 비싼 사교육을 좀 더 많이 받은 아이가 상대적으로 더 높은 성적을 거둘 수밖에 없습니다. 그래서 계급이 대물림되는 교육 불평등이 고착화되는 겁니다. 하지만 교육법을 독서 위주로 전환하면 이야기는 완전히 달라집니다. 개천에서 났던 용들이 대부분 독서광이었다는 걸 잊지 마세요. 내신도, 수능도 독서 기반 교육이 답입니다. 학생부종합전형 시대에는 더더욱 그렇죠.

학생부종합전형의 정체

현행 입시제도에서 가장 큰 비중을 차지하는 학생부종합전형은 학생부(내신 성적 포함)와 자기소개서, 면접, 수능 최저학력기준 등을 총합해 학생의 자질을 판단하는 제도입니다. 앞서 살펴보았듯 입시제도의 변화는 시대가 필요로 하는 인재상이 바뀌었다는 것을 의미합니다. 경제적으로 이미 선진국 반열에 오른 우리나라가 필요로 하는 인재상은 어떤 것일까요? 학생부종합전형의 평가 요소를 통해 한번 살펴보겠습니다.

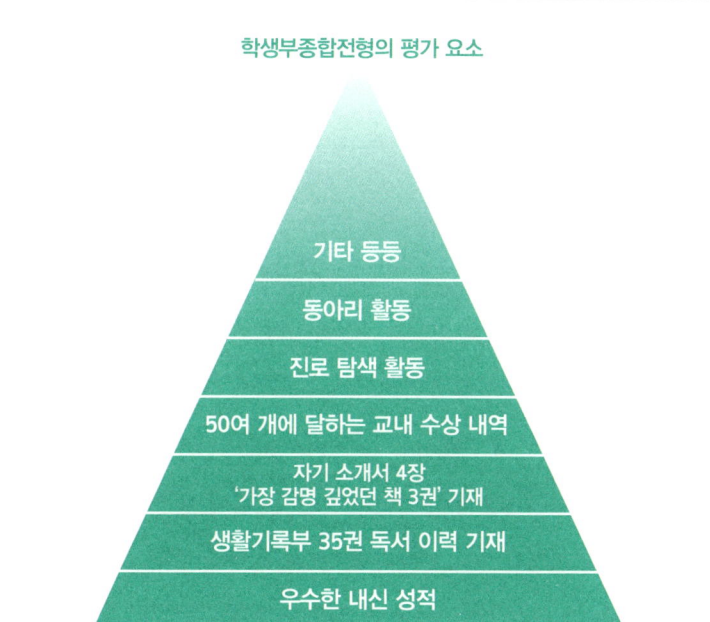

스티브 잡스 Steve Jobs 1955-2011	글로벌 리더 Global Leader = Global Reader	빌 게이츠 Bill Gates 1955-
중학생 때, 주파수 키트를 조립하다 필요한 부품이 부족하자 휴렛팩커드 창업자인 윌리엄 휴렛에게 전화해 부품을 받아냄	자기소개서	어린 시절부터 컴퓨터 프로그래밍에 몰입, 달착륙 게임 등 여러 게임을 만듦
어린 시절부터 전자기기에 몰입, 각종 과학경진대회 참가	수상 내역	고등학생 시절, 수업 배치 프로그램을 개발해 학교에 공급
고등학생 시절, 스티브 워즈니악과 함께 장거리 전화를 공짜로 걸 수 있는 장치 '블루박스' 사업을 벌임	동아리 활동	고등학교 3학년, 폴 앨런과 함께 프로그램 회사 '트래프 오 데이터' 창업
"세상에서 내가 가장 좋아하는 것은 책과 초밥이다."	생활기록부 독서	"오늘의 나를 있게 한 것은 우리 마을 도서관이다. 하버드 졸업장보다 소중한 것은 독서를 하는 습관이다."

저는 이 평가 기준을 보자마자 스티브 잡스나 빌 게이츠 같은 글로벌 리더들이 떠올랐습니다. 왜냐하면 이 평가 요소들은 누가 봐도 글로벌 리더들의 청소년기를 계량화해놓은 것이기 때문입니다.

'스티브 잡스 10만 양병설'이라는 웃지 못 할 구호가 등장한 적이 있었는데, 그 말이 농담이 아니었던 거죠. 좀 더 현실적으로는 기존의 교육 시스템을 통해 양성된 인재들에 대한 일선 산업 현장의 불만의 목소리도 한몫했습니다. 소위 명문대 출신 엘리트 중에 조직 문화에 적응하지 못하고, 돌파력도 없는 인재들이 많아 '도련

님형 인재', '공주님형 인재'라는 신조어가 생겼을 정도니까요. 공부만 잘하는 인재들이 실무에서는 상당한 약점을 보이더라는 거죠.

덕분에 입시를 준비하는 아이들은 해야 할 게 더욱 많아졌습니다. 공부는 기본에, 책을 읽고 독후감을 써야 하고, 교내 대회란 대회는 모조리 참가해야 하며, 동아리 활동도 필수적으로 해야 합니다. 정말 난감합니다. 공부할 시간을 빼앗기는 것도 빼앗기는 거지만 더 큰 문제는 이 평가 요소들을 스스로의 힘으로 충족하기가 힘들다는 점입니다. 상위권 대학에 가려면 독후 활동의 도서 목록이 중요합니다. 일단 어느 정도 수준이 있는 책이어야 하고, 자신이 어떤 지적 호기심을 가진 사람인지 드러낼 수 있도록 목록을 구성해야 합니다. 책이라고는 읽어본 적이 없는 아이에게는 어마어마한 장벽입니다. 일단 대부분의 아이가 수준이 어느 정도 되는 책을 읽고 이해할 능력이 부족합니다. 꾹 참고 읽어도 무슨 내용인지 알기 힘들고, 지적 호기심을 갖고 책을 읽어본 경험 자체가 없어서 어떤 책을 선택해야 할지도 알 수 없습니다. 상황이 이렇다 보니 독후 활동을 포함한 생활기록부를 관리해주는 전문 컨설턴트가 우후죽순 등장하게 되었습니다. 입시제도는 '독서를 기반으로 하는 창의적 인재상'을 뽑는 방식으로 바뀌었는데, 실제 운용은 사교육의 블루오션 개척으로 귀결되었습니다. 이런 컨설턴트 중 상당수는 독서 목록뿐 아니라 교내 대회에 출품할 작품 관리와 학생부에 강조해서 기재해야 할 내용을 정해주고 이 모든 요소를 하나의 이야기로 엮어 멋들어진 자기소개서까지 만들어줍니다. 한마디로 학생부의 A부터 Z까지 전방위적인 분칠을 해줍니다.

부모와 아이에게 이 제도는 쓸데없이 해야 할 것만 많은 성가신 제도에 불과합니다. 전문가의 도움 없이는 입시를 통과하는 게 더 힘들어져 버렸습니다. 제도 자체가 나빠서가 아니라 제도가 불러온 실제 현상이 그렇다는 거죠.

물론 입시제도는 또 바뀔 수 있습니다. 하지만 이 방향성은 달라지지 않을 겁니다. 글로벌 리더형 인재가 필요한 것은 바뀔 수 없는 사실이기 때문에 입시제도가 어떻게 바뀌어도 이런 식의 곤란함은 존재할 수밖에 없습니다. 그러면 어떻게 준비해야 할까요? 남들 하는 것처럼 입시 컨설턴트의 도움을 받아 학생부에 분칠을 하는 게 유일한 방법일까요? 아닙니다. 그보다 더 쉽고 확실한 방법이 있습니다. 진짜 '글로벌 리더형 인재', 독서를 기반으로 한 창의적 인재가 되는 것입니다.

입시를 가장 효과적으로 돌파하는 방법

글로벌 리더들은 독서가입니다. 실제로 글로벌 리더들은 하나같이 '지금의 자신을 만든 것은 독서'라고 강조합니다. 페이스북 창업자인 마크 저커버그는 지금도 독서 클럽 활동을 하고 있고, 빌 게이츠는 1년 중 한 달을 아예 휴식 기간으로 정해 집중적으로 독서에 매달리며, 투자의 귀재 워런 버핏은 매일 오전을 책을 읽으며 보냅니다. 어려서부터 시작된 독서 습관이 성공한 사업가가 된 후에도 계속 이어집니다.

　이들이 이렇게 책을 읽는 것은 그저 교양을 쌓으려는 목적이 아닙니다. 책을 통해 생각을 단련하고, 세상을 읽기 위해서입니다. 그렇게 읽은 한 권 한 권이 자신의 역량에 엄청난 힘이 된다는 걸 어려서부터 체험으로 알고 있는 거죠. 이것이 학생부종합전형의 주요 판단 요소 중 하나가 독서 이력인 이유입니다. 특목고나 명문 자사고가 좋은 이유 중 하나도 여기에 있습니다. 책을 읽어야 하는 수업이 일반 고등학교보다 훨씬 많거든요. 핀란드의 교육이 세계 최고일 수 있는 이유는 책을 읽어야 하는 수업을 교육과정 내내 하기 때문입니다.

　어린 시절부터 이어진 자발적이고 집중적인 독서는 언어능력을 비약적으로 발전시킵니다. 스티브 잡스의 경우에서 알 수 있듯 이들은 독서를 통해 초등 4학년 때 고등 2학년의 언어능력을, 그러니까 자신의 연령대보다 훨씬 높은 언어능력을 갖춥니다. 이렇게 높은 언어능력을 가진 아이에게 교과서는 자신이 읽는 수많은 책 중 일부에 불과합니다. 고등 2학년이 초등 4학년 공부를 하는 셈이니 학교 공부가 공부랄 게 없습니다. 수업을 듣고, 교과서를 한 번 읽으면 끝이죠. 공부에 많은 시간을 뺏기지 않기 때문에 진짜 하고 싶은 것들을 할 물리적, 심리적 여유를 갖게 됩니다. 저 하고 싶은 것을 다 할 수 있습니다. 빌 게이츠는 컴퓨터 프로그래밍에 빠져 살았고, 스티브 잡스는 무전기 키트 조립을 좋아했습니다. 하고 싶어서 하는 일이다 보니 실력이 금세 늘고 관련 상도 많이 받게 됩니다.

이것을 제도화한 것이 학생부종합전형의 '교내 수상 내역'과 '동아리 활동'입니다.

뛰어난 언어능력을 갖춘 독서형 인재는 학생부종합전형의 평가 요소들을 따로 준비할 필요가 없습니다. 독서 이력에 자기가 읽는 책 제목을 그냥 쓰면 됩니다. 동아리 활동과 교내 수상 내역은 자기가 진짜 관심을 두는 분야이기 때문에 가장 많은 시간을 기꺼이 투자하죠. 이 역시 문제 될 게 없습니다. 공부는 어차피 어려워해 본 적이 없습니다. 언어능력이 뛰어나기 때문에 아주 짧은 시간에 효율적으로 끝낼 수 있습니다.

반면 연령대 적정 수준의 언어능력조차 갖추지 못한 아이에게는 이것이 최악의 입시 지옥입니다. 일단 언어능력이 낮기 때문에 24시간 공부에만 매달려도 좋은 성적을 내기 힘듭니다. 그런데 책도 읽어야 합니다. 툴툴대며 책을 펼쳤는데 첫 페이지부터 무슨 소리인지 도무지 알 수가 없습니다. 책을 대충 훑어본 후 인터넷으로 책 내용을 찾아보고 대충 독후감을 써서 제출합니다. 독서 이력 제출이 책을 읽는 게 아니라 처리해야 할 행정 업무가 돼버립니다. 게다가 공부할 시간도 모자란 판에 동아리 활동도 해야 합니다. 게임이나 채팅 말고는 딱히 취미도 없고 관심 가는 분야도 없습니다. 진로를 생각해서 대충 동아리에 듭니다. 이 역시 공부시간을 빼앗는 과외 활동이 돼버립니다. 여기에 학생부종합전형에 맞춰 급조된 각종 교내 대회에도 참가해야 합니다. 이런 일에 시간을 빼앗기다 보면 어느새 시험기간이 돌아옵니다.

언어능력이 뛰어난 독서형 인재에게는 쉽고 자연스러운 일이

언어능력이 낮은 아이에게는 도저히 감당할 수 없는 일이 돼버립니다. 그런데 지금의 고등학생 절대다수는 후자에 속합니다. 조기 교육과 사교육의 광풍 속에 언어능력이 뛰어난 독서형 인재는 멸종되다시피 했으니까요. 자기 연령대 적정치의 언어능력만 갖고 있어도 뛰어난 축에 속할 정도입니다. 이렇게 되면 남은 방법은 하나밖에 없습니다. 뛰어난 강사에게 맡겨 학생부를 그럴듯하게 꾸며내는 거죠. 누가 더 뛰어난 컨설턴트에게 의뢰할 수 있는가가 학생부종합전형의 새로운 변수가 되는 겁니다. 이것이 바로 현행 입시제도가 교육 불평등을 강화하는 기제입니다.

글로벌 리더들이 저 할 것 다 하면서 명문대에 갈 수 있었던 것은 그들이 특별했기 때문에 가능했던 것 아니냐고요? 맞습니다. 그들은 특별했습니다. 그런데 그들을 특별한 존재로 만든 건 유전자가 아니라 책이었습니다. 독서는 현행 입시제도를 가장 효과적으로 돌파하는 방법입니다. 앞으로도 계속 그럴 것입니다.

현행 입시제도에 독서가 미치는 영향

현행 입시제도의 평가 요소는 크게 내신, 대학수학능력시험, 학생부로 이루어져 있습니다. 독서를 통해 언어능력을 기르지 않으면 그 어느 항목도 높은 점수를 받기 어렵습니다.

내신
언어능력이 높다는 것은 성능 좋은 자동차를 타고 경주에 임하는 것!

중등 우등생들이 고등학교 진학과 동시에 성적이 떨어지는 이유는 어려운 교과서 때문입니다. 교과서 논리의 복잡성, 정보량 등이 중학교 교과서의 7~8배에 이릅니다. 언어능력이 낮으면 내신 성적을 제대로 받을 수 없습니다. 통합사회와 통합과학 수업을 하게 되면 그 중요성은 더욱더 커집니다.

대학수학능력시험
낮은 언어능력은 수능 점수를 끌어내리고 높은 언어능력은 수능 점수를 끌어올린다

대학수학능력시험은 언어능력 기반 시험입니다. 언어능력이 낮으면 아는 게 아무리 많아도 많은 문제를 틀리게 됩니다. 영어 해석을 멀쩡하게 다 해놓고도 정답을 맞히지 못하는 일을 겪지 않으려면 언어능력을 기르는 게 필수입니다.

학생부
글로벌 리더는
Global Reader다

주요 평가 기준 중에 독서 목록과 교내 수상 내역이 포함된 학생부종합전형이나 논리적 글쓰기 능력이 필요한 논술전형은 물론 기타 전형들도 높은 언어능력을 요구합니다. 높은 언어능력 없이 자기소개서를 잘 쓰고, 면접을 잘 본다는 건 불가능한 일이나 마찬가지니까요.

수시전형에 꼭 필요한 언어능력

학생부
- 독서 이력
- 창의 체험과 연결된 독서 활동으로 진정성 확보
- 각종 대회 수상 내역
  (독서 대회, 토론 대회, 논술 대회, 보고서 쓰기, 논문 쓰기 등)

자기 소개서
- 차별화된 글솜씨
- 독서를 통한 전공 적합성 증명
- 진로 계획 작성

면접
- 서류 기반 면접
  (독서 면접 포함)
- 제시문 활용 면접
- 토론 면접
- 인·적성 면접

대학별 전형
- 논술고사
- 적성고사
  (국어에 독서, 문학 포함)
- 원고 작성이 필요한 실기

공부머리 독서법 8 – 수능 성적을 끌어올리는
고등학생 훈련법

이미 고등학생인데 내신 성적에 비해 수능 모의고사 성적이 낮게 나오면 난감해집니다. 내신은 공부하면 오르지만 수능은 학습한다고 곧바로 오르지 않기 때문입니다. 단기간에 수능 맞춤형으로 언어능력을 끌어올릴 수 있는 방법이 있습니다. 기출 수능 국어영역의 지문을 필사하는 것입니다. 수능 국어영역 50점대인 학생의 경우 이 방법을 두 번 정도만 제대로 반복해도 60~70점대까지는 바로 올릴 수 있습니다. 매일 조금씩 꾸준히 한다면 내신 성적보다 높은 수능 점수를 기록할 수 있습니다.

수능 대비 언어능력 훈련법

대학수학능력시험 국어영역 기출문제 풀기	대학수학능력시험 국어영역을 풉니다.
채점 후 약한 부분 찾기	대화문, 논설문, 설명문, 소설, 시 중 어느 지문의 문제를 많이 틀렸는지 확인합니다.
많이 틀린 지문 세 개를 골라 세 번씩 필사하기	설명문이 많이 틀렸다면 설명문을, 소설을 많이 틀렸다면 소설 지문을 세 번씩 베껴 적습니다.
다른 년도 수능 국어영역 풀기	5~10점 정도 평가점수가 오릅니다.

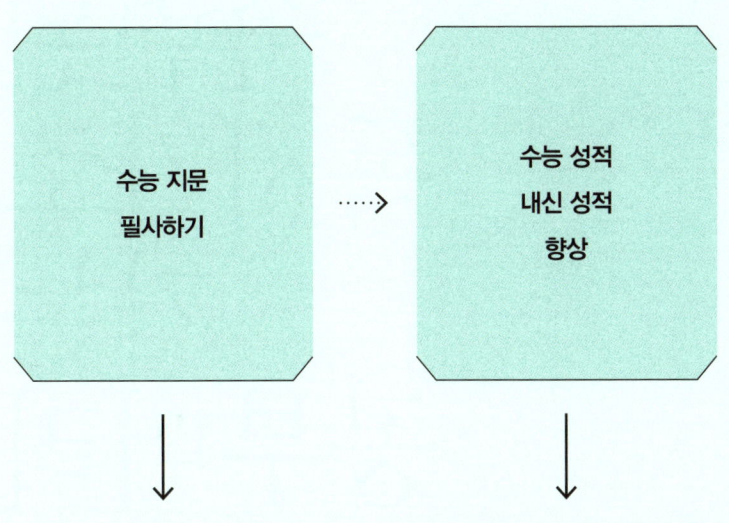

필사를 하면 아이의 언어 수준이 수능 국어영역 지문의 언어 수준으로 올라갑니다. 단발성으로 끝내지 말고 주기적으로 꾸준히 하면 큰 효과를 볼 수 있습니다.

해독할 수 있는 언어 수준이 올라가면 수능 국어영역 성적과 내신 성적이 오릅니다. 수능 국어영역 지문의 언어 수준이 고등 교과서의 언어 수준보다 높기 때문입니다.

2부

숙련된 독서가로 가는 공부머리 독서법

공부를 잘하는
가장 확실한 방법은
숙련된 독서가가 되는 것입니다.
숙련된 독서가는
유능한 팀원이 10명쯤 딸린
특급 음식점의 주방장과 같습니다.
빠른 시간 안에,
큰 힘 들이지 않고
교과서의 내용을 요리할 수 있습니다.
생각만큼 어려운 일은 아닙니다.
우리 아이가
숙련된 독서가로 거듭나는 데는
지식도서 세 권이면 충분합니다.

01

지식은 외우는 것이 아니라 깨닫는 것

- 모든 것에 '왜?'라고 물을 수 있는 능력
- 《플랜더스의 개》에서 《코스모스》로
- 지식도서 다독가는 강제로 만들 수 없다

정보 | 지식을 내면화하는 인터넷 백과사전 활용법
공부머리 독서법 9 | 인터넷 백과사전과 함께 읽는 청소년 지식도서 기본 독서법

모든 것에 '왜?'라고
물을 수 있는 능력

독서 경험이 부족한 초보 독서가는 지식도서를 잘 읽지 못합니다. 지식에 대한 호기심이 특별히 강한 경우가 아니라면 이야기책 읽기를 통해 독서 훈련을 충분히 한 후 지식도서 독서를 시작하는 것이 바람직합니다.

이야기책 읽기는 나를 발견하는 독서입니다. 작품을 통해 타인의 삶을 대리 경험함으로써 사람에 대해, 나에 대해 더욱 깊은 차원에서 이해할 수 있게 됩니다.

반면 지식도서 읽기는 세상을 이해하는 독서입니다. 우리가 사는 세상이 어떤 곳이며, 왜 지금과 같은 모습이 되었는지를 이해할 수 있게 해줍니다. 결국 독서란 '나를 발견하고 세상을 이해하는 행위'인 셈입니다. 그런데 이것은 학교 교육의 목적이기도 합니다. 국어는 사람으로서의 나를 이해하는 과목이고 나머지는 세상을 알기 위해 필요한 과목들이죠. 독서는 정해진 경계가 없는 반면 학교 교육은 교과서라는 명확한 경계선이 있다는 점만 다릅니다. 바로 이 차이가 학교 교육의 근본적인 약점입니다.

교과서는 지식을 전달하기에 좋은 도구가 아닙니다. 적은 분량 안에 너무 많은 지식을 다루기 때문입니다. 한국사 교과서 안에 우리나라 통사가 담겨있습니다. 400쪽도 안 되는 교과서에 한국사 전체를 욱여넣으려면 역사적 사실들을 숨가쁘게 나열할 수밖에 없습니다. 깊이는커녕 기본적인 인과 관계조차 설명하기 힘듭니다. 과학 계열, 사회 계열의 과목들도 마찬가지입니다. 교과서는 온전한 책이라기보다는 일종의 지식 가이드북 혹은 지식 카탈로그에 가깝습니다. '그 나이에 알아야 할 지식에는 이런 게 있다'라고 알려주는 역할이죠.

교과서는 각 장에 나와있는 여러 주제 중 그 어느 것도 온전하게 다루지 못합니다. 교과서를 통해 '지구는 둥글다'라는 사실을 알 수 있지만 왜 둥근지는 알 수 없습니다. '돌궐제국과 몽골제국은 대륙을 호령한 유목 민족이었다'라는 사실은 알 수 있지만, 유목 민족들이 어째서 맹위를 떨칠 수 있었는지는 알 수 없습니다.

교과서에 나와있는 지식 대부분은 '정보'만 있을 뿐 '원인'이 부실합니다. 그런데 지식은 원인과 결과라는 두 요소가 쌍을 이루는 구조로 돼있습니다. 원인과 결과가 짝을 이룰 때 비로소 지식이라는 작은 블록 하나가 만들어집니다. 예를 한번 들어보겠습니다.

〈지식 블록 형성 과정의 예〉

1단계 정보 입수 : 지구는 둥글다.
2단계 질문하기 : 왜 둥글까?
3단계 원인 추적 : 지구는 불덩어리 용암으로 태어났다.
4단계 원인 규명 : 지구의 중심부로부터 동일한 세기의 만유인력이 작용한다. 그러므로 불덩어리 용암은 용암 구체가 된다.

원인과 결과의 쌍으로 이루어진 '지구는 둥글다'라는 지식 블록은 이런 식으로 만들어집니다. 그런데 이 지식 블록은 완전하지 않습니다. 지식 블록 하나만으로는 지식이 완성되지 않기 때문입니다.

예를 들어 '3단계 : 지구는 불덩어리 용암으로 태어났다'는 또 다른 정보입니다. '왜 불덩어리로 태어났을까?'라는 새로운 원인 규명이 필요해집니다. 4단계도 마찬가지입니다. '만유인력은 무엇인가?'라는 새로운 의문점이 발생하죠. 이 두 가지 정보의 원인을 추적하다 보면 원인 규명이 필요한 또 다른 정보들이 등장합니다. 지식은 이렇게 꼬리에 꼬리를 물고 이어지는 구조로 이루어져 있습니다. 꼬리에 꼬리를 물고 이어지는 이 구조가 얼마나 긴가, 얼마나 서로 잘 연결되어있는가가 그 사람이 가진 지식의 깊이를 말해줍니다. 또 이렇게 꼬리에 꼬리를 물고 지식을 추적하다 보면 제자리로 돌아오는 순간이 옵니다. '지구는 둥글다'에서 시작해 행성의 생성 원리를 알아내고, 소행성과 별똥별이 생기는 원인을 지나, 항성의 생성 원리와 항성풍을 이해하고, 다시 행성의 생성으로 돌아오는 식으로요. 이렇게 한 바퀴를 돌고 나면 머릿속에 '천체의 생성'이라는 한 그루의 지식 나무가 심어집니다. 이런 식으로 지식 나무를 머릿속에 계속 심다 보면 지식의 숲을 이루게 됩니다. 머릿속에 밀접한 체계로 연결된 지식의 울창한 숲을 가진 사람, 그 숲으로 세상을 바라보고 이해하는 사람을 우리는 지식인이라고 부르죠.

이런 의문이 들 수 있습니다. '우리 아이는 아직 어린데 지식의 구조까지 알아야 하는가?' 저는 아이가 어린 시절에 몸으로 체화해야 할 단 하나의 지식이 있다면, 그것은 바로 '모든 지식은 원인과 결과의 쌍으로 이루어져 있다'는 사실을 깊이 이해하는 거라고 생각합니다. 모든 것에 '왜?'라고 물을 수 있는 능력이야말로 아이가 갖출 수 있는 최고의 능력이기 때문입니다.

어려서부터 지식의 구조를 내면화하지 못한 아이, '왜?'라고 물을 수 없는 아이는 지식을 다루는 방법을 모릅니다. 지식을 만나면 그냥 외웁니다. 주야장천 정보만 입수하는 겁니다. 이렇게 입수한 정보는 맥락이 없기 때문에 시간이 지나면 잊게 됩니다. 설사 기억한다 해도 암기력 향상 외에는 별다른 의미가 없습니다.

공부로 국한해서 말씀드리면 지식의 구조를 내면화하지 못한 아이는 내신시험에서 사회·과학계열 공부를 잘하기가 힘듭니다. 일단 지식의 구조에 대한 이해가 없고, 단련도 돼있지 않기 때문에 달달 외우는 수밖에 없기 때문입니다. 시간이 오래 걸리고, 재미가 없고, 고통스럽죠. 설사 달달 외워서 객관식 문제를 잘 푼다 하더라도 배점이 큰 서술형 문제를 틀릴 가능성이 큽니다. 내신 성적을 따는 데 절대적으로 불리한 위치에 놓이게 됩니다.

대학수학능력시험에서는 더 큰 낭패를 봅니다. 수능 과학·사회 영역에서 본인의 내신 성적보다 낮은 점수를 받을 수밖에 없을 테니까요. 말씀드렸듯 수능은 '무엇을 아느냐?'를 묻지 않고, '네가 아는 지식을 활용해 이 문제를 해결할 수 있느냐?'를 묻습니다. 지식을 상호 연결하지 못하면 문제를 제대로 풀 수 없죠. 지식의 구조를 내면화한 아이는 교과서를 공부할 때도 '왜?'라고 묻고, 그 질문의 답을 찾아가는 형태로 공부합니다. 그래서 훨씬 효율적으로, 체계적으로 공부할 수 있고, 입시에서도 쉽게 승자가 될 수 있습니다.

공부 외적으로도 마찬가지입니다. 위인들은 왕성한 호기심을 가진 경우가 많습니다. 호기심이 많다는 것은 원인에 대해 궁금해한다는 것을 뜻합니다. 그래서 '왜?'라는 질문을 끊임없이 던집니다. 사고의 기본 체계가 지식의 구조와 같은 형태로, 그러니까 원인과 결과의 쌍으로 돼있기 때문입니다. 그래서 자신이 하는 일을 입체적으로 고민할 수 있고, 새로운 돌파구도 잘 마련할 수 있습니다.

안타깝게도 현재의 공교육은 '왜?'라고 묻기 힘든 형태로 이루어지고 있습니다. 많은 사실을 알려주지만 원인에 대해서는 큰 공을 들이지 않습니다. 지식의 기본 구조를 무시한 교육을 하는 셈입니다. 이렇게 결과만 알려주고 '기억하라'고 명령하는 교육을 우리는 주입식 교육이라 부릅니다. 주입식 교육의 가장 큰 문제는 지적능력이 발달하지 못하고, 지적능력이 발달하지 못하기 때문에 입시에서도 성공하기 힘들다는 점입니다. 게다가 학교에서 배운 지식이 학벌을 따는 것 외에 별다른 소용이 없습니다. 이것이 바로 공교육 위기의 핵심 원인입니다. 교육제도를 자꾸만 바꾸는 것은 이와 같은 공교육의 한계를 돌파하기 위한 몸부림입니다. 1종의 국정 교과서가 아니라 다양한 종류의 검인정 교과서를 쓰는 것도, 학력고사가 아니라 대학수학능력시험이나 논술고사로 학생을 선발하는 것도 바로 이런 노력의 산물들이죠.

핀란드의 교육이 우수한 이유는 지식의 구조를 공교육의 시스템 안에 제도화하는 데 성공했기 때문입니다. 교과서를 읽은 후 연관된 과제를 주고 그 과제를 지식도서를 읽으며 해결하는 수업, 교과서를 통해 접한 정보의 원인을 지식도서를 통해 규명하는 수업.

이런 수업을 할 때마다 아이들은 지식의 나무를 머릿속에 심게 되고, 이 나무들이 모여 숲을 이룹니다.

이 숲은 단지 많은 것을 알고 이해하는 것 이상의 의미가 있습니다. 머릿속에 지식을 처리하는 최첨단 공장을 세우는 것과 같기 때문입니다. 지식의 숲을 가진 아이는 새로운 지식을 접했을 때 능숙하고 재빠르게 지식을 처리하고 정리할 수 있습니다.

이야기의 구조가 서로 비슷하듯 지식의 구조도 서로 비슷합니다. 하나의 지식 체계를 처리해본 아이는 낯선 분야의 지식 체계도 쉽게 처리합니다. 어학조차 예외가 아닙니다. 어학의 학습 과정 역시 지식의 체계를 이루고 있기 때문입니다.

《플랜더스의 개》에서 《코스모스》로

"선생님, 이 책 재미없어요."
"무슨 말인지 하나도 모르겠어요."

아이들에게 지식도서를 읽으라고 주면 돌아오는 반응입니다. 사교육의 메카 대치동이든, 한적한 시골 동네든 상관없습니다. 재미까지는 아니어도 그런대로 읽을 만했다고 대답하는 아이가 10명 중의 한 명 될까 말까 합니다. 그나마 어느 정도라도 내용을 파악하면서 읽어내는 아이는 그보다 훨씬 적습니다.

유명 논술 프랜차이즈학원에서는 지식도서를 상당히 많이 읽힙니다. 이야기책과의 비율이 낮게는 5 : 5, 높게는 7 : 3에 이릅니다. 하지만 실제로 지식도서를 읽어내는 아이는 극히 드뭅니다. 보통은 책을 안 읽어오고, 선생님의 설명을 듣는 것으로 독서를 갈음하는 게 현실입니다. 이런 방식으로는 아무런 효과도 기대할 수 없습니다. 오히려 이야기책을 읽는 것이 훨씬 더 효과적이죠.

아이들이 지식도서를 읽지 못하는 것은 두 가지 이유 때문입니다. 일단은 호기심이 없습니다. 어릴 때부터 '정보를 아는 것이 지식'이라는 잘못된 생각을 내면화했기 때문에 원인에 대한 궁금증이 없습니다. 그러다 보니 지식도서가 재미없고, 재미없으니 읽지 않게 되고, 읽지 않으니 지식도서를 읽는 훈련도 할 수가 없습니다. 호기심도 없고, 지식도서를 읽는 훈련도 돼있지 않은 아이에게 지식도서를 읽히는 것은 불가능합니다. 그런데도 지식도서를 포기할 수는 없습니다. 제대로 읽어내기만 한다면 단 한 권의 지식도서가 어마어마한 힘을 발휘하기 때문입니다. 제가 중학생 아이들에게 늘 하는 말이 있습니다.

"10번을 읽든, 100번을 읽든 칼 세이건의 《코스모스》(사이언스북스) 같은 책 딱 한 권만 완벽하게 읽어봐. 그러면 무조건 명문 대학에 들어갈 수 있어."

이렇게 단적으로 말할 수 있는 것은 제대로 읽은 지식도서 한 권이 학습능력에 얼마나 큰 영향을 끼치는지 제가 직접 경험했기 때문입니다.

저는 공부 못하는 아이들의 심정을 잘 압니다. 저 자신이 학습 지진아라고 할 정도로 공부를 못했으니까요. 부끄러운 이야기지만 저는 초등학교 6년 내내 반에서 꼴찌를 다투는 학생이었습니다. 비유적인 표현이 아니라 실제로 언제나 가장 공부를 못하는 아이였습니다. 초등학교를 졸업할 때까지 영어는 아예 몰랐고, 수학은 구구단을 다 외우지 못할 정도였습니다.

공부를 못하는 아이들은 시험지를 풀지 않고 대충 찍는 경향이 있습니다. 어른들은 아이가 공부에 대한 열의가 없거나 반항심을 갖고 있기 때문이라고 쉽게 생각합니다. 저희 부모님이나 담임 선생님들도 그랬습니다. 상담하는 걸 가만히 들어보면 '애가 특별히 지능이 떨어지는 건 아닌데 공부할 마음이 없다'는 식으로 해석하셨습니다. 공부할 마음이 없어서 시험 문제를 읽으려고도 하지 않는다고요.

그런 얘기를 들을 때마다 어린 마음에 '나는 정말 바보구나' 하고 낙담을 했습니다. 사실 제가 시험 문제를 끝까지 읽지 못했던 것은 읽어도 무슨 소리인지 이해가 안 됐기 때문입니다. 문제를 읽는 게 힘들 정도로 언어능력이 낮았던 탓입니다.

제가 이런 지진아 상태에서 벗어날 수 있었던 건 몇 번의 계기를 통해 책을 읽는 아이가 된 덕분이었습니다. 첫 번째 계기는 초등 5학년 때 찾아왔습니다. 제가 공부를 하도 안 하니까 부모님이 저를 집안에 가두었습니다. 학교가 끝나면 곧장 집으로 가야 했고, 그 길로 제 방에 감금이었죠. 그때만 해도 사교육이 별로 없었고, 부모님도 공부를 어떻게 시켜야 하는지 몰라 저를 그저 방에 가두고 감시하는 방법을 택했습니다. 물론 저는 공부를 하지 않았습니다. 그렇다고 책상과 침대밖에 없는 방안에서 딱히 놀 것도 없었습니다.

저는 연습장에 남몰래 낙서를 하는 것으로 시간을 보냈습니다. 6개월간 매일 서너 시간씩 낙서만 하다 보니 그림 실력이 일취월장해서 미술시간에 두각을 나타내는 웃지 못 할 일이 벌어지기도 했습니다. 크로키 대회에 반 대표로 나갈 아이를 뽑는데 제가 최종 후보 세 명 안에 들었던 겁니다. 미술시간에 그린 크로키를 놓고 투표로 반 대표를 뽑는 거였는데 제가 압도적 표차로 1등이 되었죠. 하지만 저는 반 대표가 되지 못했습니다. 선생님이 투표 결과를 무시하고 우등생인 2등을 반 대표로 정했기 때문입니다. 어디 그뿐이겠습니까. 공부를 못 해서 받는 차별과 설움이 셀 수 없을 정도로 많았던 시절이었습니다. 강사 생활을 하면서 공부 못하는 아이만 보면 유독 더 정이 가고 열정을 활활 불태우는 것도 다 어린 시절의 경험 때문일 겁니다.

크로키 사건 때문인지, 낙서를 너무 오래 해서인지 아무튼 저는 낙서에도 흥미를 잃고 말았습니다. 이제 정말 할 게 아무것도 없었습니다. 긴 시간과 저 자신뿐이었죠. 그러다 눈에 들어온 것이 300권짜리 문고판 소년 소녀 명작이었습니다. 은행원이었던 아버지가 출판계에 종사하는 고객으로부터 헐값에 구매한 것이었는데, 그때까지는 거실을 수놓는 장식품에 불과했죠. 저는 어머니 몰래 그 책들을 한 권씩 꺼내 읽기 시작했습니다.

사실 처음 1~2개월간은 책을 읽었다기보다는 구경한 것에 가까웠습니다. 지금 기준으로 보면 초등 5~6학년 수준의 책이었는데,

책이라고는 읽어본 적이 없던 제게는 어려워도 너무 어려웠습니다. 첫 페이지 조금 읽고 책장을 휘리릭 넘기다 재미있어 보이는 삽화가 나오면 그 페이지를 또 좀 읽는 식으로 책을 훑어보았죠.

그렇게 책을 구경하다가 '인생의 책'을 만났으니, 바로 위다의 《플랜더스의 개》였습니다. 별생각 없이 펼쳤다가 저도 모르게 단숨에 끝까지 읽어버렸습니다. 정말 희한한 경험이었습니다. 현실 세계의 시간이 멈추고 이야기 속 시간을 살다 나온 것 같은 기분이었습니다. 이야기가 어찌나 슬펐던지 저는 눈이 퉁퉁 붓도록 울었고, 일주일 넘게 그 슬픔에서 헤어나질 못했습니다. 책이 얼마나 재미있을 수 있는지 처음 느낀 순간이었습니다.

그 후로 저는 책을 한 권 한 권 뽑아 읽기 시작했습니다. 초등학교 졸업 무렵에는 300권을 거의 다 읽었죠. 그리고 6학년 2학기 때 희한한 일이 일어났습니다. 달랑 국어 한 과목이긴 했지만 '수(90점 이상)'가 찍힌 성적표를 받은 것입니다. 언제나처럼 공부를 하지 않았음에도 초등 1학년 이후로 제 성적표에서 멸종했던 수가 돌아온 겁니다. 지금 생각해보면 그 300권의 책이 학습지진아였던 저의 언어능력을 또래 평균 수준 이상으로 끌어올렸기 때문에 일어난 일이었는데, 그땐 영문을 몰랐죠. 아무튼 저는 적어도 교과서를 읽고 이해하고, 책을 읽을 수 있는 사람이 되었습니다.

두 번째 계기는 중학교 입학을 앞둔 겨울방학 때 찾아왔습니다. 부모님은 '책 읽으면 밥이 나오냐, 떡이 나오냐'는 주의여서 저에게 책을 사주지 않았습니다. 저 역시 용돈으로 책을 살 만큼 열정적이지 않았고, 도서관이 뭐 하는 덴지도 몰랐기 때문에 책을 빌려 읽지도 않았습니다. 대신 은행원이었던 아버지가 매달 한 무더기씩 가져오는 고객용 잡지와 소책자를 읽곤 했습니다. 그런데 그 안에 두께가 아주 얇은 학습 수기집이 한 권 있었습니다. 확실치는 않습니다만 제목이 《나도 할 수 있다》였던 걸로 기억합니다. 열두어 명의 서울대 합격생의 수기가 실려있었는데, 하나같이 초등학교 시절 심지어 중학교 시절까지 공부를 저만큼이나 못하다가 어떤 계기로 공부에 열정이 생겼고 공부를 잘하게 되었다는 내용을 담고 있었습니다. 한 장 한 장 넘기는데 망치로 머리를 한 대 얻어맞은 기분이었습니다. 13년 인생을 살아오면서 저는 제가 공부를 잘할 수 있을 거라는 생각을 단 한 번도 해본 적이 없었습니다. 공부를 잘하는 아이들은 따로 있다고 생각했죠. 그런데 그 책에는 공부를 못하다가 잘하게 된 사람들의 이야기가 놀랍도록 설득력 있게 적혀있었습니다. '나만큼 바보들이 어느 날 갑자기 공부를 잘하게 됐다면 나도 그럴 수 있지 않을까?' 하는 생각이 들었습니다.

 저는 그 책 마지막 장에 적힌 대로 수첩을 하나 구해서 제 목표를 적었습니다. 제 목표는 반에서 5등이었습니다. 처음 적을 때는 제가 쓰고도 헛웃음이 나오더군요. 60명이 넘는 반 아이들 중에 늘 꼴찌를 도맡아하던 제가 반에서 5등이라니 지나가던 개가 웃을 일이라는 생각이 들었습니다. 하지만 스스로에 대한 비웃음을 꾹 참고 수첩에 밤낮없이 목표를 적었습니다. '반에서 5등을 하겠다', '평균 90점을 넘겠다', '5등을 하고 말겠어' 하는 식으로 문구를 바꿔가며 틈만 나면 적고 또 적고, 생각하고 또 생각했습니다. 자신의 목표를 진심으로 믿을 수 있을 때까지 쓰고 또 쓰라고 그 책에 적혀있었거든요. 어차피 공부도 안 하는 거 속는 셈 치고 해보자 싶었죠.

겨울방학 내내 다른 것은 안 하고 그 수첩만 썼습니다. 무려 두 달 동안 온종일 '반에서 5등'만 생각했습니다. 그런데 그 수첩이 요술 수첩이었습니다. 개학 무렵이 되자 제 목표에 대해 확신이 생긴 겁니다. 등교 첫날 제가 반 배치고사에서 63명 중 61등을 했다는 사실을 알았습니다. 선생님에게 멸시에 가까운 상담을 받았습니다. 상관없었습니다. 멸시를 하든 말든 저는 어차피 5등 안에 들 거니까요. 반에서 5등 안에 드는 애도 호모 사피엔스, 61등인 나도 호모 사피엔스. 같은 호모 사피엔스끼리 능력 차이가 나봐야 얼마나 나겠나 싶었습니다. 교과서를 모조리 외워버리면 되는 거 아니겠습니까.

저는 교과서와 참고서를 쌓아놓고 학습 계획표를 짰습니다. 그대로만 하면 그 어떤 바보라도 교과 내용을 모조리 머릿속에 집어넣을 수 있는 계획표였죠. 그리고 하루하루 계획표대로 공부했습니다. 그때 위력을 발휘한 것이 초등학생 시절 감금 상태에서 읽었던 300권의 소년 소녀 명작이었습니다. 시험지를 읽는 것조차 못했던 제가 중학교 교과서를 척척 읽고 이해할 수 있었으니까요. 계획표에 동그라미 표시가 차곡차곡 늘어갔습니다. 가슴이 두근두근했습니다. 이러다가 진짜 일 내겠다 싶은 생각이 들고, 시험이 임박하자 정말 큰일 치겠다는 생각이 들었습니다.

그리고 저는 첫 시험에서 4등을 했습니다. 머릿속에서 폭죽이 팡 터지는 것 같더군요. 저는 멸시 받는 학습지진아에서 반 평균을 끌어올린 인간 승리의 주인공이 되었습니다. 이때의 경험은 제게

굳건한 자존감을 심어주었습니다. '노력하면 무엇이든 이룰 수 있다'는 소중한 믿음을 갖게 되었죠.

그리고 중학교 2학년 1학기 중간고사 기간, 제게 뜻밖의 사건이 일어났습니다. 어느 날 밤, 저는 화장실에 가다 말고 쓰러져 병원으로 실려 갔습니다. 결핵성 뇌수막염이라는 병이었습니다. 온몸이 결핵균으로 뒤덮이다시피 했는데 뇌뿐 아니라 폐와 늑막에도 염증이 심한 상태였습니다. 완치를 장담할 수 없고, 완치된다 하더라도 정상적인 지능을 가질 수 있을지 미지수라고 하더군요. 가장 희망적인 경우라 하더라도 완치까지 6~7년이 걸린다고 했습니다. 고등학교를 졸업하고도 치료를 받아야 하니, 사실상 입시는 물 건너간 것이나 다름없었습니다.

다섯 달 동안 입원 치료를 받았습니다. 매일 30여 회의 항생제 주사를 맞았고, 세 번의 수술을 받았습니다. 밤인지 낮인지도 분간이 안 가는 몽롱한 상태에서 몇몇 죽음을 보았습니다. 어제까지 옆 병상에 누워있었던 아저씨가 어느 날 갑자기 복막염 파열로 세상을 등지고, 병동 복도를 오갈 때 종종 마주쳤던 뇌성마비 여자아이는 시름시름 앓다가 목숨을 놓았습니다. 그때는 아무런 느낌도 없었습니다. 그저 이 지긋지긋한 병원 생활과 통증에서 벗어나고 싶다는 생각뿐이었죠.

제가 그 죽음들을 다시 떠올린 것은 퇴원해서 학교로 돌아가고도 한참 후의 일이었습니다. 저는 금 간 유리잔 취급을 받았습니다. 모든 것에서 열외였습니다. 체육이나 교련 수업에 빠지는 것은 물론이고, 원하면 언제든 조퇴할 수도 있었습니다. 학교에 얼굴만 내

밀고 병원에 가는 날도 부지기수였습니다. 병원 건물을 볼 때마다 기분이 이상했습니다. 같은 병실에 있었던 사람들이 지금은 이 세상에 없다는 게 굉장히 기묘하게 느껴졌습니다. 그리고 난생처음 강렬한 궁금증이 들었습니다.

'왜 살아있는 모든 것은 죽어야만 할까?'

'살아있다는 것은 무엇이고 죽는다는 것을 뭘까?'

'세상은 왜 이런 모습일까?'

어지간한 것은 그런가 보다 하고 넘기는, 호기심이라고는 찾아볼 수 없는 저였지만 그렇게 떠오른 의문만큼은 궁금해서 견딜 수가 없었습니다. 몇몇 어른들에게 물어봤지만 별 싱거운 녀석 다 보겠다는 반응뿐이었습니다. 이것이 중학교 3학년, 제가 처음으로 서점의 문턱을 넘은 이유였습니다. 서가를 둘러보던 저는 폴 데이비스의 《현대 물리학이 발견한 창조주》(정신세계사)와 칼 세이건의 《코스모스》(사이언스북스)라는 천체물리학책을 골라 계산대로 갔습니다. 그리고 제 용돈을 그 두 권의 책을 사는 데 다 썼습니다. 그 책의 제목과 머리말이 '네 궁금증을 풀어주마'라고 외치는 듯했기 때문입니다. 그런데 막상 펼쳐서 읽어보니 도대체 무슨 말인지 하나도 알 수가 없었습니다. 저는 중학교 3학년과 고등학교 1학년, 무려 2년 동안 이 두 권의 책을 읽고 또 읽으며 보냈습니다. 《코스모스》는 못해도 열 번은 읽은 것 같네요.

고등학교 1학년 때 또 한 번 수술을 했고, 짧은 입원 후 통원 치료를 이어갔습니다. 자의 반 타의 반으로 대학에 갈 생각이 없었기 때문에 학교 공부는 완전히 내팽개친 상태였습니다. 내신이 무려

9등급이었습니다. 그러던 제가 대학에 가야겠다고 마음을 먹은 것은 한참 늦은 고등학교 3학년 여름방학을 앞둔 무렵이었습니다. 막상 졸업 학년이 되니 덜컥 겁이 나기도 했고, 수학능력시험 모의고사와 전국 논술 모의고사의 성적이 희한하게도 높게 나와 한번 해볼 만하다는 생각도 들었습니다. 특히 논술 모의고사는 전국 20등 안에 들어 저조차 어리둥절할 정도였죠.

저는 여름방학 때부터 공부를 시작했습니다. 고등학교 3년 치 공부를 4개월 만에 따라잡아야 하는 살인적인 스케줄이었습니다. 밤낮없이 미친 듯이 공부했습니다. 아주 빠른 속도로 고등학교 공부를 따라잡았습니다만 무리한 계획인 건 틀림없었습니다. 수능 시험 날 아침까지도 미처 다하지 못한 공부를 해야 할 정도였죠. 어찌나 무리를 했던지 1교시 국어영역(당시에는 언어영역) 문제를 풀다가 코피를 쏟는 바람에 당황했던 일이 지금도 생생하네요. 내신이 9등급이었던 저는 대학수학능력시험에서 전국 상위 4% 안에 들었습니다. 본고사와 논술고사도 무사히 통과해 서울 안에 있는 두 개 대학에 합격했고, 제가 원하는 학교에 갈 수 있었습니다.

참고로 저는 지능이 높은 사람이 아닙니다. 기억력도 형편없고, 다소 덜렁거리는 성격이기도 합니다. 그런 제가 4개월 동안 고등 교과 3년 치의 공부를 할 수 있었던 이유가 무엇일까요? 저는 그게 칼 세이건의 《코스모스》를 읽었기 때문이라는 사실을 의심치 않습니다. 《코스모스》는 우주 역사 137억 년을 다룬 700페이지 분량의 천체물리학책입니다. 이 책은 초등 1학년부터 고등 3학년까지 전 과목 교과서를 합친 것보다 많은 정보량과 고3 교과서를 훌쩍 뛰어넘는 난이도를 갖고 있습니다. 저는 그 책을 10번 가까이 읽었습니다. 《코스모스》에 비하면 고등학교 교과서는 굉장히 쉬운 책이었고, 습득해야 할 지식의 양도 그다지 많은 편이 아니었던 겁니다.

물론 저는 이례적이고 비정상적인 학창 시절을 보냈습니다. 학교 공부를 한 기간이 고작해야 중등 1학년 때 1년, 고등 3학년 때 6개월밖에 되지 않습니다. 절대로 이런 식으로 학창 시절을 보내서는 안 됩니다. 그런데도 제 사례를 소개한 이유는 지식도서 한 권의 위력이 얼마나 대단한지를 단적으로 보여드릴 수 있는 예이기 때문입니다. 저는 학창 시절 동안 《현대물리학이 발견한 창조주》와 《코스모스》 외에 에리히 프롬의 철학책 몇 권을 더 읽었습니다. 읽은 지식도서를 다 합해도 10권을 넘지 않죠. 이 10권 남짓한 책 중에 저의 지식 처리 능력의 9할은 《코스모스》 한 권을 통해 길러졌다고 생각합니다. 《코스모스》를 열 번가량 거듭해 읽는 과정에서 저는 이 책이 가진 지식의 구조를 머릿속에 집어넣는 경험을 했습니다. 이는 곧 저의 뇌가 신경가소성을 발휘해 '《코스모스》 정도의 지식 체계를 습득할 수 있는 상태'로 업그레이드됐다는 것을 의미합니다.

세계적인 과학철학자 장하석 케임브리지대학교 석좌교수는 중학교 3학년 때 《코스모스》를 여러 번 정독해서 읽었다고 합니다. 이런 독서의 경험이 세계적인 학자로서의 기본 능력을 길러주었을 겁니다. 상식적으로 생각해도 너무나 당연한 결과입니다. 고등 교과 수준을 훌쩍 뛰어넘는 지식도서를 완벽하게 이해하며 읽어본 아이에게 교과서는 쉬운 책에 불과할 수밖에 없으니까요. 6개월이 걸리든, 1년이 걸리든 상관없습니다. 중학교를 졸업하기 전에 딱 한 권만 제대로 읽으면 됩니다. 그러면 고등학교 교과서 정도는 쉽게 이해할 수 있습니다. 기본 자질이 몹시 나빴던 저 같은 사람에게도 놀라운 효과를 가져다준 방법입니다. 우리 아이들에게라면 두말할 필요도 없겠죠.

지식도서 다독가는 강제로 만들 수 없다

제대로 읽은 지식도서 한 권은 엄청난 위력을 발휘합니다. 책을 읽으며 습득하는 지식은 오히려 부차적인 문제입니다. 핵심은 방대한 분량의 지식을 이해하고, 상호 연결하는 과정에서 아이의 머릿속에 지식 처리 전용 '광통신망'이 깔린다는 사실입니다. 이 광통신망은 성능이 매우 뛰어나서 일단 깔고 나면 지식 습득에 있어서 엄청난 성능을 발휘합니다. 한 권만 제대로 읽어도 이런데 10권, 100권을 읽는다면 어떤 일이 벌어질까요?

사실 저는 이런 경우를 직접 본 적이 없습니다. 감히 단언하자면 《코스모스》 수준의 지식도서를 10권 이상 제대로 읽은 학생은 전국을 탈탈 털어 0.01%도 안 될 겁니다. 그런데도 이런 사례를 찾기는 아주 쉽습니다. 지적능력으로 놀라운 업적을 이룬 위인급 인물을 아무나 고른 후에 그 사람의 성장기를 살펴보면 되기 때문입니다. 지식도서 다독가들은 거기 죄다 모여있습니다.

지식도서 다독가들은 저처럼 아주 적은 수의 지식도서를 꼭꼭 씹어먹듯 읽는 경우와 전혀 다른 방식의 독서를 합니다. 같은 책을 여러 번 읽는 경우도 거의 없습니다. 대부분 책을 한 번만 읽죠. 그런데도 여러 번 읽은 것처럼 책 속에 담긴 지식을 완벽에 가깝게 흡수해냅니다. 이런 괴력을 발휘할 수 있는 이유는 어린 시절부터 지식도서를 제대로, 많이 읽은 덕분입니다. 폭넓고 탄탄한 기초 지식, 높은 수준의 언어능력, 지식 구조에 대한 깊은 이해 덕분에 어떤 지식도서든 훤히 꿰뚫어 보며 읽을 수 있습니다.

지식도서 다독가들은 거대한 고래가 바닷물을 집어삼키듯 끊임없이 새로운 지식을 집어삼킵니다. 그게 무엇이 됐든 매일 새로운 지식을 자양분으로 삼아야만 살아있다고 느낍니다. 그 결과 그들은 더 강한 '광통신망', 압도적인 지식, 세계를 꿰뚫어 보는 눈을 얻습니다. 이쯤 되면 학교 공부는 더 이상 고민거리가 아닙니다. 교과서에 나오는 지식 대부분은 이미 다 아는데다 설사 모르는 부분이 있다 하더라도 보잘것없을 만큼 쉽기 때문이죠. 학습에 있어서 이들은 초능력자에 가깝습니다.

우리나라 학교에서 지식도서 다독가는, 어딘가에 생존해 있을지도 모르지만 발견된 적은 없는 멸종 위기종 동물과 같습니다. 우리의 교육현실이 이들의 생존에 적합하지 않기 때문입니다. 따라서 제가 지금부터 드리는 말씀은 저 멀리 별천지의 이야기가 될 것입니다. 만약 자녀가 어리다면 이 장을 특별히 신경 써서 읽어주시기 바랍니다.

지식도서 다독가에는 크게 네 가지 유형이 있습니다. 이 네 유형의 경계선은 명확하지 않습니다. 1번 유형이 2, 3번 유형의 특징을 가질 수도 있고, 3, 4번 유형이 1번 유형의 특징을 가질 수도 있습니다. 이 유형 분석은 아이를 지식도서 다독가로 성장시키는 데 도움이 될 것입니다. 지식도서 다독가로 성장하는 원리를 알면, 아이가 다독가의 자질을 보일 때 그 싹을 꺾지 않을 수 있으니까요.

여기서 한 가지 강조하고 싶은 것은 지식도서 다독가는 강제로 만들어지지 않는다는 점입니다. 절대로 되지 않습니다. 강제로 시도했다가는 부작용만 낳을 뿐입니다.

유형 1. 활자중독형

활자중독형은 책의 종류를 가리지 않고 닥치는 대로 읽는 유형입니다. 쉽게 말하면 도서관 서가의 A열부터 Z열까지 한 권도 빼놓지 않고 다 읽어버리는 식입니다. 발명왕 에디슨, 마이크로소프트 창업자 빌 게이츠, 연쇄 창업마라는 별칭을 가진 테슬라 CEO 엘론 머스크 등이 이 유형에 속합니다.

도서관을 정복하려면 엄청난 시간과 열정이 필요합니다. 에디슨은 초등학교 때 퇴학을 당하는 바람에 시간과 열정을 얻을 수 있었고, 빌 게이츠는 도서관에서 미친 듯이 책만 읽다가 아들의 정신이 이상하다고 여긴 아버지의 손에 이끌려 병원 진료를 받아야 했습니다. 손에서 책을 놓는 법이 없었던 엘론 머스크는 친구들이 집에 놀러 와도 저 혼자 독서를 하는 기행을 일삼았습니다. 그 결과 청소년이 되기도 전에 이미 읽은 책의 권수가 만 권을 돌파했습니다. 경위야 어떻든 도서관 어린이실을 통째로 정복하거나 그에 버금가는 독서를 하면 아이는 상상을 초월하는 수준의 인재가 됩니다.

도서관 어린이실 서가는 어른들이 이용하는 문헌정보실 서가와 구조가 같습니다. 역사, 과학, 철학, 사회, 정치, 문학 등 모든 분야의 책이 다채롭게 비치돼있죠. 다른 점은 책의 수준이 어린이에게 맞춰져 있다는 것뿐입니다. 어린이에게 맞춰져 있다는 것이 유치하다는 뜻은 아닙니다. 세상에 유치한 문학, 유치한 지식은 없습니다. 다만 어렵고 복잡한 것을 쉽고 친절하게 설명해놓았을 뿐이죠. 따라서 어린이실의 서가를 정복한다는 것은 세상 모든 종류의 지식을 머릿속에 데이터베이스화하는 것과 같습니다.

만약 어떤 아이가 어린이실에 비치된 역사책 전부를 제대로 읽는다고 가정해보죠. 한 분야의 책을 여러 권 읽는다는 것은 그 분야의 지식을 반복 확장해서 학습함을 의미합니다. 한국사 통사 책을 한 권 읽으면 아이는 한국사의 대략적 흐름을 이해하게 됩니다. 그런데 도서관에는 한국사 통사 책만 수십 종 넘게 비치돼있습니다. 담고 있는 지식은 비슷하지만 책마다 조금 다른 관점, 조금 다른 강조점, 조금 다른 서술 방식을 갖고 있죠. 따라서 수십 종에 이르는 한국사 통사 책을 읽는다는 것은 한국사 통사 지식을 조금씩 다른 관점으로 수십 번 반복 학습하는 것과 같습니다. 이 과정에서 아이는 교과서를 달달 외워 습득한 지식과는 전혀 다른 입체적이고도 해박한 지식을 얻게 됩니다.

처음 통사 책을 읽을 때는 모든 것이 새롭습니다. '단군왕검이 고조선을 세웠구나', '고구려라는 나라에는 광개토대왕이라는 사람이 있었구나' 하고 새로운 사실들을 접합니다. 이렇듯 처음 통사 책을 읽는다는 것은 한국사라는 새로운 지식을 만나는 행위입니다. "안녕. 반가워" 하고 인사를 하는 거죠.

두 번째 통사 책을 읽을 때는 다른 관점, 다른 서술 방식으로 같은 지식을 다시 습득합니다. 단군왕검이 다시 고조선을 세우고, 광개토대왕이 다시 북방을 정복하죠. 그러면서 아이는 첫 번째 통사 책을 읽는 과정에서 획득했던 지식을 강화하고, 놓쳤던 지식을 새로이 머릿속에 입력하게 됩니다. 처음 읽을 때는 이순신 장군이 임진왜란 때 활약했다는 것만 알았는데, 두 번째 읽을 때는 임진왜란이 일어난 시기가 조선 중기였고, 50년 후 병자호란이라는 전쟁이 발생한다는 것을 깨닫는 식이죠. 한국사 지식이라는 커다란 퍼즐판이 서서히 채워집니다.

이렇게 6~7권의 한국사 통사 책을 읽고 나면 아이는 이제 다음 장에 무슨 내용이 나올지 훤히 알 정도로 한국사 지식에 능통해집니다. 그뿐만 아니라 책들 사이에 서로 다른 관점이 있다는 것도 느끼게 됩니다. 스무 권, 서른 권을 읽고 나면 사건들의 상호 관계까지 세세하게 파악할 수 있습니다. 아이의 머릿속에 한국사 통사라는 지식 체계 하나가 완전한 형태로 세워지는 것입니다. 이제 아이는 자기가 원할 때 언제든지 그 지식을 꺼낼 수 있습니다. 심지어 자기가 원하지 않을 때도 툭툭 튀어나옵니다. 한국사 지식이 내면화됐기 때문입니다. 이것은 지식을 생각의 재료로 사용할 수 있다는 점에서 엄청난 이점이자 성장입니다.

예를 들어 차를 타고 한강변을 달리다가 유람선을 봤다고 해보죠. 가뜩이나 도로가 막혀 심심했던 아이는 자연스레 거북선을 떠올립니다. 처음에는 한강 위에 거북선을 띄워 유람선을 공격하는 상상 놀이를 할지도 모릅니다. 그러다 문득 거북선의 유별난 모습에 생각이 미칩니다. '거북선은 왜 등딱지 같은 덮개로 덮여있을까?' 하고 의문을 품게 되는 거죠. 그리고 '거북선은 전쟁용 배니까 당연히 잘 싸우기 위해서겠지. 그런데 등딱지가 있는 게 왜 싸움에서 유리하지?' 하는 식으로 생각을 이어가게 됩니다. 이 질문은 자연스럽게 고대 해군의 전쟁 방식으로 이어집니다. 전쟁 방식을 알아야 등딱지가 왜 유리한지 알 수 있으니까요. 그런데 아이는 고대 해군의 전쟁 방식을 모릅니다. 자기가 아는 지식의 한도 내에서 생각할 수밖에 없죠. 아이가 본 해상 전투라고는 《캐리비안의 해적》 같은 영화 속 장면뿐입니다. 해적들은 유람선을 약탈할 때 사다리나 줄을 이용해 그 배로 건너갑니다. 그런데 등딱지가 있으면 그렇게 건너올 수가 없습니다. 그러고 보니 거북선의 등딱지에는 무수히 많은 송곳이 박혀있습니다.

이제 확실해졌습니다. 거북선의 등딱지는 적군이 우리 배로 넘어오는 것을 막기 위한 목적입니다. 여기서 생각이 더 이어질 수도 있습니다. 등딱지로 왜군이 넘어오는 것을 막으려 했다는 것은 왜군이 그만큼 배 위에서 전투를 잘했다는 뜻입니다. '같은 군사인데 왜 왜군이 배 위에서 더 잘 싸울까?' 아이는 책에서 읽은 전투 지식을 머릿속에서 찾습니다. '중국의 주무기는 창, 한국의 주무기는 활, 일본의 주무기는 칼'이라는 내용을 떠올립니다. 아이는 다시 사고 실험을 합니다. 조선 배와 왜의 배가 만납니다. 조선 배가 주무

기인 활을 쏩니다. 별 소용이 없을 것 같습니다. 배의 나무 기둥이나 선실로 몸을 숨기면 화살을 맞지 않을 테니까요. 왜군이 배를 바짝 붙이고 조선 배로 넘어옵니다. 칼을 잘 쓰는 왜군이 조선군을 쉽게 이깁니다. 그런데 왜 창이 아니고 칼일까? 아이는 잠시 생각합니다. 배 위의 공간이 좁습니다. 긴 창을 휘두르면 이것저것 걸리적거리는 게 많을 겁니다. 짧은 칼이 훨씬 유리하겠죠.

머릿속에서 하나의 지식 체계를 완벽하게 입력해두면 이런 식으로 곱씹을 수 있습니다. 이렇게 곱씹는 과정에서 아이는 지식을 완전히 자기 것으로 흡수합니다. 현실과 동떨어진 책 속의 지식이 아니라 자신의 사고와 완전히 일체화된, 살아있는 지식을 갖게 됩니다. 그리고 이 지식은 다른 유형의 역사책을 읽으며 다시 한번 반복 학습됨과 동시에 세밀화됩니다. 아이는 시대 배경을 훤히 알고 있는 상태에서 세종대왕과 광개토대왕 위인전을, 유물에 관한 책을 읽습니다. 지식이 상호 연결되며 강화됩니다. 어린이실의 역사 서가를 정복할 때쯤이면 아이는 준전문가급의 지식 체계를 갖추게 됩니다. 이는 단순히 지식이 많다는 것 이상의 의미가 있습니다. 수많은 정보를 상호 연결해 복잡다단한 하나의 지식 체계를 머릿속에 집어넣은 것이기 때문입니다. 지식을 처리하는 능력이 어마어마하게 향상된 것은 두말할 필요도 없죠.

이런 식으로 문학, 과학, 사회, 정치, 철학 분야의 도서를 모조리 독파합니다. 아이가 쓸 수 있는 생각의 재료가 점점 늘어납니다. 아는 만큼 보이는 법입니다. 역사의 지식 체계를 머릿속에 넣은 아이가 읽는 문학은 그렇지 않은 아이가 읽는 문학과 전혀 다릅니다.

역사와 문학을 독파한 아이가 읽는 과학책은 그렇지 않은 아이가 읽는 과학책과 전혀 다릅니다. 세상의 모든 지식 분야가 머릿속에 하나의 네트워크를 형성합니다. 그런 아이가 바라보는 세상은 그렇지 않은 아이가 바라보는 세상과 전혀 다릅니다. 아이는 세상 모든 것을 자신의 지식 네트워크를 이용해 해석할 수 있고, 그 해석의 과정을 통해 강화할 수 있습니다. 진정한 의미의 통섭적 인재, 세상을 읽는 눈을 가진 지식인이 되는 것입니다.

이 아이들이 교과서를 봅니다. 교과서는 자신의 지식 네트워크에 이미 구축된 내용을 앙상하게 추려놓은 것에 불과합니다. 언어 수준도 턱없이 낮습니다. 교과서를 한 번 읽으면 공부가 끝납니다. 따로 공부할 과목은 수학과 영어뿐입니다. 그런데 그마저도 금세 끝납니다. 아이의 지식 처리 능력이 외국어의 지식 체계, 교과 수학의 연산 수준을 훌쩍 뛰어넘기 때문입니다.

도서관을 통째로 읽어내는 사람은 천재입니다. 이들의 천재성은 뛰어난 머리에 있는 것이 아니라 미칠 듯한 독서 욕구에 있습니다. 운동 중독자가 운동을 하지 않으면 온몸이 근질근질한 것처럼 잠시도 활자를 읽지 않으면 뇌가 근질거려 견디지 못하는 것. 그래서 항상 책을 손에 달고 다니고, 어쩌다 책이 없을 때는 하다못해 광고판이나 제품설명서라도 읽어야 직성이 풀리는 것. 바로 이것이 천재성의 핵심입니다. 왜냐하면 독서에 대한 강렬한 열망 말고 그 무엇도 이렇게 책을 읽게 만들 수 없기 때문입니다.

유형 2. 탐구형

탐구형은 호기심에 이끌려 책을 읽는 유형입니다. 활자중독형이 방사형 독서를 한다면 탐구형은 선형 독서를 합니다. 예를 들어 국내 최연소 박사인 송유근 씨는 어린 시절 바람을 무척 신기해했다고 합니다. 그래서 한동안 바람을 다룬 책을 읽었습니다. 바람에 관한 책을 읽다 보니 이번엔 바람의 힘을 이용한 요트나 돛단배가 궁금해졌습니다. 그래서 요트나 돛단배를 다룬 책들을 읽었고, 항해술에 대한 호기심이 생겼습니다. 탐구형은 이런 식으로 호기심을 쫓아가며 책을 읽습니다. 독서를 통해 호기심을 충족하는 과정에서 지식이 쌓이고, 지식이 쌓이는 과정에서 다시 호기심이 생기는 거죠. 독서 방식 자체가 '지식의 구조'와 꼭 닮아있습니다.

탐구형은 공격적인 독서를 합니다. 책을 읽는 원동력이 호기심이기 때문에 책을 읽는 내내 '왜?', '어떻게?'라는 질문이 머릿속을 떠나지 않습니다. 이렇게 적극적으로 질문을 던지기 때문에 책을 읽는 동안 발생하는 사고의 양이 많고, 책 속의 지식도 깊이 흡수합니다. 책 한 권 한 권의 독서 효과가 클 수밖에 없죠. 또 탐구형은 종종 본인의 언어능력을 몇 단계 뛰어넘는 책을 읽는 괴력을 발휘합니다.

예를 들어 '현대 기계 문명은 어떻게 시작됐을까?'라는 호기심이 들었다고 해보죠. 아이는 어린이책을 통해 '기계 문명은 제임스 와트가 증기기관을 만들면서 시작되었다'는 사실을 알 수 있습니다. 그런데 이것만으로는 호기심이 풀리지 않습니다. 책을 읽는 과정에서 제임스 와트 말고도 수많은 사람이 증기기관 발명에 도전했다는 사실을 알게 될 테고, 그 사실에 의문을 품을 테니까요. '그전에는 아무도 만들지 않았던 증기기관을 왜 하필 그때 여러 사람이 만들려고 했을까'라는 의문이 드는 거죠. 이렇게 의문을 쫓다 보면 아이는 결국 어린이책의 경계선을 넘게 됩니다. 자신의 언어능력으로는 감당이 안 되는 책에 손을 대게 되는 거죠. 청소년용 도서, 심한 경우 성인용 도서까지 독서 지평을 넓힙니다. 그 과정에서 아이는 또래의 수준을 뛰어넘는 언어능력과 지식, 지식을 습득하는 능력을 탑재합니다. 이것만으로도 아이는 교과 학습 정도는 우습게 해치울 수 있는 능력자가 됩니다. 만약 아이의 호기심이 꼬리에 꼬리를 물고 계속 이어진다면 아이는 결과적으로 활자중독형과 마찬가지로 전 분야의 지식을 폭넓고도 깊게 쌓게 될 겁니다.

사실 학생부종합전형에서 독서 이력을 본다는 것은 탐구형 독서가의 선형 독서, 다시 말해 독서 목록을 통해 아이의 지적 호기심이 어떤 궤적을 그리고 있는가를 보겠다는 뜻입니다. 그런데 보통은 고등학생 필독서 위주로 독서 이력을 작성하죠. 그래서 서울대학교 입학처장이 매년 추천도서를 얼마나 많이 읽었느냐를 보려고 하는 게 아니라 '학생의 지적 여정'을 보려는 거라는 말을 강조하는 것입니다.

유형 3. 마니아형

활자중독형, 탐구형과 함께 지식도서 다독가의 3대 유형을 이루는 것이 바로 마니아형입니다. 활자중독형이 팔방미인, 탐구형이 지식 탐험가라면 마니아형은 한 우물만 파는 특정 분야 전문가입니다.

아이들은 모두 마니아형이 될 기본 자질을 갖고 태어납니다. 아이라면 누구나 흥미로워하는 분야를 갖고 있기 때문입니다. 어떤 아이는 로봇이나 비행기를 좋아하고, 또 어떤 아이는 공룡이나 화산을 좋아하는 식으로 말이죠. 그런데 대부분의 아이가 성장 과정에서 관심사를 잃게 됩니다. 어른들이 아이의 관심사를 쓸데없는 것으로 치부하거나 한 분야만 좋아하는 것을 나쁜 것으로 여기기 때문입니다.

예를 들어 어떤 아이가 돈에 열광한다고 해보죠. 고작 열 살밖에 안 된 아이가 경제에 관한 책만 읽고, 투자나 창업, 주식 같은 것에만 관심을 두는 겁니다. 다른 책은 손도 안 대려 합니다. 이 경우 부모님은 자연히 걱정을 하게 됩니다. 어린아이가 벌써부터 돈, 돈 하는 것도 마뜩잖고, 지금 돈에 관해 공부하는 것이 무슨 의미가 있나 싶습니다. 자본주의의 핵심이라고 할 수 있는 돈에 대해서도 이런데 만약 공룡이나 로봇, 패션 등에 열광한다면 정말 한숨만 나올 겁니다. "그런 책 읽을 시간 있으면 영어 단어나 외워"라는 말이 절로 나오겠죠.

어른의 눈에 아무리 한심해 보이는 분야라도 열광하는 관심사가 있다는 것은 아주 중요합니다. 설사 그 지식이 실제로 쓸모없다 하더라도 말이죠. 왜냐하면 그 강렬한 관심사가 지식도서를 읽는 힘이 되어주고 더 나아가 언어능력의 한계를 뛰어넘게 만들기 때문입니다.

로봇을 좋아해서 로봇 책만 읽는 아이가 있다고 해보죠. 원하는 대로 책을 공급해준다면 이 아이는 이내 시중에 나와있는 로봇 책을 모조리 독파하게 될 겁니다. 로봇에 대한 흥미도가 높아 멈추지 못한다면 아이가 선택할 수 있는 길은 두 가지입니다. 기계 공학으로 관심사를 확장하거나 자기 연령대보다 높은 수준의 로봇 공학책을 읽는 것입니다. 진정한 마니아라면 독서의 지평이 양방향으로 확장될 겁니다. 기계 공학을 읽으면서 동시에 수준 높은 로봇 공학책도 읽는 거죠. 물론 로봇이 등장하는 이야기책도 포함될 겁니다. 이런 식으로 중학교를 졸업할 때까지 청소년용 도서를 넘어 성인용 도서까지 정복한다면 아이는 또래를 압도하는 언어능력을 갖추게 될 것입니다. 로봇이라는 특정 분야의 지식 체계를 준전문가급으로 소화한 아이에게 고등학교 교과 공부는 그다지 어려울 게 없습니다.

마니아형에게는 또 다른 장점이 있습니다. 마니아형의 강렬한 관심사는 강렬한 꿈을 낳습니다. 이것은 위인들의 또 다른 공통점입니다. 중국 공산당 정권을 수립한 마오쩌둥은 혁명가와 영웅들의 전기를 끼고 살았던 영웅 마니아였습니다. 세계 최고의 투자 전문가인 워런 버핏은 여덟 살 때부터 경제, 투자, 주식 책을 끼고 살았던 돈 마니아였고, 저명한 천체물리학자 칼 세이건은 외계인 마니아였습니다.

그것이 무엇이든 아이가 열광하는 분야가 있다면 기쁜 마음으로 응원해주세요. 황당한 것이든, 돈이 안 되는 분야든 상관없습니다. 열정을 잃지 않는 한 아이는 스스로 발전할 것입니다. 입시 정도는 손쉽게 해결할 거고요.

유형 4. 활용형

활용형은 책을 일종의 사용설명서로 여기는 유형입니다. 무언가를 배울 목적으로 책을 읽죠. 바둑을 배우기로 했다면 바둑 이론서들을 먼저 읽고, 컴퓨터를 새로 샀다면 컴퓨터 이론서들을 섭렵하는 식입니다. 초등 저학년 때 그 특징이 드러나는 나머지 세 유형과 달리 활용형은 보통 청소년이 되어야 그 특징이 발현됩니다. 대부분의 실용 이론서가 성인을 대상으로 하기 때문입니다.

나머지 세 유형과 마찬가지로 활용형도 언어능력이 높습니다. 실용적인 정보 위주의 독서를 하기 때문에 교과 관련 지식이 쌓인다거나, 세계관이 성장하는 효과는 거의 없지만 공부머리의 상승효과만큼은 큽니다. 독서의 목적상 책을 사용설명서 읽듯 꼼꼼하게, 구체적인 정보를 기억해가며 읽기 때문이죠.

활용형은 책의 내용을 완벽하게 기억하기 위해 만전을 기합니다. 그래야 실전에서 써먹을 수 있으니까요. 중요한 부분은 표시해뒀다가 거듭해서 읽기도 하고, 필요하다면 따로 정리해서 외우기도 하죠. 활용형에게 독서는 책 속의 정보들을 꼼꼼하게 정리하고 파악하는 훈련인 셈입니다. 게다가 활용형들은 이렇게 정리하고 파악한 지식을 곧바로 실전에서 써봅니다. 바둑 이론서로 공부한 내용을 바둑을 배우며 써먹고, 컴퓨터 관련 서적으로 쌓은 지식을 컴퓨터를 다루며 쓰죠.

이 과정에서 활용형은 자신이 어떤 부분을 잘못 파악했는지, 어떤 부분을 파악하지 못했는지를 확인하고, 부족한 부분을 보완하는 추가 독서를 합니다. 글 속의 정보를 파악하는 능력이 계속 업그레이드됩니다. 그 위력은 예상외로 커서 교과 학습에서 어마어마한 효율성을 발휘합니다.

지식도서 다독가의 유형은 고정된 것이 아닙니다. 탐구형이 활자중독형의 특징을 가질 수도 있고, 마니아형이 활용형처럼 책을 읽기도 합니다. 그 외에도 무수히 다양한 변용이 가능합니다. 하지만 그 어떤 변용에도 바뀌지 않는 것이 있습니다. 지식도서 다독가는 자발성에 의해서만 태어날 수 있고, 그 자발성의 근원은 호기심이라는 사실입니다. 활자중독형은 세상 모든 지식을 궁금해하고, 탐구형은 마음속에서 떠오른 호기심을 쫓습니다. 마니아형은 열광하는 분야에 대한 활화산 같은 호기심을 품고 있으며, 활용형은 자신이 새로이 발을 내딛는 분야를 알고 싶어합니다. 부모님께서 '이런 지식은 알아야 하니 읽어라'라고 말하는 순간, '이 전집은 네 나이 때 꼭 읽어야 해'라고 강제하는 순간, 호기심의 싹은 사그라지고 맙니다. 자발성은 호기심의 짝입니다.

지식을 내면화하는 인터넷 백과사전 활용법

인터넷 백과사전의 글을 꼬리에 꼬리를 물듯 읽으면 특정 분야의 지식을 신속하게 이해할 수 있고, 지식을 처리하는 능력도 끌어올릴 수 있습니다. 학교 공부에 이용하면 내신 성적도 높이고, 지식도서를 읽는 데도 큰 힘이 됩니다. 또 그 자체로 최고의 수능 준비이기도 하죠.

최초 키워드 정하기	학교 공부를 하거나 지식도서를 읽다가 이해가 안 가거나 관심이 가는 특정 지식이 나오면 그중 핵심단어를 인터넷 백과사전에서 검색합니다.	예) 지진, 도플러 효과, 카이사르
요약 중심으로 읽기	인터넷 백과사전 검색 결과 위쪽에는 해당 지식을 한 줄로 정리한 '요약'이 있습니다. <u>본문 전체를 읽고 이해할 수 있다면 금상첨화겠지만 초보 독서가가 단번에 이해하기는 힘듭니다. 요약 중심으로 읽습니다.</u>	예) 지진 : 지구 내부의 에너지가 지표로 나와, 땅이 갈라지며 흔들리는 현상

요약에서 이해가 안 되는 개념 검색하기	요약을 읽어보면 이해가 되는 표현과 안 되는 표현이 있습니다. 이해가 안 되는 표현을 다시 인터넷 백과사전으로 검색합니다.	예) 지구 내부의 에너지
새 검색어 찾기	알아야 할 표현이 '지진'이나 '용암'과 같은 특정한 검색어일 때는 백과사전의 요약 중심으로 읽으면 됩니다. 하지만 '지구 내부의 에너지'와 같은 개념일 때는 이를 이해할 수 있는 검색어를 유추해서 검색해야 합니다.	예) 지구 내부 → 외핵, 내핵, 맨틀, 지각 → 맨틀 대류……

공부머리 독서법 9 – 인터넷 백과사전과 함께 읽는
청소년 지식도서 기본 독서법

400쪽 이상 되는 성인용 지식도서 한 권을 하루에 두 쪽씩 1년 안에 완전히 이해하면서 읽는 독서법입니다. 고등학교 교과서보다 어렵고 정보량도 많은 성인용 지식도서를 꼼꼼히 읽는 과정에서 언어능력이 비약적으로 발전하는데, 성적이 중위권인 학생의 경우 한 달만 해도 전 과목에 걸쳐 성적이 오릅니다. 만약 중학교 1학년 학생이 3년간 세 권의 책을 이 방식으로 읽는다면 고등학교에 진학해서 공부를 못하기가 어렵습니다. '하루에 두 쪽은 완전히 이해하겠다'는 자세로 읽어야 합니다. 물론 책이 워낙 어렵기 때문에 몇 번을 거듭해 읽어도 이해가 안 되는 부분이 있기 마련인데요. 그런 부분은 따로 표시해두었다가 책을 다 읽은 후 다시 살펴보면 됩니다. 중학교 1학년부터 실행 가능합니다.

청소년 지식도서 기본 독서법

성인용 지식도서 한 권 선정하기	아이가 관심을 갖는 분야의 책이어야 합니다.
머리말 반복독서	머리말을 완전히 이해합니다. 머리말을 필사하는 것도 좋은 방법입니다.
책 전체를 분석적으로 읽기	하루 1시간씩 두 쪽을 꼼꼼하게 읽습니다. 이해가 안 되는 부분, 문장은 반드시 표시해둡니다. 다 읽은 후, 혹은 읽는 중에 인터넷 백과사전으로 모르는 단어나 개념을 찾아봅니다.
이해 안 되는 부분 검토하기	책을 끝까지 읽은 후 이해가 안 되는 부분을 중심으로 다시 읽습니다.

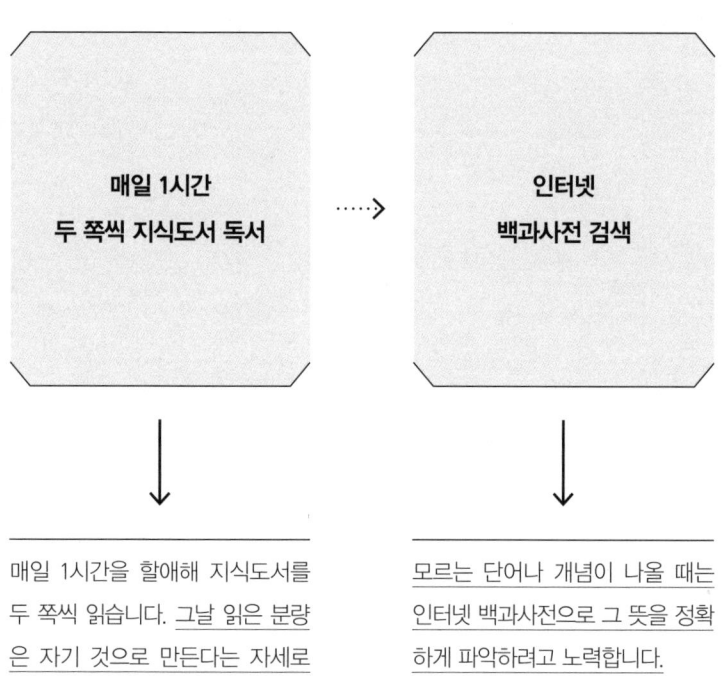

매일 1시간을 할애해 지식도서를 두 쪽씩 읽습니다. 그날 읽은 분량은 자기 것으로 만든다는 자세로 임해야 합니다. 두 쪽을 반복독서하거나 핵심 내용을 노트에 따로 정리하는 것도 좋은 방법입니다.

모르는 단어나 개념이 나올 때는 인터넷 백과사전으로 그 뜻을 정확하게 파악하려고 노력합니다.

02

지식도서로 가는 길은 생각보다 가깝다

- 그 많던 호기심은 어디로 갔을까?
- 편식해줘서 고마워
- 중학생인데 그림책을 읽으라고요?
- 지식도서 읽을 땐 밑줄이 필수다

정보 | 지식도서 읽는 법
공부머리 독서법 10 | 3개월 한 권으로 최상위 성적을 거두는 청소년 지식도서 강화 독서법

그 많던 호기심은
어디로 갔을까?

제대로 읽은 지식도서 한 권의 위력은 엄청납니다. 한 권만 완벽하게 읽어도 공부머리가 비약적으로 발달하죠. 그래서 "오늘부터 지식도서를 읽혀야겠어"라고 결심하는 부모님이 계실지도 모릅니다. 그런데 그런 의욕으로 밀어붙이면 백이면 백 실패하게 됩니다. 아이가 자발적으로 책을 뽑아들지 않는 한 무슨 수를 써도 지식도서를 읽힐 수 없습니다. 그런데도 강제로 밀어붙이면 아이는 책을 싫어하게 될 것이고, 독서교육은 실패로 귀결될 수밖에 없습니다.

호기심은 지식도서 읽기의 엔진입니다. 엔진 없는 차가 앞으로 갈 수 없듯 호기심 없는 아이는 지식도서를 읽을 수 없습니다. '바둑은 어떻게 두는 거야?'라는 아주 실용적인 호기심에서부터 '지렁이는 왜 다리가 없을까?' 하는 생물학적 호기심, '로봇에 대해 더 알고 싶어' 하는 특정 분야에 대한 호기심까지 그게 무엇이든 궁금증이 있어야 합니다. 물론 호기심 없이도 글자는 읽을 수 있습니다. 하지만 그렇게 읽으면 책을 읽는 동안 생각을 하지 않게 되고 생각을 하지 않으면 지식을 받아들이지도, 지식도서의 재미를 느낄 수도 없죠. 유아나 초등학생에게 매일 할당량을 정해 책을 읽히거나 전집을 반강제로 읽히는 방식은 일찌감치 포기해야 합니다. 아무런 효과도 볼 수 없는데다 아이가 책을 영원히 싫어하게 될 것이기 때문입니다.

아이들은 대체로 지식도서를 읽지 못합니다. 저학년이든 고학년이든 청소년이든, 호기심을 가진 아이가 거의 없습니다. 마치 우리 사회가 아이의 호기심을 제거하는 시스템을 갖추기라도 한 것처럼 말입니다.

수업을 해보면 호기심이 없는 이유를 어렴풋이 짐작할 수 있습니다. 아이들이 수업시간에 가장 자주 하는 말은 "저, 그거 알아요"입니다. 초등 저학년이든 고학년이든 아이들은 다 안다고 말합니다. 실제로 아는 것도 많습니다. 아이들은 원인이 제거된 결과를, 수많은 정보를 머릿속에 넣고 있습니다. 그리고 '안다'고 생각합니다. 다 아니까 궁금하지도 않습니다. 호기심이 있을 턱이 없죠.

심지어 아이들은 모르는 것도 안다고 합니다. 뭔가를 모르면 호기심이 생기는 게 아니라 자존심이 상합니다. 세상은 넓고 지식은 광대합니다. 그런데도 아이들은 자신이 많은 것을 안다고 믿고, 모르는 게 없어야 한다고 생각합니다. 이런 태도로는 그 무엇도 배울 수 없습니다. 지식을 대하는 태도 자체가 잘못돼있는 것입니다. 왜 그럴까요? 저는 그 이유가 두 가지라고 생각합니다.

첫째, 너무 일찍 공부를 시작합니다. 초등 1, 2학년 교과서에 지식이라고 할 만한 게 담겨있지 않은 데는 다 그만한 이유가 있습니다. 지식을 이해할 준비가 안 돼있기 때문입니다. 어릴수록 지식을 이해하기 힘들고, 정보를 받아들이는 방식이 단순합니다. 그런데 이 시기에 우리 아이들은 전집을 통해 과학, 역사, 사회, 정치에 대한 지식을 섭렵합니다. 그 결과 아이들은 복잡한 지식을 단순화해서 받아들이게 됩니다. '민주주의는 투표하는 것', '빅뱅은 꽝 터지면서 우주가 생겨난 것' 하는 식으로요. 당연합니다. 민주주의와 빅뱅의 발생 원인을 사고하는 것은 6, 7세 아이에게는 불가능한 일이니까요. 눈높이에 맞지 않는 지식을 주입하면 아이는 원인을 생각하지 않게 됩니다. 그러면서 자연스럽게 '뭘 안다는 것은 결과를 아는 것'이라는 잘못된 사고 체계를 내면화하죠. 사고 체계 안에 '원인'이 사라져버렸으니 궁금할 이유가 없습니다.

둘째는 잘못된 칭찬입니다. 아이가 '빅뱅'이나 '민주주의' 같은 용어를 사용하면 어른들은 그것을 학습의 효과라고 착각합니다. 그래서 "와, 그런 것도 알아? 너 정말 똑똑하다"라고 칭찬합니다. 그러면 아이는 자기가 정말 똑똑하다고 믿게 됩니다. 더불어 '지식이란 빅뱅이나 민주주의 같은 어려운 단어를 많이 아는 것'이라는 착각도 함께합니다. 그래서 이해도 안 되는 용어들을 마구잡이로 머릿속에 넣게 되고, 그 덕분에 똑똑하다는 칭찬도 계속 듣습니다. 이 악순환을 반복한 끝에 아이는 자기가 세상 모든 지식을 안다는 최악의 착각에 빠지게 됩니다. 사실은 지식은 없고 의미 없는 얕디얕은 정보만 가득한 것에 불과한데도 말이죠.

핀란드의 학교 교육은 독서 기반 교육입니다. 아이들이 수업을 위해 읽는 책 중에는 지식도서의 비중이 압도적으로 높죠. 이 독서의 힘이 핀란드 교육의 원동력입니다. 만약 우리나라 초등학교에서 지금 당장 이런 교육을 시행한다면 정상적으로 수업을 진행하지 못할 겁니다. 아이들이 지식도서를 읽어내지 못할 테니까요. 아는 게 많고 호기심이 부족한 한국의 아이들에 비해 핀란드의 아이들은 아는 것은 별로 없지만, 호기심이 많고 책에 대한 친화력이 높습니다. 그래서 독서 기반 교육이 가능하죠.

핀란드 영유아 교육의 핵심이 학습금지라는 것에 주목할 필요가 있습니다. 여기에는 학습이 영유아기의 두뇌 발달에 해악을 끼친다는 것 말고도 또 다른 이유가 숨어있습니다. 바로 호기심입니다. 영유아기는 호기심이 싹트는 시기입니다. 이 시기에 학습을 하게 되면 호기심이 시들어버리고 맙니다.

호기심과 학습은 정반대의 메커니즘을 갖고 있습니다. 호기심은 누군가에 의해서 주어지지 않습니다. 예를 들어 지식 전집을 읽어주며 "지구가 둥글다니 참 신기하지 않니?"라고 물어본다고 해서 아이의 호기심이 생기는 건 아니라는 거죠. 호기심은 아이가 발견하는 것입니다. 비 오는 날 지렁이를 발견했을 때 '지렁이들이 어디서 나온 거지?' 하고 호기심이 떠오르는 식입니다. 호기심은 아이가 세상을 관찰하는 과정에서 저절로 떠오릅니다. 그런데 학습은 정반대입니다. 호기심은 아이에게서 나오지만, 학습은 외부에서 들어옵니다. 호기심은 능동적이고, 학습은 수용적입니다.

아이 입장에서 보면 영어는 자기와는 아무 상관도 없는 이상한 지식입니다. 어느 날 갑자기 영어 학습지가 도착하고 그 앞에 앉아 영어 단어를 받아들입니다. 수학이나 지식 전집 역시 마찬가지입니다. 아이는 어느 날 갑자기 눈높이에 맞지도 않는, 생뚱맞은 지식을 받아들이게 됩니다. 지식이 외부로부터 쏟아져 들어옵니다. 이 과정에서 아이는 수용하는 사고를 내면화합니다. 사고의 기본 틀이 호기심과 정반대의 방향으로 고정돼버리는 겁니다. 이 경우 아이는

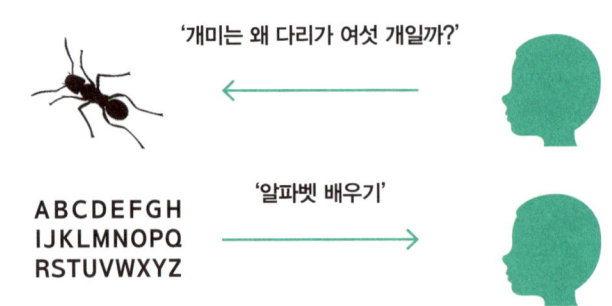

호기심과 학습은 사고의 방향이 정반대입니다

학습을 나와 상관없이 외부로부터 들어오는 것, 왜 배우는지 모르겠고 재미없으며 고통스러운 것이라고 느낍니다. 그 결과 반사적으로 주어진 학습, 해야만 하는 학습만 하려는 방어적 자세를 취하게 됩니다. 당연히 무언가를 궁금해하는 호기심도 위축되죠. 호기심이라는 연약한 싹이 학습이라는 거센 물살에 휩쓸려 가버리는 겁니다. 이렇게 한번 뿌리가 뽑히고 나면 아이의 마음은 호기심의 불모지가 되고 맙니다. 기적이 일어나지 않는 한 호기심이 다시 싹트기는 힘듭니다. 핀란드 교육 당국은 유년기 학습의 이와 같은 위험성을 잘 알기 때문에 제도적으로 학습을 금지했습니다.

영유아기에 쌓은 불완전한 지식은 대부분 큰 효용이 없습니다. 지금 당장은 다른 아이들보다 나아 보일 수 있지만 긴 호흡으로 보면 헛수고에 불과합니다. 한글을 일찍 배운다고 해서 아이의 언어 능력이 높아지는 것도 아니고, 조기 영어 교육을 한다고 해서 아이가 원어민 실력을 갖출 수 있는 것도 아닙니다. 수학을 일찍 배운다고 해서 남들보다 수학을 더 잘할 수 있는 것도 아닙니다. 대신 대뇌변연계의 성장이 저해되고 호기심이 사라질 뿐이죠.

영유아기 아이에게 필요한 것은 충분한 놀이입니다. 놀이터에서, 뒷마당에서, 모래밭에서, 계곡에서 아이는 세상을 만납니다. 놀이의 과정에서 아이는 자기 눈높이로 세상을 관찰합니다. 그러면서 자기 눈높이에 맞는 의문을 품게 되죠. '모래는 뭐지?', '달팽이도 뼈가 있을까?' 같은 것들 말입니다. 이게 바로 호기심입니다. 별것 아닌 것 같은 이 호기심을 잘 기르는 게 중요합니다. 호기심이 학습을 놀이로 만들어주고, 깊은 몰입을 가능하게 해주기 때문입니다. 그러려면 영유아기 때 뭘 배우면 안 됩니다. 아이에게 세상을 관찰할 충분한 시간을 주고, 아이가 질문을 던지기를 기다려야 합니다.

"개미는 왜 땅속에 살아?"

어느 날 아이가 묻는다면 이렇게 되물어보세요.

"네 생각은 어때?"

정답을 말해주지 않아도 됩니다. 중요한 것은 아이가 원인과 결과를 한 세트로 하는 지식 구조적 사고를 한다는 것이니까요.

"나무보다 땅이 파기가 쉬워서?"

"와, 진짜 그럴 수도 있겠네. 이따가 한번 확인해보자."

그리고 아이와 함께 도서관에 가서 개미의 생태를 다룬 그림책을 읽어주세요. 그 책에서 답을 찾는 거죠. 이 과정에서 아이는 두 가지 의미 있는 경험을 하게 됩니다. 하나는 스스로 질문을 던지고 답을 찾는 진짜 학습의 경험입니다. 자기 주도적이고, 호기심이 충족되는 즐거운 학습이죠. 이를 통해 아이는 학습에 대해 올바르고 긍정적인 마인드를 갖게 됩니다. 다른 하나는 '궁금한 게 있을 때는 책을 보면 된다'는 개념이 생기는 것입니다. 호기심을 지식도서로 충족해본 경험이 많으면 많을수록 아이는 궁금할 때마다 책을 찾아보게 될 테니까요. 매일 할 필요도 없습니다. 평소에는 아이가 좋아하는 그림책을 읽어주다가 이따금 아이가 호기심을 보일 때 지식도서를 보여주면 됩니다. 이것이 영유아기 최고의 교육입니다.

편식해줘서 고마워

아이에게 매일 책을 읽어주다 보면 누구나 발견하게 되는 공통 현상이 있습니다. 아이의 독서 취향이 한쪽으로 편중돼있다는 사실이죠. 하루 10권의 책을 읽어준다면 그중에 적어도 2~3권은 어제도 읽고, 그제도 읽은 책입니다. 아이들은 반복독서를 좋아하니까요. 반복독서가 교육적으로 효과가 큰 독서법이라는 사실은 이미 살펴본 바 있죠. 읽었던 책을 또 읽는 것만큼은 아니지만 한 분야의 책만 고집하는 아이도 꽤 많습니다. 흔히 독서 편식이라고 부르는 현상입니다.

부모님들이 교육 정보를 나누는 커뮤니티에 들어가 보면 독서 편식 때문에 고민하는 글을 심심찮게 볼 수 있습니다. 그리고 그에 대한 처방법도 꽤 다양하게 올라오죠. 물론 교정해야 할 독서 편식도 있습니다. 학습만화만 끼고 살거나, 퍼즐 북이나 만화 캐릭터가 가득 담긴 컬러링북만 보는 경우입니다. 이런 식의 독서 편식이 나쁜 이유는 이것이 사실상 독서가 아니기 때문입니다. 바꿔 말하면 실제 책 읽기가 이루어진다면 그것이 무엇이든 독서 편식은 나쁜 게 아닙니다. 오히려 적극적으로 권장할 일이죠.

독서 편식을 한다는 것은 자기가 좋아하는 분야가 확실하다는 뜻입니다. 이렇게 자기 취향이 뚜렷한 것을 우리는 개성이라고 부릅니다. 개성이 강한 아이는 주특기가 있고 마음의 에너지도 세죠. 만약 아이가 뭔가에 열광한다면 쾌재를 부를 만한 일입니다. 우리 아이가 뭔가에 미칠 수 있는 에너지를 가졌다는 강렬한 신호이기 때문입니다. 그리고 학습 측면에서 뛰어난 능력을 갖출 가능성이 큽니다.

일단 독서 편식을 하는 아이들은 몰입해서 책을 읽습니다. 어떤 아이가 공룡 책을 좋아한다고 해보죠. 그 아이는 공룡 책만 읽습니다. 어떤 공룡 책은 매일 반복해서 읽습니다. 심지어 장난감도 공룡 장난감만 삽니다. 이 꼬마 공룡 전문가는 알아서 숙련된 독서가로 성장하는 중입니다. 각종 공룡의 특징에서부터 공룡이 살았던 시대의 지질학적 특성, 공룡의 등장과 멸종 이유 등 '골고루' 읽는 또래 아이들이 접할 수 없는 고급한 지식을 상호 연결하면서 내면화합니다. 이 아이가 다른 아이들보다 공부머리가 뛰어날 것은 불을 보듯 뻔한 일입니다. 그런데 어느 날 갑자기 다른 책이 배달됩니다. 생활동화나 역사책 같은 아이의 관심사가 아닌 책들 말입니다.

"공룡 책만 읽으면 안 돼. 다양한 책을 읽어야 똑똑한 사람이 될 수 있어. 그러니 지금부터는 이런 책들도 읽어보자. 알았지?"

아이의 입장에서 한번 생각해보세요. 아이가 어제까지 흥미진진하게 책을 읽을 수 있었던 이유는 그 책이 공룡 책이었기 때문입니다. 그런데 오늘 갑자기 좋아하지도, 흥미가 가지도 않는 분야의 책을 읽어야 합니다. 그렇게 즐거웠던 독서가 갑자기 숙제로 돌변합니다. 그래도 부모님이 구슬리니 어쩔 수 없이 읽습니다. 아이는 부모님이 싫어하는 일을 하고 싶지 않으니까요. 하지만 실망과 낙담까지 감출 수는 없죠. 이 과정에서 아이는 두 가지 잘못된 생각을 품게 됩니다. 첫째는 자기가 그토록 신나게 탐험했던 공룡이라는 관심사가 보잘것없다는 생각입니다. 즐거워서 했던 놀이일 뿐 나의 성장에는 도움이 되지 않는, 쓸데없는 일이라고 여기게 되죠. 이후로 아이는 자기 안에서 떠오른 흥미나 호기심들을 같은 맥락에서 별 의미 없는 것으로 여기게 될 겁니다. 지적 열정과 호기심이 시드는 거죠. 둘째는 독서는 공부라는 생각을 하게 됩니다. 더 이상 독서는 자기가 관심이 가는 것을 탐구하는 즐거운 놀이가 아닙니다. 능력을 골고루 개발하기 위해 관심이 가지 않는 것도 억지로 읽어야 하는 학교 공부의 연장선일 뿐입니다. 그 결과 아이는 책으로부터 서서히 멀어집니다.

골고루 읽힌다고 마음먹는 순간 독서교육은 실패할 수밖에 없습니다. 호기심도 없고 지적 열정도 없는 독서는 아이에게 아무런 기쁨도 주지 못하기 때문입니다. 독서 편식을 가로막는 것은 스스로 숙련된 독서가로 성장해가고 있는 아이의 앞길을 막는 것과 같습니다.

다시 한번 말씀드리지만 독서의 주도권은 아이에게 있습니다. 독서 편식을 한다는 것은 열광할 수 있다는 것을 뜻합니다. 좋아하는 게 없는 것이 문제지 뭔가를 열렬히 좋아하는 것은 문제가 아닙니다. 오히려 기뻐할 일입니다. 부모님은 그저 아이에게 열렬한 응원을 보내주면 됩니다. 옳다구나 하고 마구 부채질을 해서 더 열광할 수 있도록 도와주시면 됩니다. 앞서 살펴보았던 지식도서 다독가 유형 중의 하나인 '마니아형'으로 성장할 수 있도록 말입니다.

아이가 어떤 분야에 관심을 가진다면 열렬히 지지해주세요. 무엇인가를 열렬히 좋아할 수 있는 것, 그 자체가 천재성입니다. 그리고 그에 맞는 책 읽기가 천재성을 완성합니다.

독서 편식은 그 기간의 길고 짧음의 차이가 있을 뿐 영원히 지속되지는 않습니다. 반드시 다른 영역으로 이어지게 돼있습니다. 지식은 별개의 단일한 체계로 존재할 수 없기 때문입니다. 지식도서를 읽게 만드는 힘이 호기심이듯 다른 분야의 책으로 넘어가게 하는 힘도 호기심입니다.

예를 들어 공룡 책을 읽다 보면 궁금증이 생길 수밖에 없습니다. '공룡은 왜 이렇게 클까?', '공룡을 멸종시킨 소행성은 어디서 날아온 걸까?', '선캄브리아기, 백악기 같은 지질 시대는 어떻게 나누는 걸까?' 등등 다양한 종류의 질문이 떠오를 수 있습니다. 어떤 질문이 아이의 마음을 사로잡느냐는 아이마다 다 다릅니다. 물론 이렇게 확장됨에도 그 분야에 대한 고유한 관심사가 이어지는 경우도 있습니다. 태민이의 경우가 그랬습니다.

태민이는 지질학자를 꿈꾸는 아이였습니다. 초등학교 시절 박물관에 갔다가 지질학에 관심을 갖게 되었다고 합니다. 다양한 종류의 암석들, 그 암석들이 만들어지는 과정, 혜성이나 소행성을 통해 지구로 날아온 외계 암석⋯⋯. 태민이는 지질학 이야기를 할 때 눈이 반짝반짝 빛났습니다. 그런데 이게 부모님의 고민거리였습니다. 어렸을 때는 그런가 보다 했는데 중학생이 되었는데도 여전하니 저러다가 정말 지질학자가 된다고 하면 어쩌나 걱정이 된다는 거였습니다. 이유는 간단했습니다.

"지질학자해서 돈을 벌 수 있겠어요?"

지질학이 비인기학과, 비인기 직종이라는 거죠. 어느 날 갑자기 태민이는 컴퓨터 프로그래머로 꿈을 바꾸었습니다. 이유를 물어보니 어머니가 했던 말을 똑같이 하더군요.

"지질학자는 돈 못 벌잖아요."

꼭 강제적으로 책을 뺏는 방법만 있는 게 아닙니다. 아이가 열광하는 분야를 쓸모없다고 여기게 만드는 것도 독서 편식을, 독서를 가로막는 방법입니다.

꿈을 바꾸면서 태민이는 엇나가기 시작했습니다. 책에서 손을 놓고, 밤새 게임을 하고, 공부를 도외시하기 시작했죠. 물론 태민이가 엇나간 것이 꼭 지질학자의 꿈을 잃어서만은 아닙니다. 가정불화도 한몫 단단히 했습니다. 하지만 꿈을 잃은 것도 적지 않은 영향을 끼친 것은 틀림없었습니다. 중학교 2학년 때 이미 수능 국어 영역 80점을 넘겼고, 전교 10등 밖으로 밀려나 본 적 없던 태민이는 이상하리만치 무기력해지고 말았습니다.

"공부를 하는 게 무슨 의미가 있는지 모르겠어요. 그냥 제가 재밌는 거 하면서 살고 싶어요."

태민이는 마음의 힘을 잃어버렸습니다.

아프리카 초원의 동물들은 저마다 다르게 타고납니다. 침팬지는 숲에 있을 때 빛나고, 사자는 사냥을 할 때 가장 힘이 넘칩니다. 아이들 역시 마찬가지입니다. 어떤 아이는 사업가로, 어떤 아이는 선생님으로, 또 어떤 아이는 학자로 태어납니다. 침팬지에게 사냥을 하라거나 사자에게 풀을 뜯어 먹으라고 해서는 안 됩니다. 그것은 가능하지 않습니다. 부모님이 원하는 꿈을 아이에게 강요해서는 안 됩니다. 아이가 어떤 재능을 타고났는지가 중요합니다. 보통은 쉬 알아채기 힘듭니다. 하지만 독서 편식을 하는 아이들은 쉽게 알 수 있습니다. 지질학을 좋아한다면 지질학에 심취하게 두시면 됩니다. 태민이가 그랬듯 그것만으로도 아이는 공부를 잘할 겁니다. 그 다음은 그 다음에 가서 두고 볼 일입니다.

중학생인데 그림책을 읽으라고요?

호기심은 영유아기에 싹틉니다. 다시 말해 이미 초등 고학년이거나 중고등학생인데 지식도서를 좋아하지 않는 상태라면 사실상 호기심의 힘으로 읽는 것은 불가능합니다. 지식도서 독서를 포기하고 이야기책 위주의 독서를 하는 편이 훨씬 더 현실적이죠. 굳이 지식도서를 읽히고 싶다면 아주 세심하고 전략적인 접근이 필요합니다. 지금부터 제가 말씀드릴 방법들은 "공부를 열심히 하면 누구나 공부를 잘할 수 있다"처럼 공허할 수 있습니다. 방법은 있으나 실행하기가 지극히 어렵습니다. 그런데도 말씀드리는 것은 해낼 수 있을지도 모른다는 가능성 때문입니다.

1단계 : 언어능력을 길러라

먼저 아이가 지식도서를 읽을 수 있는 상태인지 판단해야 합니다. 지식도서를 읽으려면 최소한 자기 연령대 적정치 이상의 언어능력이 필요합니다. 초등 고학년이라면 장편 동화를 한 번 읽고 주요 내용을 상세히 파악할 수 있을 정도가 되어야 하죠. 장편 동화조차 제대로 못 읽는 아이에게 지식도서를 읽히는 건 걸음마도 못하는 아이에게 달리기를 시키는 것만큼이나 무모합니다. 자칫 잘못했다가는 그 길로 독서교육이 끝날 수 있습니다.

아이가 초보 독서가라면 이야기책을 통해 충분한 독서 훈련부터 시켜주세요. 최소 1년 이상 이야기책을 읽어서 또래 적정치 이상의 언어능력을 갖추어야 합니다. 이것이 지식도서 독서를 위한 최소한의 필요조건입니다.

2단계 : 충분한 대화를 나눠라

아이가 이야기책 읽기를 충분히 했고, 또래 적정치 언어능력을 갖추었다면 지식도서를 읽을 수 있는 기본 조건은 갖춘 셈입니다. 일단 아이와 함께 지식도서 독서에 대한 이야기를 나누세요. 지식도서 독서의 필요성에 대해 충분히 말씀해주신 후 아이의 생각을 듣습니다. 지식도서 독서에 대한 호불호, 관심이 가는 분야, 지식도서를 읽는 데 필요한 조건 등을 듣습니다.

사실 초등 고학년 아이에게 지식도서 독서의 필요성을 설득시키기는 어렵습니다. 일단 지금도 그런대로 공부를 잘하기 때문에 절박함이 부족하고, 어른들이 어떻게 생각하든 본인은 공부라면 지금도 많이 하고 있다고 여기기 때문입니다. 그래서 초등 고학년에게는 아이가 솔깃해할 만한 당근을 제시해야 합니다. 아이가 싫어하는 사교육을 줄여주거나, 놀이시간을 보장해주는 식으로 말입니다. 아이와 일종의 협상을 하는 거죠. 협상의 기본은 '기브 앤 테이크' 아니겠습니까. '지식도서 독서'를 얻는 대신 무엇을 내놓을 수 있는지 충분히 생각하신 후 협상에 임하세요.

3단계 : 쉬운 책을 읽혀라

저는 아이들과 함께 책을 읽는 강사이자, 어린이책을 쓰는 작가입니다. 그런데 이 두 가지 일을 하다 보면 괴리감을 느낄 때가 많습니다. 아이들이 실제로 읽을 수 있는 책과 책의 독서 연령이 서로 맞지 않기 때문입니다. 예를 들어 초등 3~4학년용으로 분류된 지식도서는 초등 3, 4학년이 읽기 어렵습니다. 책을 잘 읽는 초등 5, 6학년이 간신히 읽을 수 있는 수준이죠. 초등 5~6학년용 지식도서도 초등 5, 6학년이 읽기 힘듭니다. 이런 현상은 전 연령대에 걸쳐 일어납니다. 지식도서가 이야기책보다 훨씬 읽기 까다로운 책인데도 출판사들이 이야기책의 원고량에 맞춰 지식도서의 대상 연령을 정하기 때문입니다. 초등 3~4학년용 이야기책이 100~150쪽 분량이라면 지식도서 역시 100~150쪽으로 맞추는 식이죠.

아이의 연령보다 낮은 수준의 책을 주세요. 초등 5, 6학년이라면 초등 3~4학년 수준의 책, 초등 1~2학년 수준의 책 심지어 유아동용 지식 전집을 주셔도 됩니다. 정서를 다루는 이야기책은 가능하면 자기 연령에 맞는 책을 주시는 게 좋습니다. 하지만 지식도서는 다릅니다. 지식도서 독서의 첫 번째 목표는 아이가 지식을 처리하는 훈련을 하는 것입니다. 책이 단순하고 간단할수록 이 훈련을 쉽고 재미있게 할 수 있습니다.

단, 원리나 정보를 이야기로 푸는 지식도서와 학습만화는 제외입니다. 순수하게 지식을 다룬 책을 고르셔야 합니다.

추가정보 : 유아동용 지식 전집 활용하기

고등학교 입학을 앞둔 중등 3학년 학부모님 중에는 아이의 상식 부족을 걱정하는 분이 많습니다. 영어, 수학은 잘하지만 상식이 부족해서 나머지 과목을 과연 잘 따라갈 수 있을까, 생각하시는 거죠. 그런 부모님들께 제가 매번 드리는 말씀이 있습니다.

"도서관 어린이실에 있는 지식 전집들을 빌려서 읽게 하세요. 고등 교과에 필요한 기본 상식들은 거기 다 들어있거든요."

중등 3학년에게 유아동용 지식 전집을 추천하다니 좀 이상하죠? 그런데 사실입니다. 단기간에 상식을 쌓는 데 유아동용 지식 전집만큼 좋은 게 없습니다.

유아동용 지식 전집은 내용이 충실합니다. 교과연계를 목표로 하기 때문에 초등 교과에 필요한 지식 대부분을 담고 있습니다. 다만 상세한 정보들은 되도록 줄이고 핵심 개념을 이해시키는 데 주력하죠. 그런데 이 핵심 개념은 중학교, 고등학교 학습에도 기본적으로 필요한 것들입니다. 이 개념이 확고한 아이들은 더 쉽게 공부할 수 있습니다. 또한 유아동용 지식도서를 꼼꼼히 읽으면 개념을 이해하는 훈련도 할 수 있습니다. 짧고 쉬운 언어로 돼있어서 큰 고통 없이 개념 이해 훈련을 할 수 있죠. 중등 3학년에게도 유용한 책이니 초등 고학년이 읽으면 당연히 더 좋습니다.

유아동용 지식 전집은 도서관 어린이실에 가면 차고 넘치게 비치돼있습니다. 이야기 형식으로 된 전집 말고 개념 위주로 설명하는 전집을 고르시면 됩니다. (역사 분야는 이야기 형식의 책으로 읽어도 좋습니다.) 이야기 안에 지식을 녹이는 방식의 전집은 중등 3학년의 정서 수준에 맞지 않아 아이들이 거부감을 느낄 수 있습니다.

전집은 분량이 길지 않기 때문에 10~20분이면 한 권을 다 읽을 수 있습니다. 쉽고 빠르게 해당 분야의 핵심 지식을 습득할 수 있죠. 예를 들어 한국사 전집을 100권 읽고 나면 아이의 한국사 실력은 상당한 수준이 됩니다. 물론 지식을 파악하는 능력도 몰라보게 좋아집니다. 이 아이에게 성인용 한국사 책을 줘보세요. 아주 쉽게, 재미있어하면서 읽을 수 있습니다.

지식도서 읽을 땐
밑줄이 필수다

이야기책과 지식도서는 읽는 방법이 다릅니다. 일반적인 동화나 청소년 소설은 주인공에게 감정이입을 한 채 쭉 읽으면 됩니다. 사건을 따라가는 이야기의 특성상 이렇게만 읽어도 책의 내용을 충분히 파악할 수 있고 재미도 느낄 수 있죠. 하지만 지식을 이해해야 하는 지식도서는 이렇게 읽으면 안 됩니다. 이야기책 읽듯 술술 읽으면 지식이 머릿속에서 뒤엉켜 뒤죽박죽이 되고 맙니다. 읽긴 읽었는데 뭘 읽었는지 알 수 없는 상태가 되기 쉽습니다.

지식도서를 읽는 데는 두 가지 기본 공식이 있습니다. 첫째, 머리말을 완벽하게 읽습니다. 이야기책의 경우 그 이야기의 정수, 이야기의 모든 요소가 압축돼있는 부분은 첫 단락입니다. 그래서 첫 단락을 필사하는 것이 그 책을 깊게 이해하는 데 큰 도움을 줍니다. 반면 지식도서는 그 책의 주제, 주요 지식과 논리를 압축하고 있는 부분이 머리말입니다. 책을 쓴 이유가 무엇이고, 매 장마다 어떤 내용을 왜 다루고 있는지 일일이 설명하는 경우도 많습니다. 지식도서의 머리말은 그 책 전체의 논리 구조를 보여준다는 점에서 일종의 지도라고 할 수 있습니다. 따라서 머리말을 완벽하게 이해한다는 것은 지도를 머릿속에 넣고 여행을 하는 것과 같습니다. 숙련된 독서가들도 이런 방식으로 읽는 게 이상적이죠. 성인용 지식도서를 처음 읽는 아이들은 좀 더 세밀한 독서법이 필요합니다. 머리

말에 밑줄을 그으며 읽는 것만으로는 이해하기가 쉽지 않기 때문입니다. 가장 좋은 방법은 지식도서를 읽기 전에 머리말을 필사하는 것입니다.

둘째는 연필을 들고 핵심 문장이나 이해가 되지 않는 부분에 밑줄을 그으며 읽는 것입니다. 초보 독서가의 경우 지식도서의 논리 전개 방식에 아직 익숙하지 않기 때문에 밑줄을 긋는 것에 더해 문단별, 소제목별로 끊어 읽는 훈련을 할 필요가 있습니다. 빌 브라이슨의 《거의 모든 것의 역사》 도입부 〈1장. 우주의 출발〉을 예로 들어보겠습니다.

> 양성자가 얼마나 작고, 공간적으로 하찮은 것인가는 아무리 애를 써도 제대로 이해할 수 없다. 양성자는 그저 너무나도 작기 때문이다. 양성자는 그 자체가 비현실적으로 작은 원자의 아주 작은 일부분이다. 양성자는 알파벳 i의 점에 해당하는 공간에 5000억 개가 들어갈 수 있을 정도로 작다. 5000억이면 5만 년에 해당하는 시간을 초 단위로 표시한 것보다도 더 큰 숫자이다. 그러니까 아무리 잘 표현하더라도, 양성자는 지나칠 정도로 작은 셈이다.
>
> 《거의 모든 것의 역사》(빌 브라이슨 지음, 까치) 중에서

먼저 한 문단을 읽고 멈춥니다. 그리고 모르는 단어나 개념, 문장에 연필로 표시를 합니다. 여기서 유념해야 할 것은 대충 아는 것은 아는 게 아니라는 점입니다. 들어본 적은 있지만 정확한 정의를

모르는 단어도 표시를 해주어야 합니다. 일테면 '양성자' 같은 단어 말입니다. 그리고 첫 번째 문단의 핵심 내용을 책 여백에 적습니다. 이 경우 '양성자는 작다'가 되겠네요. 그 다음은 두 번째 문단을 읽으며 똑같은 과정을 반복합니다. 모르는 단어나 개념이 없다면 별도로 표시하지 않습니다. 두 번째 문단의 핵심 내용, '양성자는 작다, 강조'를 책 여백에 적습니다. 같은 방법으로 세 번째 문단, 네 번째 문단을 계속 읽어나갑니다.

이렇게 단락(또는 소제목) 하나를 다 읽고 나면 다시 맨 처음으로 돌아갑니다. 그리고 눈으로 문단의 핵심 내용을 훑습니다. '양성자는 작다 - 양성자는 작다, 강조……' 하는 식으로요. 이렇게 눈으로 한 번만 훑어도 내가 읽은 단락의 내용이 일목요연하게 정리됩니다. 또 논리의 전개 방식도 깨닫게 되죠.

모르는 단어나 개념, 문장을 이 단계에서 반드시 알아야 하는 것은 아닙니다. 각 문단의 핵심 내용을 파악하는 데 무리가 있을 때는 인터넷 백과사전을 찾아보되, 그렇지 않을 때는 다음 단락으로 넘어가면 됩니다. 이렇게 하는 데는 두 가지 이유가 있습니다. 하나는 책 읽기의 재미를 반감시키지 않기 위해서입니다. 모르는 것을 파악하느라 책 읽는 속도가 너무 떨어지면 아무래도 김이 새니까요. 둘째는 책을 읽는 과정에서 모르는 단어나 개념을 알게 될 가능성이 크기 때문입니다. 예를 들어 뒷부분에 '양성자'가 무엇인지 설명하는 내용이 나오는 식이죠. 책을 끝까지 다 읽은 후 모르는 단어와 개념을 표시해둔 것을 다시 훑어봅니다. 그때 찾아서 알아보면 됩니다.

이렇게 문단별, 단락별, 소제목별로 내용을 파악하면서 읽는 것이 지식도서 독서의 기본입니다. 이렇게 한 권만 읽어도 공부의 효율성이 달라집니다. 과목당 학습시간이 줄고 사회, 과학 계열의 성적이 오릅니다. 물론 핵심 내용을 파악하면서 읽었기 때문에 읽는 족족 상식도 늡니다. 두 권, 세 권을 읽으면 그만큼 더 뛰어난 지식처리 능력과 더 넓은 상식을 갖게 됩니다. 이런 방식으로 세 권만 읽고 나면 그 다음부터는 굳이 문단의 핵심을 적지 않아도 머릿속에 바로바로 정리하면서 읽을 수 있게 됩니다. 지식도서 독서 실력이 늘었기 때문입니다. 읽는 족족 이해할 수 있습니다.

이 방식은 유아나 초등학생에게는 적합하지 않다는 점을 강조드립니다. 유아나 초등학생에게 이런 독서를 시키면 독서 자체를 싫어하게 됩니다. 적어도 중학생은 되어야 효과를 볼 수 있습니다. 특히 내신 성적이 좀처럼 오르지 않는 중고등학생이 하면 큰 효과를 거둘 수 있습니다. '교과서가 쉽다'는 게 무슨 뜻인지 온몸으로 느끼게 될 테니까요.

지식도서 읽는 법

지식도서 독서에 익숙하지 않은 아이가 이야기책 읽듯 지식도서를 읽으면 독서 효과를 거의 볼 수 없습니다. 책 속에 담긴 지식을 이해하지 못 하는 것은 물론이고 지식을 이해하는 능력도 기를 수 없지요. 지식도서 독서에 능숙해지려면 단련이 필요합니다.

초보 독서가가 지식도서 읽는 법

1 연필 들고 읽기	연필로 할 일 · 모르는 단어 표시 · 이해가 안 되는 문장, 문단 표시 · 핵심 문장 밑줄 · 책 여백에 문단 핵심 메모 · 책 여백에 궁금한 점 메모
2 머리말 세 번 정독	· 1차 독서 : 연필을 들고 표시하며 읽기 · 2차 독서 : 표시한 부분에서 모르는 단어의 뜻을 인터넷 백과사전으로 찾아보며 읽기 · 3차 독서 : 꼼꼼하게 다시 정독
3 소단원별로 나눠 읽기	· 소단원 하나를 '1. 연필을 들고 읽기'의 방식으로 정독하기 · 연필로 표시한 부분을 눈으로 훑으며 머릿속으로 내용 정리하기
4 끝까지 읽기	· 1~3번의 방법으로 책을 끝까지 읽기 · 연필로 표시한 부분 중에 모르는 단어나 개념을 인터넷 백과사전으로 찾아서 이해하기

10권, 20권을 '초보 독서가가 지식도서 읽는 법'으로 읽어야 하는 것은 아닙니다. 아이가 숙련된 지식도서 독서가로 변신하는 데는 세 권이면 충분하기 때문입니다. 세 권을 '초보 독서가가 지식독서 읽는 법'으로 읽고 나면 그 다음 책은 한결 쉽고 빠르게 이해하면서 읽을 수 있습니다. 물론 교과서도 아주 쉽게 이해할 수 있죠.

숙련된 지식도서 독서가가 되는 법

1 한 권 읽기	· 서점이나 도서관에 들러 흥미가 가는 분야의 책들을 살펴봅니다. · 읽을 책 한 권을 정해 '초보 독서가가 지식도서 읽는 법'으로 읽습니다.
2 두 권 더 읽기	· 앞서 읽은 책과 같은 분야 혹은 연관 분야의 책 두 권을 고릅니다. · '초보 독서가가 지식도서 읽는 법'으로 두 권을 읽습니다.
3 숙련된 독서가의 방식으로 읽기	· 같은 분야의 책 한 권을 골라 머리말을 두 번 정독합니다. · 연필로 모르는 단어, 이해가 안 가는 문장, 문단, 핵심 문장만 표시하면서 끝까지 읽습니다. · 다 읽은 후 표시한 부분을 눈으로 훑으며 머릿속으로 정리합니다.
4 다른 분야의 책 읽기	· 다른 분야의 책을 '3. 숙련된 독서가의 방식으로 읽기'와 같은 방법으로 읽습니다. · 한 번 읽고 책의 내용을 파악할 수 있습니다.

공부머리 독서법 10 – 3개월 한 권으로 최상위 성적을 거두는
청소년 지식도서 강화 독서법

지식도서 다독을 통해 언어능력을 끌어올리는 독서법으로 평소에는 지식도서 독서에 집중하다가 시험기간 2~3주 전부터 학교 공부에 집중합니다. 이 독서법을 실행할 수 있는 아이는 성인 기준으로 봐도 뛰어난 언어능력을 갖추고 있기 때문에 2~3주간의 공부만으로도 최상위의 성적을 거둘 수 있습니다.

한 학기 독서 계획표

학기 시작 ~ 중간고사 2~3주 전	성인용 지식도서 한 권 읽기	· 머리말을 완전히 이해합니다. · 연필을 들고 분석적으로 읽습니다.
중간고사 2~3주 전 ~ 중간고사 기간	시험 공부하기	중간고사 기간 전 2~3주간은 시험공부에 집중합니다.
중간고사 끝난 뒤 ~ 기말고사 2~3주 전	성인용 지식도서 한 권 읽기	· 머리말을 완전히 이해합니다. · 연필을 들고 분석적으로 읽습니다.
기말고사 2~3주 전 ~ 기말고사 기간	시험 공부하기	기말고사 기간 전 2~3주간은 시험공부에 집중합니다.

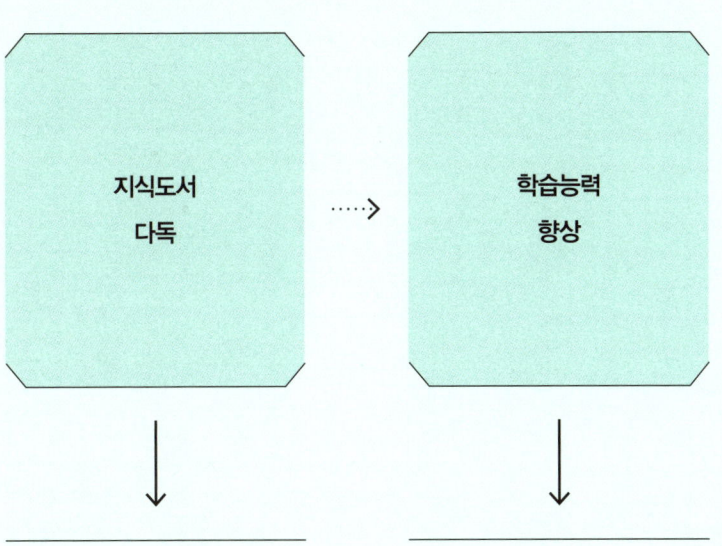

평소에는 지식도서를 읽으며 언어능력을 끌어올립니다. 도서의 선택은 교과연계에 연연하지 말고 철저히 아이의 선택에 맡겨야 합니다. 아이가 흥미를 느끼는 분야의 책을 재미있게 읽는 것이 핵심이기 때문입니다. 지식도서의 특성상 충분히 이해하면서 읽는 것만으로 언어능력이 비약적으로 성장합니다.

시험기간 전 2~3주간은 교과 공부에 집중합니다. 지식도서 독서를 통해 언어능력을 끌어올린 상태이기 때문에 시험공부를 단기간에 효율적으로 할 수 있습니다. 학습에 대한 심리적 피로감이 적어 집중력도 잘 발휘하죠. 단기간에 집중적으로 학습하고 뛰어난 성적을 거두게 됩니다.

단기간에 언어능력을
끌어올리는 방법

- 부작용을 방지하는 몇 가지 조언

- 슬로리딩: 샅샅이 살펴보고 끊임없이 질문하라
  공부머리 독서법 11 | 1년 한 권 슬로리딩 훈련법

- 반복독서: 위인들의 독서법
  공부머리 독서법 12 | 한 권을 세 번씩 읽는 반복독서법

- 필사: 눈보다 손이 더 깊게 읽는다
  공부머리 독서법 13 | 1년에 책 한 권을 베껴 적는 필사 강화 독서법

- 초록: 나만의 지식 지도 그리기
  공부머리 독서법 14 | 개념화 능력을 기르는 초록 독서법

정보 | 우리 아이에게 맞는 공부머리 독서법 찾기
정보 | 우리 아이 독서 계획 세우기

부작용을 방지하는
몇 가지 조언

이번에는 언어능력을 단기간에 극단적으로 끌어올리는 방법을 다루어보겠습니다. 아이가 언어능력의 효용을 깨닫고 시험공부를 하듯 작심하고 언어능력을 끌어올리고 싶어할 때, 혹은 단기간에 급격하게 언어능력을 끌어올려야 할 때 쓸 수 있는 방법들입니다.

이 책에 소개된 대부분의 독서 방법이 그렇듯 이번 장에 소개할 방법들도 제가 새로이 개발한 것이 아닙니다. 제가 아이들에게 책을 읽히는 과정에서 발견한 이 방법들은 사실 유사 이래 수많은 사람이 써왔던, 그 효과에 대한 검증이 이미 끝난 방법들입니다. 좀 거창합니다만 독서에 관한 인류의 유산이며, 더불어 제가 오늘날의 교육 현장에서 아이들에게 적용해 그 효과를 직접 검증한 방법들이기도 합니다. 한마디로 믿으셔도 좋다는 거죠.

본격적인 이야기에 앞서 몇 가지 당부 말씀을 드리겠습니다. 첫째, 지식도서 읽기가 그렇듯 이 방법들도 강제로 해서는 안 된다는 점입니다. 부모님이 하실 수 있는 일은 아이에게 이런 방법들이 있다고 소개하고 설득하는 정도입니다. 메커니즘상 강제로 하면 효과를 보기 힘듭니다. 자칫 잘못하면 부작용만 떠안을 수 있습니다. 다만 아이가 이 방법을 활용하는 데 동의한다면 그 실행에 있어서는 부모님의 도움이 큰 힘이 될 수 있습니다. 이 장에서 다루는 방법들은 대부분 매일 일정 시간을 투자해야 하는 장기 프로젝트입니다. 아이 혼자만의 힘으로는 지속하기 힘듭니다. 가장 중요한 것은 독서법을 실행할 수 있는 시간을 확보해주는 것입니다. 아이가 그날 읽은 부분에 대해 관심을 갖고 이야기를 들어주는 노력도 필요합니다. 또 응원의 차원에서 적절한 보상을 해주는 것도 효과적일 수 있습니다.

둘째, 이 방법은 중학생 이상 청소년에게만 적용해야 합니다. 생리적 특성상 초등학생은 실행하기가 매우 어려울 뿐만 아니라 설사 해낸다 하더라도 극심한 스트레스가 될 수 있기 때문입니다. 같은 이유로 자기 또래 적정치의 언어능력을 갖추지 못한 청소년에게도 적용할 수 없습니다. 자기 연령대에 맞는 이야기책조차 제대로 읽지 못하는 아이에게 이 독서법은 견디기 힘든 고통이 될 수밖에 없습니다. 독서가 스트레스가 되는 순간, 독서교육은 끝나고 만다는 점을 꼭 기억해주시기 바랍니다.

지금부터 소개해드릴 방법은 책 읽기를 할 때 발생하는 사고의 양을 극대화한다는 동일한 원리를 갖고 있습니다. 그 효과가 매우 커서 3개월만 해도 언어능력과 성적 상승을 수치상으로 확인할 수 있을 정도입니다. 몇 년간 꾸준히 한다면 입시에 성공하는 것은 물론 글로벌 리더까지는 몰라도 오피니언 리더로 성장할 수 있다고 자신합니다. 매일 꾸준히 해야 하고, 장기간 지속해야 하는 독서법이긴 하지만 그럴만한 가치는 충분합니다.

슬로리딩 :
샅샅이 살펴보고 끊임없이 질문하라

제가 슬로리딩에 관심을 갖게 된 것은 속독을 하는 아이들 때문이었습니다. 빨리 읽을수록 언어능력 상승효과가 낮다면 반대로 책을 샅샅이 곱씹으며 읽을수록 언어능력 상승효과가 커지지 않을까 생각했지요. 이론적으로는 확신이 들었지만 슬로리딩을 논술 수업에 적용하기는 쉽지 않았습니다. 그저 아이들에게 천천히 읽을수록 좋다고 강조하는 게 고작이었죠. 그러다 나다 중학교의 국어 교사였던 하시모토 다케시의 《슬로리딩》(조선북스)이라는 책을 접하게 됐습니다. 천천히 읽는 독서법을 이미 오래전에 교육 현장에 적용해 큰 성공을 거둔 분이 계셨던 겁니다. 그리고 그 효과는 제가 짐작한 것 이상으로 컸습니다.

나다 학교는 지방 소도시에 있는 그저 그런 학교였습니다. 대도시 아이들에게 열등감을 가진, 종종 칼부림을 할 정도로 거친 아이들이 그 학교의 학생이었습니다. 그런데 이 작은 학교가 어느 날 갑자기 전국에서 가장 유명한 학교가 되었습니다. 나다 학교가 도쿄대학교 합격생을 가장 많이 배출한 학교가 되었기 때문입니다. 그것도 한 해만 그런 게 아니라 이듬해에도, 그 이듬해에도 같은 결과가 계속 이어졌으니 일본 교육계가 발칵 뒤집힐 수밖에 없었죠. 수많은 매스컴이 나다 학교를 취재하면서 남다른 교육법의 실체가 밝혀졌습니다. 바로 하시모토 다케시 선생의 나다 중학교(나다 학교는 초·중·고등학교로 이뤄져 있습니다) 국어 수업이었습니다.

　다케시 선생의 국어 수업은 파격적이었습니다. 일단 교과서로 수업하지 않습니다. 대신 나카 간스케의 《은수저》(작은씨앗)라는 소설책 한 권으로 중등 3년간의 국어 수업을 합니다. 수업 방법은 이렇습니다. 책을 부분 부분으로 나눠 수업시간마다 조금씩 읽어오게 합니다. 이 방법의 1차적인 효과는 책을 싫어하는 아이도 읽게 만든다는 점입니다. 소설책 한 권을 잘게 나누기 때문에 매주 읽어야 하는 독서량의 부담이 거의 없죠. 수업시간에는 이 짧은 분량을 한 문장 한 문장 샅샅이 살펴보면서 분석하고 의견을 나눕니다. 사소한 표현부터 등장인물의 심정, 상징, 소설 속에 등장하는 옛 풍속까지 그야말로 모든 요소를 이 잡듯이 뒤집니다. 심지어 소설에 등장한 음식을 수업시간에 먹어보기도 합니다.

　이렇게 소설 한 권을 느린 속도로 샅샅이 파헤치는 것은 엄청난 효과를 발휘합니다. 그냥 읽었을 때는 도저히 생각해볼 수 없는 깊이로 소설책을 읽을 수 있기 때문입니다. 깊은 독서의 경험은 독서의 질을 비약적으로 끌어올립니다. 다른 책을 읽을 때도 소설의 요소요소를 더 깊고 자세히 들여다볼 수 있기 때문입니다. 실제로 다케시 선생은 학생들에게 《은수저》 외에 한 달에 한 권 자유 독서를 하게 했는데, 이 한 권 한 권의 독서의 깊이가 학생들의 언어능력을 엄청나게 끌어올렸을 것은 불을 보듯 뻔한 일입니다. 다케시 선생의 제자들은 그 언어능력의 힘으로 명문대에 진학했고, 더 나아가 고위 공무원, 유명 문학가, 대학 총장, 정치인, 대기업 임원이 될 수 있었습니다.

2018년부터 우리나라 전국 초중고에서도 '한 학기 한 권 읽기'가 시행됩니다. 슬로리딩이 제도화되는 것이죠. 이제 막 시작되는 터라 여러 가지 시행착오를 겪게 되겠지만 한 가지 방법만 명심하면 그 어떤 수업보다 큰 성과를 거둘 수 있습니다. 방법은 간단합니다. 사사건건 '왜?'라고 묻는 것입니다.

단어와 문장에 관한 질문을 던지는 방법은 필사를 다룰 때 살펴보고, 여기서는 구성에 관해 질문을 던지는 방법을 알아보겠습니다. 앞서 살펴보았듯 이야기는 플롯이라는 기본 뼈대를 가집니다. 그런데 이 뼈대는 단순히 이야기를 진행시키는 역할만 하는 게 아닙니다. 이 뼈대 아래에는 이야기의 주제를 드러내는 상징이 도사리고 있죠. 동화나 청소년 소설, 장르 소설은 이 상징을 읽어내기가 비교적 쉽고, 성인들이 읽는 본격 소설이나 고전 명작은 이 상징이 깊고 은밀한 경향을 띱니다. 그래서 겉으로 드러나는 이야기만 읽으면 그 작품을 완전히 잘못 읽는 경우도 생깁니다.

예를 들어 생텍쥐페리의 《어린 왕자》를 겉으로 드러난 이야기로만 읽으면 'B-612 행성의 외계인 어린 왕자가 까탈스러운 장미를 떠나 우주여행을 하다가 지구까지 왔고, 다시 자기 별로 돌아가는 이야기'가 됩니다. 이렇게 읽으면 《어린 왕자》는 동화적이고 예쁜 이미지로 가득하지만 좀 괴상하고 지루한 책이 됩니다. 이야기의 진가를 알려면 기본적으로 '왜?'라는 질문을 던지며 읽어야 합니다.

첫 번째 질문은 '왜 이렇게 시작했을까?'입니다. 앞서 작가들이 첫 문장에 심혈을 기울인다는 말씀을 드렸습니다. 첫 문장에 심혈을 기울인다는 건 곧 첫 문단, 첫 단락에 심혈을 기울인다는 걸 뜻합니다. 이야기의 핵심을 압축해서 숨겨두거나 그에 준하는 화두를 감춰두는 경우가 많습니다. '지금부터 나는 이런 이야기를 하려고 한다' 하고 독자에게 예고 내지는 선전 포고를 하는 것입니다. 이 선전 포고를 잘 해석하면 일단 절반은 끝난 거나 마찬가지입니다. 그러니 첫 단락을 읽고 나면 멈춰 서서 곰곰이 생각하는 시간을 가져야 합니다. 예를 들어《어린 왕자》를 읽는다고 해보죠. 도입부의 내용은 다음과 같습니다.

> 어린 시절, 화가가 꿈이었던 '나'는 코끼리를 삼킨 보아뱀을 그렸다. 그런데 사람들은 그 그림을 보고 모자라고 했다. '나'는 사람들이 그림을 알아보지 못한 데 실망해 화가의 꿈을 포기했다.

이걸 겉으로만 읽으면 좀 이상하고 심심한 도입부가 돼버립니다. 제목이《어린 왕자》인데 어린 왕자 얘기는 한마디도 안 나오고, 무슨 사건이 일어날 거라는 예감도 들지 않습니다. '화가의 꿈을 포기했군' 하고 심리적으로 완결돼버리죠. 아이들이《어린 왕자》를 재미없어하는 것도 다 이렇게 겉으로만 읽기 때문입니다.

그런데 이 도입부에 핵심이 숨어있다고 생각하면 완전히 달라집니다. '왜 이렇게 시작했을까?'라는 질문을 품고, 이 첫 단락이 작가의 선전 포고라고 생각하고 다시 한번 내용을 살펴보세요. 생텍쥐페리가《어린 왕자》를 통해 하고 싶은 이야기는? 바로 '코끼리를 삼킨 보아뱀 그림을 그릴 수 있었던 어린 시절'입니다. 생텍쥐페리는 누구나 갖고 있었지만 자라면서 잃어버리게 되는 어린 시절의 마음, 진짜 자기 자신에 관한 이야기를 할 거라고 이 도입부를 통해 독자에게 선전 포고를 하는 겁니다. 이 선전 포고를 이해한 채 다음 단락의 내용을 살펴보겠습니다.

어른이 되어 비행기 조종사가 된 '나'는 사막에 불시착한다. 그곳에서 '나'는 어린 왕자를 만난다. 어린 왕자는 B-612 행성에서 왔다며 자기 행성의 바오밥나무를 뜯어 먹을 양을 그려달라고 한다. '나'가 양을 그려줄 때마다 어린 왕자는 '이 양이 아니'라며 고개를 젓는다. '나'가 상자를 하나 그려주며 이 안에 양이 있다고 하자 어린 왕자는 '바로 이 양'이라며 기뻐한다.

어린 왕자의 정체를 눈치채셨나요? 만약 그렇다면 혼자서도 슬로리딩을 할 수 있는 준비가 얼추 된 분입니다.

'이 단락을 왜 썼을까?'라는 생각 외에 또 주요하게 사색해야 하는 것은 등장인물의 직업과 사건이 일어나는 장소입니다. '왜 비행사일까?', '왜 사막일까?' 하고 질문을 던져야 하는 거죠. 비행사는 하늘을 나는 직업입니다. 그리스 신화에서부터 오늘날의 히어로(hero)물에 이르기까지 인간은 언제나 하늘을 자유롭게 나는 꿈을 꾸어왔습니다. '나'는 현실에 발붙이고 살지만 그래도 잠시나마 꿈을 꿀 수 있는 직업, 중력이라는 현실에서 벗어날 수 있는 직업, 비행사를 선택했습니다. 비록 화가라는 꿈은 포기했지만 '나'는 꿈을 꾸고 싶은 낭만적인 인물인 거죠.

그런데 비행사인 '나'는 사막에 불시착하고 그곳에서 어린 왕자를 만납니다. 사막은 사방을 둘러봐도 모래뿐인 곳, 세상과 뚝 떨어진 곳입니다. 그곳에서 만날 수 있는 사람이 누구일까요? 그곳에 있는 유일한 사람, 바로 나 자신입니다. 사막에서 만난 어린 왕자는 바로 비행사 자신인 겁니다. 사회 구성원으로서의 '나'가 아닌 내 마음 깊은 곳으로 숨어버린 진짜 나 자신, '코끼리를 삼킨 보아뱀'을 그릴 수 있었던 어린 시절의 오롯한 나 자신 말입니다.

어린 왕자는 '나'에게 그림을 그려달라고 합니다. 어린 왕자가 원하는 것은 당연히 '코끼리를 삼킨 보아뱀' 같은 그림이었죠. 그런데 이미 어른이 된 나는 눈에 보이는 대로 양을 그립니다. 양을 넣은 상자 그림을 그렸을 때 어린 왕자는 비로소 기뻐합니다. 눈에 보이지 않는 것을 그릴 수 있었던 어린 시절의 마음, 그 마음이 바로 어린 왕자니까요.

슬로리딩은 이렇게 이야기의 요소요소를 깊이 사색하는 독서입니다. 책을 읽다가 멈춰서는 순간이 많은 독서지요. 슬로리딩은 좋은 질문을 던지는 것에서부터 시작됩니다.

'왜 이렇게 이야기를 시작했을까?'

'왜 이 인물은 이런 직업을 가졌을까?'

좋은 질문을 던지고 그 질문의 답을 이치에 맞게 찾아내는 것. 이 과정에서 아이의 사고력이, 언어능력이, 상징을 읽는 눈이, 사람과 세상을 이해하는 마음이 폭발적으로 성장합니다.

공부머리 독서법 11 – 1년 한 권
슬로리딩 훈련법

슬로리딩은 한 권의 문학 작품을 해부하듯 곱씹으며 읽는 독서법입니다. 한 문장을 읽고 깊이 생각하고, 다음 문장을 읽고 깊이 생각하는 것이죠. 문학 작품의 요모조모를 다양한 각도에서 깊이 되새김질하는 것이 핵심이기 때문에 생각할 거리가 많은 고전 명작을 선택하는 것이 좋습니다. 슬로리딩을 할 때는 별도로 매월 한 권의 청소년 소설을 함께 읽는 것이 좋습니다. 슬로리딩을 하면 문학 작품을 읽는 능력이 크게 향상되는데, 상대적으로 쉬운 청소년 소설을 함께 읽으면 독서의 피로감도 줄일 수 있고, 문학 작품 읽는 능력도 더 탄탄하게 다질 수 있습니다.

슬로리딩 훈련법

슬로리딩할 도서 정하기	고전 명작 소설이면 어떤 작품이든 상관없습니다. 아이가 흥미를 느끼는 작품이면 더 좋겠죠.
1화 읽기	이야기 1화에 해당하는 부분을 정독합니다.
1화의 모든 요소를 꼼꼼하게 살피며 읽기	1화를 처음부터 다시 읽습니다. 주인공, 배경, 사건, 사소한 표현에 이르기까지 모든 요소를 일일이 고민하면서 읽습니다. 모르는 단어나 개념이 있으면 인터넷 백과사전을 검색해서 알아냅니다.
2화로 넘어가기	1화의 내용을 머릿속에 선연할 정도로 완벽히 파헤쳤다고 생각되면 2화로 넘어갑니다.

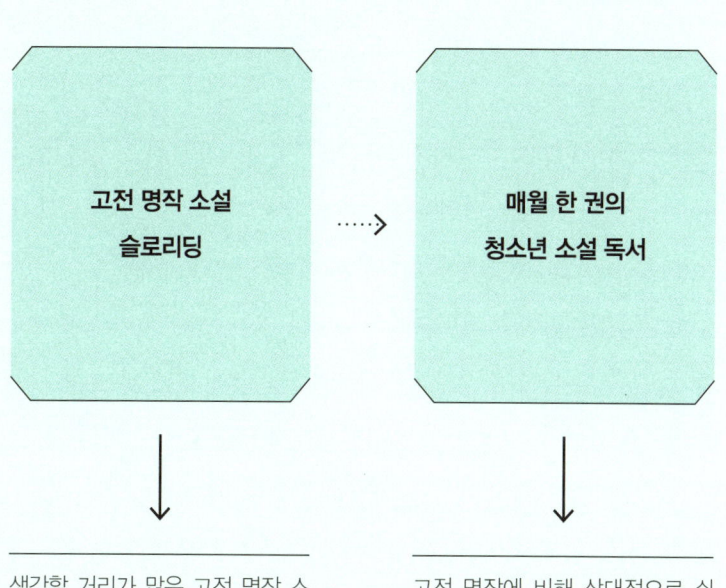

생각할 거리가 많은 고전 명작 소설이 슬로리딩에 적합합니다. 고전 명작을 슬로리딩하면서 소설의 모든 요소를 고민하고 파악하는 훈련을 합니다.

고전 명작에 비해 상대적으로 쉬운 청소년 소설을 함께 읽어 독서의 피로도를 줄입니다. 고전 명작 슬로리딩을 통해 획득한 독서능력이 청소년 소설을 읽을 때 발휘됩니다. 언어능력이 빠른 속도로 상승합니다.

반복독서 :
위인들의 독서법

슬로리딩이 매일 적은 분량을 아주 자세히 읽음으로써 독서의 효과를 극대화하는 방법이라면 반복독서는 같은 책을 여러 번 반복해서 읽음으로써 독서 효과를 극대화하는 방법입니다. 미적분을 창시한 수학자이자 철학자인 고트프리트 빌헬름 라이프니츠가 반복독서가 천재성을 낳는다고 주장하면서 유명해진 탓에 '라이프니츠 독서법'이라고도 불립니다만, 그 이전부터 널리 애용됐던 독서법입니다.

숱한 위인이 책의 내용을 완전히 터득할 때까지 읽고 또 읽는 반복독서를 통해 태어났습니다. 논어, 중용, 대학, 맹자를 아홉 번씩 읽은 율곡 이이, 주역을 이해하기 위해 가죽끈이 세 번 떨어질 때까지 읽었던 공자 등 이루 다 헤아릴 수 없을 정도죠. 아이들에게 적용해보면 반복독서가 왜 천재를 만드는 독서법인지 금세 알 수 있습니다.

초등 5학년 아이 일곱 명이 함께 저를 찾아온 적이 있습니다. 여자아이 둘에 남자아이 다섯이었는데 일곱 명 모두 유아 때부터 친구로 지낸 사이였습니다. 다들 공부를 잘하는 편이었습니다만 그중에서도 선희라는 여자아이가 단연 뛰어났습니다. 평균이 100점에서 98점 사이를 오가는 성적에 남다른 승부욕을 가진, 여장부 같은 아이였죠. 자기 주관이 어찌나 뚜렷한지 속독을 하면 안 된다는 제 말에 빨리 읽는 게 왜 나쁘냐고, 자기는 그렇게 생각하지 않는다고 또랑또랑한 목소리로 되받아칠 정도였습니다. 일곱 명이 함께 기초 언어능력 평가를 보는데, 선희는 42점으로 일곱 명 중 여섯 번째였습니다. 기초언어능력 평가 결과지를 받아본 날, 선희는 아이들 몰래 저를 찾아왔습니다.

"점수 올리려면 어떻게 해야 돼요?"

선희는 앙다문 입에, 눈물이 그렁그렁한 눈빛이었습니다. 자존심이 상했던 거죠. 저는 선희에게 두 가지 방법을 제시했습니다. 하나는 슬로리딩이었습니다. 독서 속도를 다섯 배 이상 늦추고, 문장 하나하나를 곱씹으며 읽으라고요. 장편 동화 한 권 읽는 데 최소 3시간은 걸려야 한다고 했습니다.

"천천히 읽으려고 해봤는데 잘 안 돼요. 아무리 천천히 읽으려고 해도 1시간이면 다 읽게 돼요."

선희가 난처한 표정으로 말하는데 웃음이 났습니다. 제 앞에서는 빨리 읽는 게 왜 나쁘냐고 큰소리 뻥뻥 쳐놓고는 저 혼자 집에서 천천히 읽기를 연습해봤던 겁니다. 사실 속독 습관이 있는 아이가 천천히 읽는 것은 굉장히 어렵습니다. 이미 몸에 밴 습관이니까요.

그래서 제가 일러준 방법이 반복독서였습니다. 일주일에 한 권 읽는 장편 동화를 세 번씩 반복해서 읽으라고 했습니다. 대신 한 번 읽을 때 최소한 1시간이 걸려야 하고, 두 번째, 세 번째 읽을 때도 속도가 빨라져서는 안 된다고 말해주었죠. 그렇게만 하면 6개월 안에 엄청나게 점수가 올라갈 거라는 말도 덧붙였습니다.

독서의 효과는 책을 읽는 과정에서 얼마나 많은 사고를 할 수 있느냐에 달려있습니다. 책 속에 담긴 논리와 정보, 작가의 의도를 충실히 파악해내면서 읽으면 단 한 권으로도 큰 효과를 볼 수 있습니다. 그 책 한 권을 통해 할 수 있는 사고의 극대치를 했기 때문입니다. 반대로 기본 줄거리조차 파악이 안 될 정도로 대충 읽으면 사고의 양이 아주 적게 발생하기 때문에 백 권, 천 권을 읽어도 소용이 없습니다. 제아무리 석탄 매장량이 많은 탄광이라도 갱도를 파지 않으면 단 한 톨의 석탄도 캐낼 수 없듯이 겉핥기식 독서로 얻을 수 있는 것은 아무것도 없으니까요.

선희처럼 겉핥기식의 독서 습관이 몸에 밴 아이들은 '갱도를 파고 들어가는' 방법 자체를 모릅니다. 이런 아이들에게 '갱도를 파게 만드는' 가장 쉬운 방법이 반복독서입니다. 특별한 지도 없이 반복독서를 하는 것만으로도 스스로, 아니 거의 저절로 깊이 읽을 수 있게 되니까요.

그래서 저는 틈만 나면 아이들에게 세 번 반복독서를 강조합니다. 그걸 실제로 해내는 아이가 드물다는 게 문제지만요. 반복독서는 그만큼 힘들고 어려운 일입니다. 그런데 선희는 그걸 진짜로 해왔습니다. 매번 세 번씩, 그것도 6개월간 단 한 번도 빠지지 않고 말입니다. 책을 세 번 반복해서 읽었는지 아닌지는 수업을 해보면 바로 알 수 있습니다. 책을 세 번 읽은 아이는 책의 내용을 손바닥 들여다보듯 훤히 알기 때문입니다. 줄거리는 물론이고 구체적인 대사까지 기억할 정도로 말입니다.

6개월이 지나 기초언어능력 평가를 다시 보기 전에 저는 아이들에게 선희가 깜짝 놀랄 점수를 받을 거라고 장담했습니다. 책을 제대로 읽는 것이 얼마나 큰 효과가 있는지 알 수 있을 거라고요. 선희는 87점, 중학교 3학년 수준의 언어능력을 기록했습니다. 단번에 45점이나 오른 것입니다.

"진짜 대단해!"

저는 호들갑스럽게 선희의 어깨를 두드려주었습니다. 제가 대단하다고 느낀 것은 단번에 45점이 오른 것 자체가 아닙니다. 반복 독서를 하면 누구나 그 정도 향상은 이룰 수 있습니다. 진짜 대단한 것은 6개월간 단 한 번도 빠짐없이 같은 책을 세 번씩 읽어낸 꾸준함과 의지죠.

매주 한 권의 책을 세 번씩 6개월만 읽어도 초등 5학년 평균 이하 수준의 아이가 단번에 중등 3학년 수준으로 성장할 수 있습니다. 만약 1년, 2년을 이렇게 읽으면 어떻게 될까요?

물론 같은 책을 거듭해서 읽기는 쉽지 않습니다. 하지만 해내기만 한다면 그 결실은 상상 이상으로 크고 대단합니다.

공부머리 독서법 12 – 한 권을 세 번씩 읽는
반복독서법

초등 고학년은 장편 동화를 일주일에 세 번, 청소년은 청소년 소설을 2주일에 세 번 거듭해서 읽는 독서법입니다. 소요 시간은 일주일 9시간입니다. 주의할 점은 처음 읽을 때, 두 번째 읽을 때, 세 번째 읽을 때 매번 읽는 속도가 같아야 한다는 점입니다. 이렇게 정속으로 세 번 반복해서 읽으면 아이는 저절로 깊은 독서를 할 수 있게 됩니다. 이야기 속 등장인물의 신발 색깔까지 기억할 정도로 책을 속속들이 알 수 있고, 처음 읽었을 때는 눈치채지 못했던 여러 가지 요소들도 발견할 수 있게 되죠. 초등 고학년이라 할지라도 이런 식으로 1년만 지속하면 누구나 고등학생 수준의 언어능력을 갖출 수 있습니다.

반복독서 방법

	초등 고학년	중고등학생
한 번 읽기	장편 동화 한 권을 2일 만에 읽기	청소년 소설 한 권을 4일 만에 읽기
두 번 읽기	2일 동안 한 번 더 읽기	4일 동안 한 번 더 읽기
세 번 읽기	2일 동안 한 번 더 읽기	4일 동안 한 번 더 읽기
점검하기	목차를 보며 읽은 내용 떠올리기	

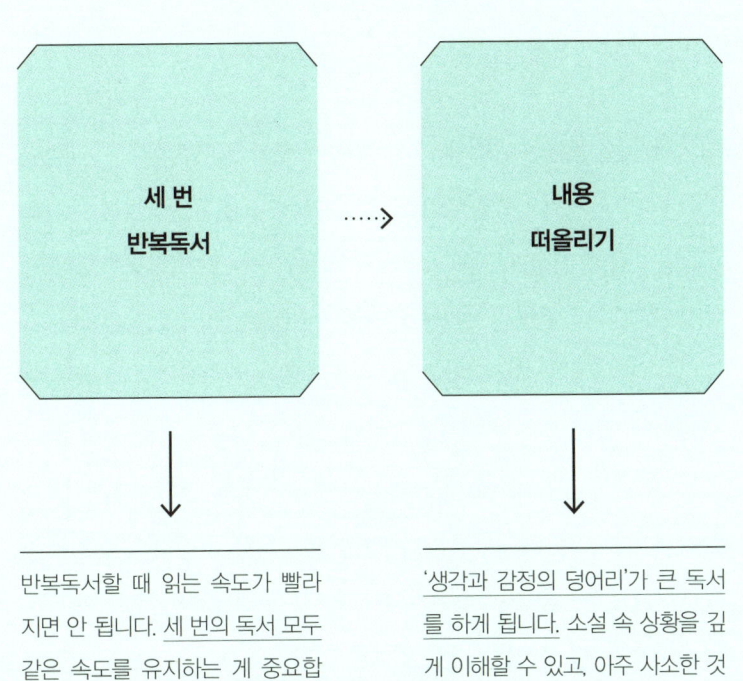

| 세 번 반복독서 | ······> | 내용 떠올리기 |

반복독서할 때 읽는 속도가 빨라지면 안 됩니다. 세 번의 독서 모두 같은 속도를 유지하는 게 중요합니다.

'생각과 감정의 덩어리'가 큰 독서를 하게 됩니다. 소설 속 상황을 깊게 이해할 수 있고, 아주 사소한 것까지 기억할 수 있습니다.

필사 :
눈보다 손이 더 깊게 읽는다

세종대왕은 약관의 나이에 조선 최고의 석학들을 논쟁으로 제압할 만큼 뛰어난 지적능력을 갖추고 있었습니다. 지금으로 치면 대학교 1학년 학생이 서울대나 카이스트의 석좌교수들을 지적능력으로 제압한 셈이니 상상하기 어려울 정도로 뛰어난 인물이었던 셈입니다.

독서광이었던 세종대왕을 탈 인간급 인재로 만든 것은 100번 읽고 100번 베껴 쓴다는 백독백습이었습니다. 반복독서와 필사를 함께했던 거죠. 옛 위인 중에는 반복독서로 시작해 필사로 넘어간 사람이 많은데, 그 이유는 책의 내용을 머릿속에 완전하게 집어넣는데 필사가 그만큼 효과적이기 때문입니다. 천재적인 정치 철학자 존 스튜어트 밀, 역사상 가장 위대한 과학자인 아이작 뉴턴, 철학자 니체 등 필사로 뛰어난 인물이 된 사람은 셀 수 없이 많습니다.

필사는 슬로리딩과 반복독서의 장점을 모두 가진 궁극의 독서법입니다. 그런 만큼 그 어떤 방법보다 효과도 뛰어나죠. 필사할 때는 기본자세가 무척 중요합니다. 깜지 쓰듯 기계적으로 쓰면 효과를 기대할 수 없습니다. 글의 의미를 완벽하게 이해한다는 자세로 임해야 합니다. 작가의 의도를 파악한다는 기분으로 쓰면 가장 확실합니다. 예를 들어, 구병모의 《위저드 베이커리》를 필사한다고 해보겠습니다. 이 청소년 소설은 제목처럼 마법의 빵집을 중심으로 펼쳐지는 이야기입니다.

중불에 달구어진 설탕 냄새가 난다.

《위저드 베이커리》(구병모 지음, 창비) 첫 문장

아이는 책을 읽었기 때문에 주인공이 제빵의 과정에서 나는 냄새를 맡는 장면이라는 걸 쉽게 알 수 있습니다. 작가의 의도를 파악할 때는 '왜 하필 이 문장을 첫 문장으로 썼을까?' 하는 식으로 질문을 던져야 합니다. 소설의 첫 문장은 첫인상을 결정합니다. 그래서 작가들이 엄청 공을 들이죠. 자신에게 던진 이 질문에 아이는 어떤 식으로든 답을 내릴 수 있습니다. '빵집을 둘러싼 이야기라는 걸 처음부터 제시하기 위해서다', '설탕의 달콤한 냄새로 독자를 매혹하기 위해서다' 정도만 추측해도 훌륭합니다.

하지만 여기서 더 나아갈 수도 있습니다. 주제의 측면에서 첫 문장을 해석해보는 거죠. '이 이야기는 사람의 욕망을 다루고 있다. 설탕은 달콤하고 매혹적이지만, 중독성이 있고 많이 섭취하면 몸에 해롭다. 작가는 설탕 녹는 냄새를 통해 자신이 말하고자 하는 욕망의 특징을 제시하고 있는 거다!'라는 식으로요. 또 제목 혹은 소재와 연결시켜 생각해볼 수도 있습니다. 설탕이 녹는다는 것은 고체가 액체로 변신하는 과정입니다. 그러면서 고체일 때는 없었던 달콤한 냄새를 내뿜죠. '변신하고 없던 특징을 갖게 되는 것'인데, 이것은 확실히 마법과 일맥상통하는 면이 있습니다. 그러니까 이 첫 문장은 주제를 드러냄과 동시에 마법적인 분위기를 잡는 역할을 하는 것입니다.

첫 문장 하나로 할 수 있는 생각이 상당히 많죠. 한 문장 한 문장 알아간다는 마음으로 필사를 하면 이렇듯 아주 세밀하게 읽을 수 있습니다.

중불에 달구어진 설탕 냄새가 난다.
그와 함께 다른 모든 것들이 감각의 뒤편에서 들고 일어난다. 방금 막 치대어 풍부한 글루텐을 함유한 중력분 밀가루 반죽의 탄력과, 프라이팬 위에 원을 그리며 녹는 노란 버터에서 일어나는 거품과, 커피에 얹은 부드럽고 촉촉한 생크림이 그려내는 물결무늬. 나는 그 가게 앞에 설 때마다 발효된 이스트의 활발한 움직임을 인식할 수 있었고, 그날의 타르트 위에 얹을 무화과잼 또는 살구잼의 풍미를 섬세하게 식별할 수 있었다.

《위저드 베이커리》 중에서

필사하는 과정에서 모르는 단어나 개념은 표시해둡니다. 예를 들어 '글루텐', '중력분', '이스트' 같은 단어, '제빵 과정', '버터와 생크림은 어떻게 만드는가?' 같은 개념들을 표시하는 겁니다. 이렇게 표시한 것들은 필사를 끝낸 후에 인터넷 백과사전을 활용해 알아봅니다. 문단 하나를 필사하고 나서는 반드시 처음부터 끝까지 다시 한 번 읽으면서 문단의 기능과 핵심 주제를 파악해 봅니다.

두 번째 문단은 제빵의 과정을 표현하고 있습니다. 그런데 실제 제빵 과정이 아니라 빵집에서 풍기는 냄새로부터 연상되는 제빵 과정입니다. 감각적이고 매혹적이죠. 두 번째 문단은 첫 번째 문단을 강화하면서 냄새의 실체가 '그 가게'에서 나온다는 정보를 알려주는 역할을 합니다.

이렇게 제대로 필사를 하면 책을 이루는 요소를 아주 깊은 차원에서 곱씹게 됩니다. 노트 한 페이지를 채우는 데 최소한 40~50분이 걸리고 고도의 집중력을 발휘하게 됩니다. 이 과정에서 언어능력의 세부적인 근육, 사고력과 논리력, 언어 감각, 상징과 심리를 파악하는 능력이 비약적으로 성장합니다. 문장과 문장 사이의 관계, 문단과 문단 사이의 관계를 파악하는 능력이 향상되는 것은 두말할 필요도 없고, 책 속에 등장하는 낯선 단어나 개념을 따로 파악함으로써 지식도 축적하게 됩니다. 이렇게 파악한 지식은 이야기 속의 요소이기 때문에 더욱 정확하게 이해할 수 있고 기억도 오래갑니다.

고전 명작의 경우 문장 하나, 문단 하나가 품고 있는 의미와 상징이 훨씬 더 크고 깊기 때문에 필사를 통해 얻을 수 있는 효과도 더 크고 깊습니다. 일본의 소설가 마루야마 겐지가 인류 역사상 최고의 소설로 꼽는 허먼 멜빌의 《모비딕》은 절대적 존재에 맞서는 인간의 열정과 비극을 다룬 작품입니다.

나를 이스마엘이라고 불러주오.
Call me Ismael.

《모비딕》의 첫 문장입니다. 얼핏 보면 이 첫 문장은 화자의 이름을 제시하는 역할을 할 뿐입니다. 작가들이 첫 문장을 중요하게 여긴다는 점을 생각하면 인류 최고의 소설 첫 문장으로는 초보적이어도 너무 초보적입니다. 다시 말해 이 첫 문장은 화자의 이름을 제시하는 것 이상의 의미가 숨겨져 있는 게 틀림없습니다. 이런 의심을 품고 다시 한번 이 문장을 보면 확실히 이상한 점이 있습니다. 만약 이름을 소개하는 문장이라면 '내 이름은 이스마엘이다'라고 쓰는 것이 훨씬 자연스럽습니다. 그런데 멜빌은 '나를 이스마엘이라고 불러주오'라고 썼습니다. '이스마엘'이 누구길래 자신을 그렇게 불러달라는 걸까요?

인터넷 백과사전을 검색해보면 '이스마엘'이 누군지 알 수 있습니다. 이스마엘은 구약 성서 속 등장인물입니다. 유대민족의 조상인 아브라함이 부인인 사라 사이에서 자식이 생기지 않자 하녀 하갈에게서 얻은 아들이죠. 이스마엘은 유대민족의 후계자로 길러졌지만 사라가 노년이 되어 아들 이삭을 낳자 추방을 당하고 맙니다. 기독교 문화권에서 이스마엘은 '추방된 자'의 대명사입니다. 따라서 '나를 이스마엘이라고 불러주오'라는 첫 문장은 '나를 추방자라고 불러주오'라는 의미이면서 동시에 이 소설이 기독교적 세계관에 바탕을 두고 있다는 선언입니다.

이야기 속 화자 이스마엘은 거대한 향유고래 모비딕과의 최후의 결전에서 살아남은 유일한 인물입니다. 결국 '모비딕과의 최후의 결전에서 죽음에 이르지 못한 것이 곧 추방된 것과 같다'는 의미가 됩니다. 그리고 이것이 바로 이 소설의 주제를 파악할 수 있는 중요한 실마리입니다.

필사를 하면 이처럼 작품을 깊은 수준에서 이해할 수 있게 되고, 이런 작품 해석능력은 고등 국어, 대학수학능력시험 국어영역에서 상상을 초월하는 위력을 발휘합니다. 그뿐만 아니라 작품과 관련된 유기적 지식을 쌓음으로써 지식도서를 읽는 것과 같은 효과까지 누릴 수 있습니다.

아브라함의 두 아들 중 이삭은 유대민족의 조상으로 유대교, 더 나아가 기독교의 뿌리가 되었습니다. 이스마엘은 아랍민족의 조상으로 이슬람교의 뿌리가 되었습니다. 유대교, 기독교와 이슬람교는 같은 뿌리를 가진 형제 종교입니다. 다른 점은 기독교는 구약에서 말한 구세주가 예수라고 믿고, 이슬람교는 마호메트라고 믿고, 유대교는 구세주가 아직 오지 않았다고 믿는다는 것입니다. 세계 5대 종교 중 세 종교의 뿌리를 이해하게 되는 거죠. 《모비딕》의 첫 문장 단 한 줄 속에 이 모든 것이 녹아있습니다.

이런 식으로 이해한 문장이 계속 쌓여간다고 생각해보세요. 한 문단, 한 화, 한 권의 책을 필사했을 때 아이의 지적능력이 얼마나 성장할지 상상이 가십니까.

그냥 눈으로 읽었을 때는 이런 것이 있다는 것 자체를 눈치조차 챌 수 없습니다. 하지만 한 권이라도 제대로 필사를 해본 아이는 단 한 줄의 글 속에 이렇게 깊은 의미가 숨어있다는 것을 압니다. 이것을 아는 아이와 꿈에도 모르는 아이가 읽는 책의 깊이는 다를 수밖에 없습니다. 필사를 해본 아이는 책의 의미를 파악할 줄 압니다. 이런 아이는 책 한 권을 읽어도 언어능력이 엄청나게 올라갑니다. 제대로만 한다면 딱 한 권의 필사만으로 명문대 입시에 여유롭게 성공할 수 있는 언어능력을 갖출 수 있습니다.

공부머리 독서법 13 – 1년에 책 한 권을 베껴 적는
필사 강화 독서법

소설의 도입부를 베껴 적는 〈공부머리 독서법 3 : 중학생 필사 독서법〉과 달리 책 전체를 필사하는 독서법입니다. 지식도서나 소설, 어느 쪽이든 상관없습니다만 책의 수준은 성인용이 바람직합니다. 월요일에서 금요일까지 주 5일간 책을 두 쪽씩 필사합니다. 40분에서 1시간가량 걸립니다. 평소 책을 좋아하는 아이이거나 장편 동화를 매주 한 권씩 읽는 〈공부머리 독서법 1 : 초등 고학년 기본 독서법〉을 2년 이상 실행한 아이라면 초등 6학년 아이도 할 수 있습니다. 효과가 매우 커서 한 달만 하면 초등 6학년 아이가 중학교 교과서를 쉽게 이해할 수 있게 됩니다. 필사 후에는 약 15분 정도 필사 내용을 바탕으로 한 대화시간을 갖습니다.

필사 방법

필사 원칙 알려주기	· 주 5일, 매일 두 쪽씩 필사 · 모르는 단어, 이해가 안 가는 문장, 개념은 따로 표시하기 · 필사시간 정하기
필사하기	1시간 정도를 주고 아이에게 필사를 하게 합니다.
필사 후 대화하기	필사한 부분에 관해 간단한 대화를 나눕니다. 책이 어려웠는지, 이해가 안 가는 문장은 어느 문장이었는지, 힘든 부분이나 재미있었던 부분은 무엇인지 등 자유롭게 대화하시면 됩니다.
같이 읽기	필사한 부분을 한 문장씩 같이 읽습니다. 각 문장의 뜻이 무엇인지 아이에게 물어봅니다. 이해를 못한 문장이나 단어에 따로 표시를 합니다.

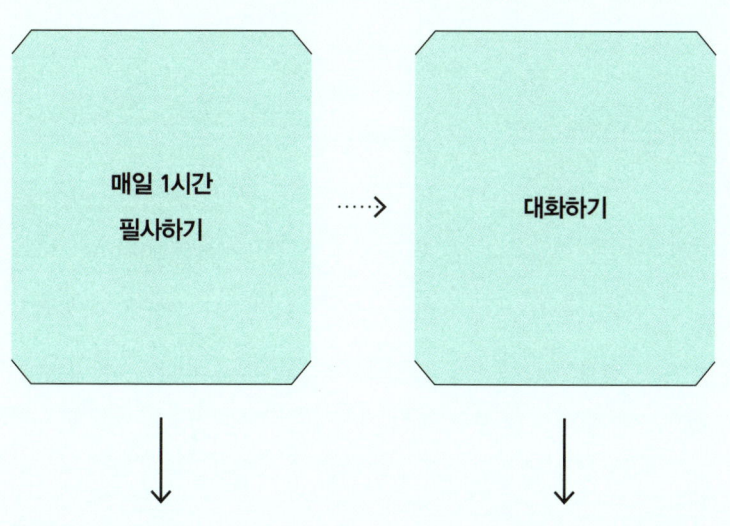

필사를 할 때는 깜지를 쓰듯 속도 위주로 써서는 안 됩니다. 글의 내용을 이해하려고 노력하며 한 문장, 한 문장 꾹꾹 눌러써야 합니다. 필사는 힘듭니다. 필사를 할 때마다 적절한 보상을 해주면 동기 부여가 될 수 있습니다.

필사 후에는 함께 한 문장 한 문장 읽으면서 문장의 뜻에 관해 대화를 나눕니다. 아이에게 설명을 듣는다는 기분으로 임하시면 됩니다. 아이가 만약 '이 부분은 잘 모르겠다', '여기는 잘 이해가 안 간다'라는 말을 할 때는 설명해주려고 애쓰지 마시고 따로 표시하게 하세요. 책을 다 읽은 후에도 이해가 되지 않는다면 그때 따로 인터넷 백과사전이나 다른 책을 통해 알아내면 됩니다.

초록 :
나만의 지식지도 그리기

이야기책 궁극의 독서법이 필사라면 초록은 지식도서 궁극의 독서법입니다. 지식도서는 연필을 들고 밑줄을 긋고, 문단별 주제를 메모하며 읽는 책입니다. 이 과정에서 아이는 지식을 처리하는 방법과 능력을 기르게 되죠. 초록은 여기서 한발 더 나아가는 독서법입니다. 지식도서의 내용을 노트에 요약 정리함으로써 그 책이 담고 있는 지식의 구조는 물론 지식 자체를 완전히 자기 것으로 만드는 것이지요. 매우 효과적이지만 아이들이 실행하기에는 현실적으로 너무 힘든 방법입니다. 대신 어차피 하는 학교 공부를 초록의 형태로 하면 부담을 줄이면서 학교 공부도 더 잘할 수 있습니다.

겉모습만 놓고 보면 초록 노트는 학교에서 쓰는 과목별 노트와 똑같습니다. 하지만 엄밀한 의미에서 과목별 노트는 초록 노트라기보다는 강의록에 가깝습니다. 초록의 핵심은 책을 스스로 읽고 핵심을 파악한 후 체계화해서 노트에 옮겨 적는 것입니다. 이 과정을 스스로 해야만 비약적인 성장을 이룰 수 있습니다. 그런데 과목별 노트는 이 모든 과정을 학생이 아닌 선생님이 합니다. 학생들은 선생님이 초록한 결과물을 베껴 적는 것에 불과하지요. 그렇기 때문에 수업시간마다 과목별 노트를 적어도 지식을 처리하는 능력이 좀처럼 성장하지 않습니다. 바꿔 말하면 아이가 스스로 교과서를 읽고, 자기만의 방식으로 노트를 정리하면 비약적인 성장을 이루게 됩니다. 실제로 책을 거의 읽지 않았음에도 언어능력이 높은 우등생 대부분이 이런 방식으로 공부합니다. 학습 방법 자체가 초록이다 보니 학교 공부를 하는 과정에서 저절로 언어능력이 상승하는 겁니다. 물론 교과서는 완전한 형태의 지식도서라기보다는 카탈로그 북에 가깝기 때문에 그 효과는 제한적입니다. 그런데도 하지 않는 아이들에 비하면 천양지차의 위력을 발휘하죠.

실제로 초록의 형태로 중학교 공부를 하지 않은 아이는 대부분 고등학교 진학 후 고전을 면치 못합니다. 지식을 전달하는 글을 꼼꼼하게 읽는 훈련이 너무 안 돼있는 나머지 고등학교 교과서 자체를 이해하지 못하는 겁니다. 아주 간단한 예를 들어보겠습니다.

> 허블은 일부 천체들이 성운이 아니라 우리 은하 바깥에 있는 또 다른 은하라는 것을 알아냈다. 이런 발견이 가능했던 것은 천문학자 리비트가 맥동 변광성의 절대 등급과 주기가 특별한 상관관계에 있다는 것을 밝혀낸 덕분이었다. 맥동 변광성이란 별이 수축과 팽창을 반복함으로써 밝기가 변하는 별이다. 수천 개에 이르는 맥동 변광성의 밝기를 관측하던 리비트는 절대 등급 값이 낮고 밝은 별일수록 변광주기가 길고, 절대 등급 값이 높고 어두운 별일수록 변광주기가 짧다는 것을 발견했다. 이를 '리비트의 법칙' 혹은 '맥동 변광성의 주기 – 광도 관계'라고 한다.

《고등학교 과학》중에서

고등학교 1학년 과학 교과서에 실린 내용입니다. 한 페이지에 하나쯤 등장하는, 아주 흔한 수준의 개념 설명이죠. 고등학교 1학년 아이 중에 이 글을 읽고 5분 안에 뜻을 파악할 수 있는 아이는 10명 중 1~2명이 될까 말까 합니다. 대부분의 아이가 무슨 소리인지 모르겠다고 하고, 심한 경우 토할 것 같다는 아이까지 있습니다. 그만큼 이해하기가 어려운 거죠. 교과서 기준으로 일곱 줄밖에 안 되는 이 짧은 글을 이해하지 못하는 아이가 공부를 잘하기를 기대할 수는 없습니다. 그리고 이런 아이들은 초록을 하고 싶어도 할 수가 없습니다. 내용이 이해가 안 되기 때문에 핵심이 뭔지도 모르고, 핵심을 모르니 뭘 적어야 할지도 모르는 거죠.

초중등 시절부터 초록 방식으로 공부를 해온 아이는 제힘으로 지식을 다뤄왔기 때문에 이 문단의 핵심을 쉽게 파악합니다. 이 문

⟨맥동 변광성의 주기-광도 관계⟩

by 천문학자 리비트

★ 맥동 변광성이란?
: 별이 수축과 팽창을 반복함으로써 밝기가 변하는 별

- 변광주기(반짝이는 주기)가 길~~~~~~수~~~~~~록
: 절대 등급 값 낮다↓ 더 밝다 (번쩍~~~~~~번쩍~~~~~~번쩍)

- 변광주기(반짝이는 주기)가 짧-을-수-록
: 절대 등급 값 높다↑ 더 어둡다 (반짝-반짝-반짝-반짝-반짝)

단의 핵심은 허블이 은하의 거리를 알아낸 방법인 '맥동 변광성의 주기 - 광도 관계'입니다. 교과서 본문에 보면 친절하게도 굵은 글씨로 표시까지 해두었습니다.

옆의 노트가 가장 기본적인 초록입니다. 이 정도만 할 수 있어도 내신 성적은 충분히 딸 수 있습니다. 기왕 하는 공부, 지식 처리 능력을 기르고, 덤으로 대학수학능력시험까지 대비하려면 좀 더 깊이 파면 됩니다. 교과서에는 간략하게 설명돼있는 '맥동 변광성', '리비트' 등을 인터넷 백과사전을 통해 알아보는 거죠. 이런 식으로 교과서에 등장하는 용어들의 정의를 파악하면서 공부하면 아이는 보다 깊은 차원에서 지식을 다루게 되고, 상식도 풍부해집니다. 그 과정에서 지식을 처리하는 능력과 언어능력이 비약적으로 발전하죠. 그리고 이렇게 발전한 언어능력은 당장 다음 내신시험에서 위력을 발휘합니다. 보다 효율적으로 공부할 수 있기 때문에 성적이 오르는 겁니다. 그리고 궁극적으로 대학수학능력시험 성적도 크게 오르죠.

학교 공부를 스스로 초록하면서 할 수 있도록 아이를 지도해보세요. 이것이 바로 아이를 입시 경쟁에서 승자로 만드는 진짜 자기주도 학습입니다.

공부머리 독서법 14 - 개념화 능력을 기르는
초록 독서법

성인용 지식도서 한 권을 초록함으로써 지식을 다루는 능력을 단련하는 독서법입니다. 이 독서법을 실행하려면 먼저 성인용 지식도서를 읽고 핵심을 추려낼 수 있는 능력이 있어야 합니다. 이런 능력을 갖추지 못한 상태에서는 시도하는 것조차 쉽지 않습니다. 이미 상당한 수준에 오른 아이가 지식을 다루는 능력을 강화하고 싶을 때 쓰는 방법이라고 할 수 있습니다. 〈공부머리 독서법 9 : 청소년 지식도서 기본 독서법〉, 〈공부머리 독서법 10 : 청소년 지식도서 강화 독서법〉으로 충분히 단련한 뒤에 도전하면 뛰어난 효과를 볼 수 있습니다.

지식도서 초록 방법

연필을 들고 지식도서 1화 분량 읽기	1화 분량을 한 번 통독합니다.
문단별 핵심이나 모르는 부분에 표시하기	읽은 부분을 처음부터 다시 읽습니다. 연필을 들고 일일이 표시해가며 분석적으로 읽어야 합니다.
다시 읽으며 내용을 완전히 파악하기	어떤 방식으로 초록을 할 것인지 구상을 하며 다시 한 번 통독합니다.
초록 노트에 내용 정리하기	초록 노트에 내용을 정리합니다.

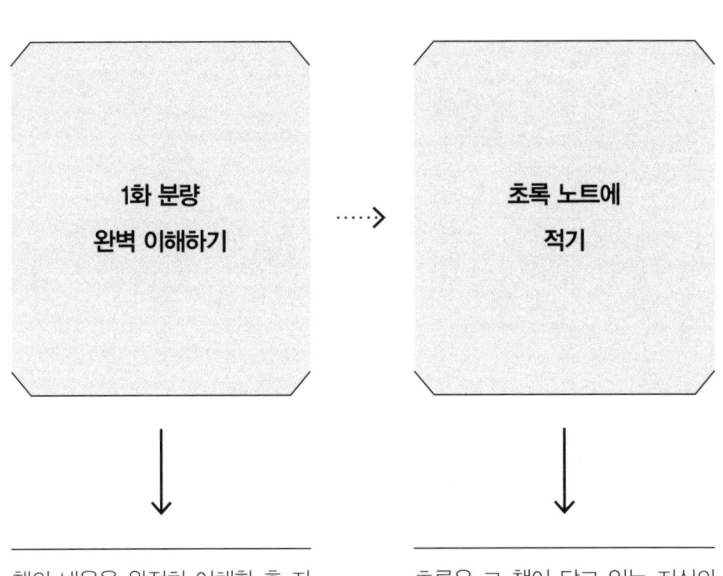

책의 내용을 완전히 이해한 후 자기만의 방식으로 개념화하지 못하면 초록을 할 수 없습니다.
반복독서를 통해 1화 분량을 완전히 이해하는 것을 넘어 어떤 방식으로 초록을 할 것인지 구상할 수 있어야 합니다.

초록은 그 책이 담고 있는 지식의 지도를 그리는 것과 같습니다. 책 한 권을 초록하는 것만으로도 지식을 다루는 능력이 월등히 성장합니다. 또한 초록 노트는 그 자체로 지식의 저장고 같은 역할을 합니다. 책을 읽은 지 몇 년이 지난 후에도 초록 노트만 보면 책의 내용을 상세히 떠올릴 수 있습니다.

우리 아이에게 맞는 공부머리 독서법 찾기

공부머리 독서법은 학년별, 읽기 수준별로 나누어져 있습니다. 우리 아이의 학년 및 읽기 수준에 맞는 독서법을 찾아보세요.

학년 읽기 수준	초등학교						중학교			고등학교		
	1	2	3	4	5	6	1	2	3	1	2	3
열등	공부머리 독서법 4	공부머리 독서법 5										
일반	공부머리 독서법 7		공부머리 독서법 1				공부머리 독서법 2					
심화							공부머리 독서법 3	공부머리 독서법 8				
							공부머리 독서법 9, 10, 11, 13, 14					
	공부머리 독서법 12											

우리 아이 독서 계획 세우기

아이의 읽기 수준에 맞는 독서법으로 시작해서 점점 더 높은 단계로 끌어올립니다. 1차 목표는 또래 적정치의 언어능력을 갖추는 것입니다. 이 정도만 갖추어도 학교 공부를 하는 데는 문제가 없습니다. 심화에 해당하는 독서법의 경우 아이를 설득할 수 있을 때만 적용하는 게 좋습니다. 섣불리 시도했다가는 아이가 책에 대한 흥미를 잃을 수 있습니다.

예시 1 : 책을 잘 못 읽는 초등 2학년 아이

공부머리 독서법 4	→	공부머리 독서법 7	→	공부머리 독서법 12
읽기 열등 상태를 극복합니다.		자기 연령에 맞는 책을 읽음으로써 또래 적정치의 언어능력을 갖춥니다.		같은 책을 반복해서 읽음으로써 또래 적정치보다 높고 탄탄한 언어능력을 갖춥니다.
←──── 필수 ────→				←── 선택 ──→

예시 2 : 언어능력이 높은 중등 2학년 아이

공부머리 독서법 2	→	공부머리 독서법 3, 8, 9, 10, 11, 12, 13, 14 중 선택
6개월마다 대학수학능력시험 국어영역 성적이 5~20점 오릅니다.		아이와 상의해서 적절한 독서법을 선택해 실행합니다. 6개월 이상 실행 시 또래보다 훨씬 높은 언어능력을 갖게 됩니다.
←── 필수 ──→		←──── 선택 ────→

| 맺음말 |

독서가 '공부'가 아닐 때
공부머리는 자란다

저는 강연을 준비할 때마다 '한 명의 아이'를 생각합니다. '단 한 명만이라도 독서의 세계로 인도할 수 있으면 성공이다'라고 스스로에게 되뇝니다. 제게는 그만큼 어려운 일이니까요.

그런데 참 우습습니다. 막상 강연할 때는 그런 생각이 싹 사라지거든요. 제 이야기에 귀를 기울여주는 청중의 눈빛을 보면, 강연이 끝난 후 끝도 없이 이어지는 질문을 받노라면 적어도 수십 명의 아이를 독서의 세계로 이끈 것 같은 착각에 빠집니다. 하지만 강연을 마치고 돌아설 때는 여지없이 마음이 무거워지고 맙니다. 나는 과연 단 한 명의 아이라도 독서의 세계로 인도했을까? 자신이 없어지는 탓입니다.

강연을 들을 때는 독서교육을 어떻게 할지 알 것 같지만 막상 현실로 돌아가서 해보려 하면 잘 안 되실 테니까요. 현장에서 아이들과 함께 책을 읽는 제가 그 어려움을 왜 모르겠습니까. 그래서 생각해낸 것이 이 책 《공부머리 독서법》입니다. 순간이 지나면 흩어져 버리는 강연과 달리 책은 언제든 펼쳐서 참고할 수 있으니까요.

"요즘 공부는 옛날하고 달라요. 얼마나 경쟁이 치열한데요."

주위 사람들이 말합니다. 친척 누구는 영어 태교를 하고, 영어 유치원에 다닌다고 합니다. 옆집 누구는 어떤 교육 프로그램에 참여하고, 실력 좋기로 소문난 학원에 다닌다고 합니다. 의구심과 불안이 마음을 어지럽힙니다. 책만 읽어서 정말 저 아이들을 따라갈 수 있을까? 이러다 우리 아이만 뒤처지는 게 아닐까?

그럴 수밖에 없다는 것 이해합니다. '영포자(영어를 포기한 학생)', '수포자(수학을 포기한 학생)' 같은 무시무시한 용어를 들으면, 우등생이었던 이웃 아이가 중학교, 고등학교에 올라가서 성적이 떨어지는 것을 보면 '우리 아이만큼은 저렇게 안 되게 하겠다' 입술을 깨물게 되는 것이 인지상정이지요. 사교육이 아니라 그 무엇의 도움이라도 받고 싶어집니다. 왜 안 그렇겠습니까.

조기 교육과 사교육의 시류에 휩쓸려 갈 때 가더라도, 한 가지만 분명히 기억해주세요. 조기 교육, 사교육이 지금 당장 부모님의 불안과 조바심, 의구심을 없애줄 수 있을지는 몰라도 아이를 입시의 성공으로 이끌어주지는 못한다는 사실을요.

저는 지난 10여 년간 온갖 측정 도구를 들고 교육이라는 강 한복판에 서있었습니다. 무엇이 아이들의 성적을 좌우하고, 무엇이 효과적인 교육 방법인가를 알아내기 위해서 말입니다. 수많은 아이들, 온갖 지표들, 여러 연구 자료들을 통해 저는 두 가지 분명한 사실을 알 수 있었습니다.

첫째, 교과서 난이도의 관점에서 봤을 때 요즘 공부와 옛날 공부는 다른 점이 없습니다. 요즘 공부는 옛날에 어려웠던 딱 그만큼 어렵습니다. 영어, 수학, 국어, 역사, 사회, 과학 다 마찬가지입니다. 따라서 요즘 공부가 옛날과 다르다는 것은 실체가 없는 공포 마케팅의 소산일 뿐입니다. 달라진 점은 대부분의 아이가 아주 어린 시절부터 사교육의 힘을 빌려 공부한다는 것, 그래서 스스로 공부할 힘이 턱없이 약하다는 것뿐입니다.

둘째, 아이의 성적은 결국 아이의 공부머리, 즉 아이의 언어능력에 맞춰 제자리를 찾아갑니다. 제아무리 많은 교과 지식을 습득해도, 제아무리 많은 선행학습을 해도 언어능력이 낮은 아이는 결국 성적이 떨어집니다. 반대로 교과 지식이 부족하고 기초가 약해도 언어능력이 높은 아이는 결국 성적이 오릅니다. 정도에 따라 그 시기만 다를 뿐입니다. 어떤 아이는 중학생이 되면서, 어떤 아이는 고등학생이 되면서 자기 언어능력에 맞는 성적을 찾아갑니다. 이것이 데이터가 말해주는 객관적 진실입니다.

아이가 공부를 잘하기를 바라시나요? 입시에 성공하기를 바라시나요? 그렇다면 책을 우선순위에 두세요. 영어학원 때문에 책을 빼앗지 말고, 수학 문제 때문에 독서를 미루지 마세요. 아이가 공부를 잘하길 원한다면 독서를 제일 앞자리에 두세요. 책을 읽을 여유와 환경을 만들어주고, 독서의 즐거움을 느끼게 해주세요.

독서를 최우선에 두는 것이 물론 쉬운 일은 아닙니다. 그렇다고 불가능한 일도 아닙니다. 책 읽는 아이를 믿으세요.

책을 통해 아이의 언어능력을 길러주세요. 아이의 나이와 능력에 맞춰서 차근차근 해나가면 됩니다. 그때 이 책이 작은 등대가 될 수 있었으면 합니다.

아직 어린 자녀를 둔 부모님을 위해 공부머리 독서법의 아이러니한 대원칙을 강조하는 것으로 이 글을 갈무리하고자 합니다.

"책이 아이를 우등생으로 만들어주길 바라시나요? 그렇다면 아이가 재미있어하는 책을 읽게 해주세요. 재미있는 독서만이 아이를 성장시킬 수 있습니다."

2018년 4월 5일

최 승 필

| 참 고 자 료 |

가토 슈이치 《가토 슈이치의 독서만능》 사월의책, 2014

강희종 〈스마트폰 전 연령대로 확산…"중학생도 10명중 9은 사용"〉
　　　아시아경제, 2016.12.19

고영성·신영준 《완벽한 공부법》 로크미디어, 2017

권옥경 《그림책 읽어주는 시간》 북바이북, 2016

기획재정부 〈2016년 세계경제포럼(WEF) 국가경쟁력 평가 결과〉 2016.09.27

김기중 〈여학생 성적이 남학생보다 높은 까닭은…〉 서울신문, 2015.08.17

김나래 〈온도계의 철학, 국내 번역 출간…과학철학계 독보적 존재 英 케임브리지대
　　　장하석 교수〉 국민일보, 2013.11.14

김은하 《독서교육, 어떻게 할까?》 학교도서관저널, 2014

김은하 《영국의 독서교육》 대교, 2009

김정진 《독서불패》 자유로, 2005

김진향 《책먹는 아이들》 푸른사상, 2005

김창화 《1등을 만드는 읽기 혁명》 글로세움, 2009

김창화 《독서 잘하는 아이가 무조건 대성한다》 한스미디어, 2006

김희삼 〈왜 사교육보다 자기 주도 학습이 중요한가?〉
　　　한국개발연구원(KDI), 2011.03.28

로제 샤르티에·굴리엘모 카발로 《읽는다는 것의 역사》 한국출판마케팅연구소, 2006

리처드 니스벳 《인텔리전스》 김영사, 2010

마이클 모리츠 《스티브잡스와 애플Inc.》 랜덤하우스코리아, 2010

매리언 울프 《책 읽는 뇌》 살림, 2009

모리 아키오 《게임뇌의 공포》 사람과책, 2003

미하이 칙센트미하이 《몰입의 즐거움》 해냄출판사, 2010

박성희 《독일 교육, 왜 강한가?》 살림터, 2014

박현모 외 《세종의 서재》 서해문집, 2016

사이토 다카시 《독서는 절대 나를 배신하지 않는다》 걷는나무, 2015

사이토 다카시 《독서력》 웅진지식하우스, 2015

세바스티안 라이트너 《공부의 비결》 들녘, 2005

신성욱 《조급한 부모가 아이 뇌를 망친다》 어크로스, 2014

안무늬 〈유아행복 교육 ③ "조기 교육 아닌 뇌 발달에 맞는 '적기교육' 해야"〉
　　　　베이비타임즈, 2014.06.26

앙토냉 질베르 세르티양주 《공부하는 삶》 유유, 2013

에밀 파게 《단단한 독서》 유유, 2014

월터 아이작슨 《스티브 잡스》 민음사, 2011

이상주 《조선 명문가 독서교육법》 다음생각, 2011

이언 레슬리 《큐리어스》 을유문화사, 2014

이토 우지다카 《천천히 깊게 읽는 즐거움》 21세기북스, 2012

이현호 〈한글 일찍 깨우치면 독해, 어휘 능력 더 떨어져〉 에듀진, 2017.04.07

이혜정 《서울대에서는 누가 A+를 받는가》 다산에듀, 2014

이희석 《나는 읽는 대로 만들어진다》 고즈윈, 2008

이희수 외 〈한국 성인의 문해실태에 관한 OECD 국제 비교 조사 연구〉
　　　　한국교육개발원, 2001.12.31

임원기 《스티브 잡스를 꿈꿔 봐》 탐, 2011

정현숙 《공교육 천국 네덜란드》 한울, 2012

조 디스펜자 《꿈을 이룬 사람들의 뇌》 한언, 2009

존 레이티 《뇌 1.4킬로그램의 사용법》 21세기북스, 2010

지쓰카와 마유·지쓰카와 모토코 《핀란드 공부법》 문학동네, 2012

채창균·신동준 〈독서·신문읽기와 학업성취도, 그리고 취업〉
　　　　한국직업능력개발원, 2015.11.26

카바사와 시온 《나는 한 번 읽은 책은 절대 잊어버리지 않는다》 나라원, 2016

켄 베인 《최고의 공부》 와이즈베리, 2013

파시 살베르그 《핀란드의 끝없는 도전》 푸른숲, 2016

하시모토 다케시 《슬로 리딩》 조선북스, 2012

하야시 히로시 《아침독서 10분이 기적을 만든다》 청어람미디어, 2005

현은자 외 《세계 그림책의 역사》 학지사, 2008

후지하라 가즈히로 《책을 읽는 사람만이 손에 넣는 것》 비즈니스북스, 2016

후쿠타 세이지 《핀란드 교실혁명》 비아북, 2009

후쿠타 세이지 《핀란드 교육의 성공》 북스힐, 2008

힐 마골린 《공부하는 유대인》 일상이상, 2013

EBS 〈다큐프라임 - 교육대기획 10부작 학교란 무엇인가?〉 2010.11.15~12.01

EBS 〈세계의 교육 현장-1편 핀란드의 유치원 교육, 잘 놀아야 공부도 잘한다!〉 2010.04.12

EBS 공부의 왕도 제작팀 《EBS 공부의 왕도》 예담프렌드, 2010

EBS 특집 다큐 〈함께 읽는 독서의 힘〉 2016.11.06

EBS MEDIA·정영미 《EBS 다큐프라임 슬로리딩, 생각을 키우는 힘》 경향미디어, 2015

JTBC 예능 프로그램 〈비정상회담〉 2017.5.15

KBS 수요기획 〈세상을 이끄는 1% 천재들의 독서법〉 2011.11.16

KBS 읽기혁명 제작팀·신성욱 《뇌가 좋은 아이》 마더북스, 2010

KBS 특집 다큐 〈책 읽는 대한민국, 읽기 혁명〉 2009.05.05~05.06

| 본문에서 소개한 책 |

● 이야기책

게리 폴슨 《손도끼》 사계절, 2001

구마다 이사무 《내 배가 하얀 이유》 문학동네, 2003

구병모 《위저드 베이커리》 창비, 2009

권정생 《강아지똥》 길벗어린이, 1996

권정생 《몽실언니》 창비, 2012

김려령 《완득이》 창비, 2008

나카 간스케 《은수저》 작은씨앗, 2012

데이빗 섀논 《안 돼, 데이빗!》 지경사, 1999

로버트 뉴튼 펙 《돼지가 한 마리도 죽지 않던 날》 사계절, 2012

로알드 달 《찰리와 초콜릿 공장》 시공주니어, 2000

루이스 새커 《구덩이》 창비, 2007

미하엘 엔데 《끝없는 이야기》 비룡소, 2000

백희나 《구름빵》 한솔수북, 2004

앙투안 드 생텍쥐페리 《어린 왕자》 1943

에리히 캐스트너 《로테와 루이제》 시공주니어, 2000

위다 《플랜더스의 개》 1872

제임스 프렐러 《방관자》 미래인, 2012

창신강 《나는 개입니까》 사계절, 2010

쿠로노 신이치 《어쩌다 중학생 같은 걸 하고 있을까》 뜨인돌, 2012

크리스티네 뇌스틀링거 《오빠의 누명을 벗기고 말테야》 1999

크리스티네 뇌스틀링거 《오이대왕》 사계절, 2009

프란치스카 비어만 《책 먹는 여우》 주니어김영사, 2016

필리파 피어스 《외딴 집 외딴 다락방에서》 논장, 2005

하이타니 겐지로 《너는 닥스 선생님이 싫으냐?》 비룡소, 2003

허먼 멜빌 《모비딕》 1851

《춘향전》

《아기돼지 삼형제》

● 지식도서

니콜로 마키아벨리 《군주론》 1532

빌 브라이슨 《거의 모든 것의 역사》 까치, 2003

임마누엘 칸트 《순수이성비판》 1781

장 자크 루소 《사회계약론》 1762

칼 마르크스 《자본론》 1867~1894

칼 세이건 《코스모스》 사이언스북스, 2004

폴 데이비스 《현대 물리학이 발견한 창조주》 정신세계사, 1988

공부머리
독서법

초판 1쇄 펴낸 날 2018년 5월 3일
186쇄 펴낸 날 2025년 4월 5일

지은이 _   최승필
펴낸이 _   이유정
디자인 _   그린다 이규중

펴낸곳 _   책구루
출판등록 _ 2020년 2월 18일 제399-2020-000011호
주소 _   남양주시 화도읍 비룡로33번안길 2, 1층
대표전화 _ 031-511-9555
팩스 _   0303-3445-9555
홈페이지 _ chaekguru.com
전자우편 _ chaekguru@naver.com

ISBN _   979-11-963168-0-8 03370

* 이 책 내용의 일부 또는 전부를 재사용하려면
  반드시 저작권자와 책구루 양측의 동의를 받아야 합니다.
* 잘못된 책은 구입하신 곳에서 바꾸어드립니다.
* 책값은 뒤표지에 있습니다.